ISRAEL

DEL MISMO AUTOR

Por el país del Nilo
Sinaí Jordania Siria
Rainbow Nation (Sudáfrica)
Vietnam

R. Benito Vidal

ISRAEL

LA TIERRA QUE ENGENDRÓ JACOB

EDICIONES ABRAXAS

Título original:
Israel, la tierra que engendró Jacob

© 2004 by Ediciones Abraxas

Fotografías:
Julia de Benito Langa
Infografía:
Josico Bailén

La presente edición es propiedad de
Ediciones Abraxas
Apdo. de Correos 24.224
08080 Barcelona, España
abraxas.s©btlink.net

Impreso en España/ Printed in Spain
ISBN: 84-96196-28-3
Depósito legal: B-11.637-2004

Impreso en
Limpergraf S. A.
c./ Mogoda, 29-31
Poligon Industrial Can Salvatella
Barberà del Vallès, Barcelona

Él le preguntó: «¿Cómo te llamas?». «Jacob», respondió. «Pues no te llamarás ya Jacob —dijo el hombre—, sino Israel, porque has luchado contra Dios y contra los hombres y has vencido».

Génesis 32, 28-29

Para la mínima comunidad católica de Tierra Santa, en
solidaridad por las dificultades que están pasando; y
especialmente a mi nieto Gonzalo, quien me dijo que
quería saber «cosas de la tierra de Jesús»
y que sólo tiene ocho años.

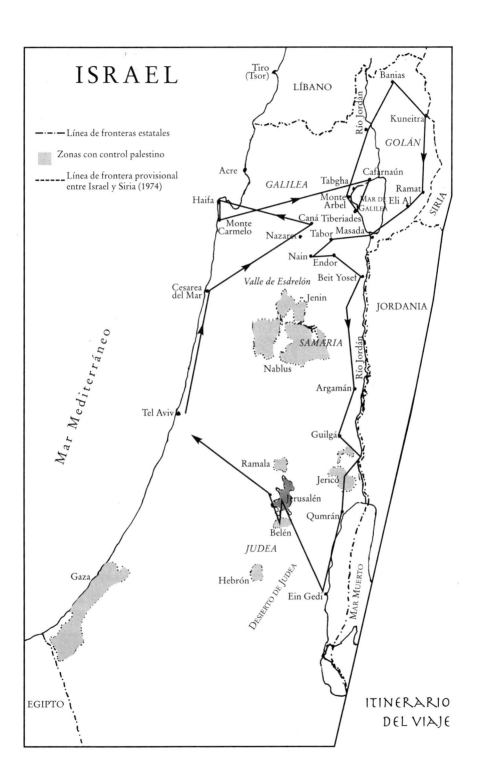

ISRAEL

- —·—·— Línea de fronteras estatales
- ▨ Zonas con control palestino
- - - - - Línea de frontera provisional
  entre Israel y Siria (1974)

Tiro (Tsor)

LÍBANO

Banias

Río Jordán

Kuneitra

GOLÁN

Acre

GALILEA

Tabgha

Cafarnaún

Ramat Eli Al

Haifa

Monte Arbel

MAR DE GALILEA

SIRIA

Monte Carmelo

Caná Tiberiades

Nazaret

Tabor Masada

Cesarea del Mar

Nain

Endor

Beit Yosef

Valle de Esdrelón

Jenin

JORDANIA

SAMARIA

Nablus

Argamán

Río Jordán

Tel Aviv

Guilgá

Mar Mediterráneo

Ramala

Jericó

Jerusalén

Qumrán

Belén

JUDEA

Gaza

Hebrón

Ein Gedi

DESIERTO DE JUDEA

MAR MUERTO

EGIPTO

ITINERARIO DEL VIAJE

PREÁMBULO

Jerusalén, la «ciudad de la paz», la *Salem* bíblica que significa eso, la paz.

Hablando, largo y tendido, con mi amigo y —a pesar de ello— editor, y sacando él sus conclusiones, que pudieron ser un poco atrevidas y precipitadas, pero siempre vehementes, y envuelto en la fantasía tal vez engañosa que generaba mi ardor entusiasmado, nacido de una Jerusalén idílica, casi vacía, quizá con el mejor matiz de lo pueblerino, se atrevió a soltarse de su «bocado» que le refrenaba y me comentó con cierto aire de ilusión —quizá con una ferviente e intensa ansia de que fuera así— por qué no titulaba el libro: Jerusalén, la tierra de la paz, o la ciudad, o el lugar…

Le observé indagador, con cierta, y educada, insistencia, tratando de descubrir en sus gestos naturales, la más leve mueca de burla, pero no la encontré; estaba como siempre, sonriente y atento, evaluando una posibilidad que seguramente le encantaba; y en ese momento descubrí que hablaba en serio. Y fue tal, de rápida y decidida, mi respuesta, de contrariada, que el hombre ni siquiera se inmutó, ni replicó; y yo no indagué más. Nada, la cuestión estaba zanjada, cómo se podía cobijar concordia dentro de Israel. Y es un sueño que yo, confieso, también albergo, y que en la apacibilidad de sus calles, la vacuidad de sus plazas, lo solitario de sus zocos, lo desierto de aquella larga ruta que comienza casi en la iglesia templaria de Santa Ana, junto a la piscina Probática, en los aledaños más próximos del templo, en los terrenos que fueron de la Torre Antonia y su patio empedrado —*Lithóstroto*— entre las cuatro barbacanas; Ecce Homo —Sha'ar Ha arayot St.—; El Wad St., cruzando el Cardo Romano, pero siempre judío; los recovecos árabes de la calle de San Francisco y abocarse en la plaza del Santo Sepulcro y subir al Gólgota —Vía Dolorosa se llama— me ofrece una plataforma, sólida y quizás engañosa, de que el onirismo puede ser posible. Al menos teóricamente.

Una envuelta invisible de sosiego y placidez, tregua de las fuerzas vengativas —y por otra parte, naturales— quizá más que fanáticas de ambición y dominio, invade los evocadores lugares —sanctos y non sanctos— al menos de la parte antigua; de ese barrio armenio enrecovecado en rincones pacientes, de paz y no de paciencia, que surgen en la rotura de las esquinas, bajo arcos góticos, estrangulados por la fuerza de los caminos —canales hechos de tapias, callejas sin puertas ni ventanas, muros de glorietas y jardines opimos, y de glauca frescura— nacidos de la improvisación arquitectónica, de más conveniencia particular que de urbanismo calculado; arcos que tragan, o son tragados, casas vecinales, a veces rotas, en su dimensión más baja, por un túnel, fenomenal portazgo, que se abre por el sur y se cierra por el oeste; cupiendo en ello todas las combinaciones cardinales que se puedan hacer; de esos barrios musulmán y cristiano, tan poco soleados, de rutas tan angostas que el cielo es una raya azul que en lo más alto tapa la calleja, en los que el desafío de relación vital, permanece, lleno de sonrisas y «hola, español», entre yo, mi hija Julia, y cada uno, unilateralmente y por separado, de los mercaderes que, a la puerta de sus negocios, se aburren y tratan de entablar conversación por ver si venden alguna cosa, aunque, a veces, creo que más bien lo hacen por matar el tedio terrible y denso que les sobreviene con la inactividad, inacción que se lleva acumulando sobre ellos, mañana y tarde —y muy poco dinero: shekels, dólares o euros, en el balance de cada noche en la quietud, retiro de su casa—, muchos días, tantos como se pueden contar burdamente en tres años. Y el barrio judío —plaza del Rey David incluida, con niños ya con tirabuzones y *kippas* que juegan en los arenales de un parque público, mamás, a la occidental y no tanto, que los cuidan, ortodoxos que caminan con recogimiento, que dan la sensación de paz, si se quiere, incluso pueblerina— se mueve con una pizca más de modernidad. Al menos, las tiendas del Cardo, semisubterráneas, guardan un paseo comercial apacible y sereno, y una elegancia de la mejor zona de cualquier capital europea, y el porte y occidentalización de sus dependientas, pese a que no se mueven de detrás del mostrador en todo el día, esperando que entre alguien que, por desgracia, no entra, mantiene su tono, su atractivo, impecable; unas galerías de Vittorio Emmanuele milanesas —con techo igualmente abovedado pero mucho más bajo, más reducidas e intimas— en las que por la noche, cuando están cerradas, no hay un alma.

Sólo junto a la puerta de Jaffa, New Gate, en el tramo que se une con la calle del Patriarcado Latino y su alargo, la Casa Nova Street, algún grupo de hombres charlan ruidosamente, y de seguro con alegría, en la puerta de algún cafetín, sorbiendo té, café o alguna otra infusión aromática, y no falta, junto al carromato, o tractor mecánico, que traslada maletas, o frutas, o especias, o un poco de todo, y también junto al automóvil aparcado al lado del pilote de granito que defiende las tiendas del tráfico rodado, un hombre tirado en el suelo —quizá borracho, quizás enfermo, pero en todo caso sin molestar a nadie, y que a nadie inquieta porque forma parte activa del panorama popular que allí tiene lugar— duerme con placidez, tanto que al cerrar la noche, junto a la macilenta luz municipal que alumbra las callejas del barrio y volver a pasar yo por allí, solitario, como un muerto que no tiene cara de muerto, aún holgaba con sus huesos sobre el suelo de adoquines, gruesos y grandes que más bien diría que son bloques de granito ligeramente empequeñecidos.

La luna ilumina el barrio, la ciudad vieja, la «entre murallas», y me paseo tras ella —la luna—, bajo ella, pisoteo su luz y me tuteo con sus sombras, discurro por las callejas, bajo la apacibilidad que me confiere el lugar, un punto de solemne sobrecogimiento, da emoción al paseo.

Y si es así la Jerusalén antigua durante la vigilia —los sacerdotes griegos ortodoxos, con sus barbas y sus bonetes cilíndricos, los popes, descansan, charlan con/en paz en la plaza cuadrada del Santo Sepulcro (foto 1), acomodando sus moles revestidas de hábitos negros, sobre una bancada de mármol que el ágora les reserva en un rincón intimo, y que más se asemeja a un rincón romántico, idealizado e ideal, de Verona o Siena, por ejemplo, o de la más íntima Toscana italiana, o en el aislamiento de una encrucijada de la trama venaria del zoco árabe, o rezando mudos frente a la gruta espléndida del Sepulcro, custodios tiránicos de la fe escandalosa de algunos creyentes, o…—, por el día, al amanecer, bajo los cánticos religiosos de las monjitas de cualquier nacionalidad o lugar del mundo, reunidas en la iglesia vecina, se desarrolla un ámbito que yo, lo juro, lo tengo, a Jerusalén entera, como un amplio claustro de cualquier cenobio frailuno: si se mueve por sus calles alguien, lo hace con serenidad, cual cartujos que oran, o pasan las cuentas del rosario que les cingulan, o que leen sus breviarios, sólo el sol, algunos rayos que se cuelan, evitando los tejados y los toldos de las tiendas, y se mezclan con la música celeste que emana de las gargantas de las profesas; y que sube al cielo a través de los patios donde reina la floresta verde y tierna, tocada mínimamente de botones de colores, las flores. El camino que se hace, los pasos, resuenan ecoicamente, confiriendo sosiego al caminante; y los árboles que asoman sus copas, a veces se acuestan sobre el alto de los muros que delimitan su posesión, vigilan su senda, la protegen, alegran su monotonía.

Por ello no estoy nada de acuerdo con Schuré, el autor y viajero francés, cuando asegura haber vagado por Jerusalén en las cuatro direcciones cardinales, sin haber salido de las murallas, y le «parece vivir en un convento, en una prisión o en un cuartel».[1]

Yo también he vivido, y alojado, como él, en la *Casa Nova* de los franciscanos, en pleno barrio cristiano jerusalemí, y he sido dichoso como nunca —y he visitado ampliamente el mundo, sus lugares más exóticos, por sus cuatro costados—, y nunca he tenido la sensación de tanta libertad, de tanta apacibilidad, diría de gozo; quizás aquella reacción la causara un pesimismo congénito o, lo que sería peor, sus fantasmas ocultos.

La llanada del Muro de las Lamentaciones (foto 2) —cerrado y vigilado, incluso policialmente— da la sensación de ser una gran plaza de pueblo, árida y sobria, vacía, sin ornamentos ni lujos orientales, donde la paz, la religiosidad, la sobrevuela; el hombre reza, el niño aprende a orar, el hombre más perfecto lee, el religioso teólogo, rabino, estudia… y el sabio, como no puede ser de otra manera, medita; el respeto,

---

1 Éduard Schuré, *En Tierra Santa*, Kier, Buenos Aires, 1976; pág. 22.

la veneración, la ley están presentes. Es un lugar santo, donde el hombre se acerca a Dios, y se comunica, y como todos los sitios sacros —paz a los hombres de buena voluntad— intrínsecamente contienen, y confieren, aunque no se quiera, ni se anide el deseo en el corazón, armonía, paz.

No subtitularé, pues, el libro, como deseaba mi amigo y editor, en un rapto más de esperanza que de realismo, a esta ciudad de Jerusalén, la ciudad de la paz, pero me niego en redondo, absolutamente, a nombrarla como territorio, país de guerra; y me niego porque sé que no es así, porque la Virgen de Palestina —la que he conocido a través de monseñor Kamal, mi añorado, y creo que amigo, palestino— no lo consentirá, no sé cómo, pero lo remediará. Eso deseo con la fuerza que hay en mi corazón.

… y añadiré, quizá con toda la soberbia que puede guardar un hombre en su intimidad, que habiendo usado la palabra paz, o alguno de sus sinónimos, veinticinco veces en este escrito, para describir, y alabar, a Jerusalén, no sería ético, ni lógico, ni razonable, considerarla ciudad de lucha, de conflicto; y si no ciudad de la paz, si ciudad de paz; y con mayúsculas.

I

HACIA GALILEA

Cae como un pájaro de mal agüero —por nuestras inquietudes, nuestras vacilaciones, posibles sorpresas... nacidas todas de una mala información; está en pie la tregua, pero nuestra propia ignorancia nos hace sospechar— el avión de Iberia sobre la pista de aterrizaje del aeropuerto Ben Gurion. Sin embargo, llegamos a la terminal y todo es relumbrón: la gente en multitud, la luz del mes de agosto, el carácter activo de las personas —quizá comerciantes, que se ajetreaban en sus actividades—, las colas, entre el pasillo limitado por barras niqueladas, que había que hacer para lograr el visado y entrar oficialmente en el país. Parecía mentira, pero era así, todos un poco avizorados, quizá simplemente azorados. Una muchacha —una *supervisor* de seguro— de aspecto angelical, aunque de férreo cariz como el oficio le requiere, y escondida o defendida en la solitariedad, y reserva, de la cabina hermética y encristalada, hasta me sonrió, tras comprobar repetidamente que, en efecto, era yo el de la foto del pasaporte, y hasta cruzó, siempre en inglés, una palabras corteses y, osaría decir, dulces, al toparse de golpe y porrazo con el cuño del visado de entrada a Vietnam; y el de salida. Le ofrecí escuetamente, y con un agrado un poco atolondrado, la información de la pregunta que me hacía —*did you like Vietnam? is it very pretty?*— con amabilidad y proyecto de sonrisa —*is a fabulous world, wonderful Vietnam, do you know?*— y que me valió, después de escapar de su vista un poco aliviado, el calificativo de *father very nice*, encomendado, de seguro para que me lo comunicara, al... la siguiente viajera que, conociendo mi carácter, estaba rezando a todos los santos para que no levantara algún tipo de altercado ante tanta pregunta, porque ignoraba, claro está, de que la conversación era amigable.

En el vestíbulo apretado del aeropuerto y sin ninguna clase de preferencia, una cabeza de Ben Gurion, en bronce, de delicada y exquisita factura, descansa sobre una peana a nivel de hombre; escultura demasiado deliciosa y esbelta para la utilitaridad más bien tirando a vulgar, masificada, de la multitud de gente mal vestida —o vestida rara también— que pulula con prisas y en medio de una marea sin rumbo por los pasillos del aeropuerto. He vuelto a ver, y está vez me ha parecido algo más estrambótico, por lo estridente de los colores de su chaqueta y la combinación de camisa, pantalones y zapatos, que no armonizan nada, al viajero que, junto a mí, en el avión procedente de Barcelona, comió *kosher*[1] en vez de los macarrones con tomate y carne, y mantequilla y una porción de queso fundido, entre otras viandas que deglutimos todos los demás, supongo que sería porque, entre otras cosas, la ley del *kashrut* prohíbe expresamente la combinación de carne con cualquier tipo de lácteos. De todas formas estas cuestiones van variando, incluso políticamente, porque los conservadores, en contra de los laboristas, modificaron en su día el texto de la «ley de la carne», prohibiendo importar a Israel carne no *kosher*, lo que va a permitir aumentar la producción de carne local, ya que, en la nueva disposición, no se «prohíbe expresamente la carne no *kosher* del país», que antes estaba estrictamente vedada. Por eso la cría de cerdos, ilegal atávicamente en Israel, hace tiempo que en los *kibbutz* han encontrado la solución para criarla: hacer unos entarimados a pocos centímetros del suelo, de manera que los animales impuros cumplan con la ley ancestral, bíblica, de que no deben tocar nunca la tierra firme de Israel.[2]

A la salida al aire libre, ya dentro de Israel, localidad de Tel Aviv, el chófer que nos ha de conducir por nuestra ruta israelita —Jatmar, el palestino padre de seis hijos— nos recibe con afabilidad y se pone a

---

1 Comida que se ajusta estrictamente a la ley judía, la llamada del *kashrut*.
2 Jacques-Emmanuel Bernard, «Humana Jerusalén», en *Nueva Revista de Política, Cultura y Arte*, Madrid, 2002.

nuestra disposición, arropado por la seguridad administrativa de un funcionario de la agencia de viajes, judío nacido en Nueva York, que apenas conoce el español y que, al final, desaparece misteriosamente, igual que ha llegado, con nuestros billetes de regreso, con el pretexto utilitario de refrendarlos ante la autoridad administrativa israelí.

Y comienza el viaje, la aventura, bajo un sol de justicia y un calor que ni siquiera se consigue mitigar a la sombra de los aleros y marquesinas que protegen las cristaleras de los edificios aeroportuarios. Entonces es cuando viene en gana el realizar una fotografía al busto de Ben Gurion, como certificado de presencia en el lugar y por comenzar la serie fotográfica del viaje con una obra de mérito, de calidad artística. Y, también, es cuando Jatmar advierte, lleno de cordura y responsabilidad, que sería conveniente y «por seguridad» no hacer la instantánea. Bueno, de todas formas, creo que nuestra inconsciencia estaba protegida por los hados, o la casualidad, o yo qué sé qué, porque el camino de retorno al interior del aeropuerto, donde Ben Gurion observaba a diestro y siniestro lo que le rodeaba, no se podía hacer desde afuera, lo prohibían las normas; y, claro, fue lo mejor, lo más eficaz.

Unos muchachos, seguramente dentro de la edad militar o quizá voluntarios, deambulaban por los exteriores, entre las gentes, entre nosotros, que aguardábamos la salida, mezclándose con soldados uniformados y armados, charlando con paisanos, e, incluso, con muchachas de muy buen ver, vestidas a la occidental o, a veces, a la mixta. Usan niquis de colores, vaqueros y playeras, y cargan sobre el hombro con un fusil, que llevan a la funerala, es decir, apuntando al suelo. Se ve que acarrean un cargador de repuesto sujeto entre el cerrojo y la culata de la carabina. Sirven, sin duda alguna, como vigilantes especiales, una especie de policía turística, para defender y proteger a los viajeros, para ayudar en las labores de control y, si hace falta, auxiliar a los soldados uniformados que realizan sus patrullas reglamentarias. Es, y lo repito, una seguridad que debe ser muy eficaz, y estimable por parte del viajero extranjero que, atraído por la monumentalidad ancestral de esta «tierra santa», acude en peregrinación para adorar el sacro lugar donde se engendraron sus creencias; y esta vigilancia le proporciona invulnerabilidad, confianza.

Hemos de salir hacia el nordeste —nuestra meta es Nazaret— y ya casi aposentados en el automóvil, tenemos la satisfacción de encontrarnos con algo tan típico como el *chala*[3] israelí, un enorme *chala* (foto 3) que carga una señora con la ayuda de su marido y que amablemente, a nuestro ruego, nos muestra como un trofeo. Seguidamente lo coloca encima de un carrillo de equipaje, lo desenvuelve y, ante la mirada atónita de los demás viajeros, parece que se dispone a rifarlo, posiblemente con un fin benéfico. No sé lo que haría, porque nosotros saltamos al coche, que roncó su motor y salimos lentamente del estadio de altos muros donde estábamos, a seguir, o principiar, nuestro destino.

Dejando atrás los arrabales de Tel Aviv seguimos, autopista adelante, buscando con persistencia la Galilea, la región opima norte de Israel, por su verdor, por su riqueza ambiental, por su abundancia histórica. No es de extrañar, porque es una región privilegiada de la nación, panorama impropio de una estampa clásica de belén occidental. Pero seguimos corriendo paralelos a la costa y en nuestro camino distinguimos las tres altas chimeneas de una central térmica. Están ubicadas donde en la antigüedad estuvo la ciudad de Cesarea del Mar, urbe fundada por el propio Herodes el Grande en honor del César romano. En ella vivía Poncio Pilatos durante todo el año, menos durante la Pascua, que se trasladaba a Jerusalén, a la Torre Antonia, bastión militar junto al templo y que tan protagonista fue en el apresamiento y juicio de Jesús. Esta Cesarea —hay otra al norte del país, casi lindando con el Líbano; de Filipos— apenas si está excavada, yace bajo toneladas de arena, esperando que las autoridades israelitas le presten su atención, lo que parece que hoy por hoy es difícil, ya que tienen asuntos, prioridades mucho más urgentes que los de gastar el dinero en arqueologías. A pesar de todo, se ha encontrado hace unos años una losa en cuya inscripción aparece el nombre de Poncio Pilatos.

---

3 *Chala* o *Halla*, pan de levadura y huevo, que se come en el sabbath, el día de fiesta judío. Para cada pieza de paz se ponen dos huevos batidos con agua, se espolvorean con granos de ajenjo o amapola y se hornean durante 15 minutos hasta dorar. Está a punto cuando al golpearlo suena a hueco.

Precisamente a la altura de esta Central Térmica comenzamos a alejarnos del mar y tomamos la definitiva ruta hacia el nordeste.

Israel, el país de la Biblia, es un territorio pequeño situado en la punta sudoriental del Mediterráneo, puente que es entre Asia y África. Limita por el oeste con el Mare Nostrum romano, por el norte con Líbano, al este con Siria y Jordania y por el sur con la península del Sinaí.

A pesar de su pequeña superficie, su ámbito es muy variable: llanuras fértiles junto a la costa y en el norte, montañas en el centro y desierto en el sur. La parte meridional, la más pobre, cual se deducirá, la forman el Néguev y Judea; el centro Samaría y en norte la llamada Galilea, región que es donde más agua de lluvia se recoge por metro cuadrado, por lo que se distingue por su verdor y su exuberancia, propiedad que conforme se va descendiendo va desapareciendo; o disminuyendo paulatinamente.

Estamos haciendo pues nuestro camino hacia Galilea, en medio de cuya región natural se encuentra Nazaret, a escasa distancia del mar de Tiberiades, y natural y propiamente mar de Galilea; el área preferida de Jesús, escogida para desarrollar su vida pública.

El creyente, al recorrer ahora tan variados paisajes —las montañas de Neftalí, desde el monte Hermón hasta el valle de Jezrael, el valle del Esdrelón, el más vasto del país, rodeado por las montañas del Carmelo y Gelboé, y abriéndose camino hacia el valle del Jordán—, encaja su memoria con precisión la realidad espacial de unos hechos bíblicos que ya conocía, en los que se implica, no solamente históricamente, si no con complicidad personal.

«… el trozo visible del mar de Tiberiades, yacente en los repliegues de los monótonos terciopelos, está el punto en que se fijan nuestras miradas y nuestros pensamientos, el punto evocador del Recuerdo Inefable. En medio de este país en que no aparece ningún rastro humano, él habla silenciosamente de Cristo, como las tumbas abandonadas y mudas recuerdan a los muertos…»[4]

Y conforme el automóvil corre hacia el norte, dejando cada vez más atrás Samaria, en los albores de Yzre'el Valley, la configuración y el pai-

---

4 Pierre Loti, *Galilea* (1), Abraxas. Barcelona, 2000; pág. 61.

saje es más feraz, más lleno de verdor, osaría decir más semejante a las fértiles campos turcos de la orilla del Egeo, las campiñas francesas, las huertas de la España mediterránea.

«Toda la región es fértil, rica en pastos, plantada de árboles de toda clase, de manera que el hombre más perezoso para las tareas de la tierra siente necesariamente una vocación de labrador ante las facilidades. De hecho toda la superficie está cultivada por los habitantes, sin que haya una sola parcela en barbecho. Los poblados son muy numerosos y todas las aldeas tienen también una población muy densa, debido a la fertilidad del suelo… limitadas y rodeadas como están por naciones extranjeras muy poderosas, las dos Galileas han resistido siempre las sucesivas invasiones; porque los galileos se forman para el combate desde sus años más jóvenes y han sido siempre numerosos. Nunca les ha faltado coraje a esos hombres ni faltó allí gente.»[5]

Hoy no hay tantas poblaciones como en la época en que Jesús recorría el lugar,[6] pero el paisaje sigue siendo de gran belleza. El descubrimiento de grandes asentamientos antiguos nos hace imaginar un mosaico de pueblos y aldeas diversos que se resguardaban en las faldas de las colinas, las estribaciones montañosas, que cubren la región más poblada de Palestina en el siglo I, según Flavio Josefo.

Y mientras atravesamos este encantador y feraz paisaje, alejándonos del mar, cada cual recupera el auténtico sentido que tiene el viaje. Todavía no ha entrado en mi consideración dónde estoy y por qué estoy en estas tierras, qué hago aquí, porque, he de confesar, que mi intención de hollar estos terrenos sacros era otra; pero, en este momento, caigo en la cuenta del viajero que llega a este país, y más siendo cris-

---

5 Flavio Josefo, *Historia de la guerra de los judíos*. Para las citas de esta obra hemos recurrido a *Flavio Josefo (un testigo judío de la Palestina del tiempo de los apóstoles)*, libro realizado por el Equipo «Facultad de Teología de Lyon», Verbo Divino, Estella (Navarra), 2000. Esta obra es un extracto del extenso libro de Flavio Josefo, historiador contemporáneo de Jesús, sin cuyo testimonio nada se sabría de la peripecias del pueblo judío durante los dos últimos siglos de su existencia como nación, ni del ambiente histórico donde nació el cristianismo. En adelante indicaremos como referencia Flavio Josefo, *op. cit.*, pero las indicaciones de página serán de la obra mencionada.
6 Marcos 1, 39: «Y fue a predicar en las sinagogas por toda Galilea, y expulsaba a los demonios».

tiano, resulta que no es como el que llega a cualquier otra parte del mundo, porque en cualquier lugar puede uno usar, comprender, considerar las costumbres autóctonas y contemplarlas desde afuera: no van con uno, ni se integran con uno, pero aquí eso no puede ser, ha de involucrarse con el país y su gente, sus costumbres, «saltar» adentro de la cultura, de la tradición milenaria y sentirla como uno más, es el resumen físico de una serie de aprendizajes adquiridos a lo largo de toda una vida y que ahora hay que cristalizarlos en realidad patente.

Por eso pienso que el hombre, yo, si tengo que entrar en alguna sinagoga o en el Muro de las Lamentaciones, he de cubrir mi cabeza con la *kippas*[7] porque esa es la ley religiosa para todos los hombres, sean o no judíos, porque el propio Jesús se sometió a ello, porque es un respeto que se debe hacia otros hombres con sus legítimos derechos. Y ellos, los hebreos, lo han de llevar obligatoriamente al menos el *sabbath* y otros, los más ortodoxos, todos los días. Porque el significado místico que tiene es señalar que por encima del hombre está Dios. Por eso para tener siempre presente esta idea lo llevan sobre la cabeza, y lo sujetan al pelo con una mínima pinza. Los colores, aunque abundan los oscuros y negros, pueden ser variados; incluso, para los niños se hacen algunos con figuras de los dibujos animados de Walt Disney, y de terciopelo bordado en plata. El *kippas,* además, no es necesario que sea de tela, puede ser de cartón o de papel, lo importante es llevarlo cubriendo la cabeza.

También los varones hebreos suelen llevar una cajita negra atada a la frente y otra en el brazo izquierdo. En ellas guardan un texto famoso sagrado que deben recitar dos o tres veces al día, al menos una por la mañana y otra por la tarde. Se llama la *shemá*[8] de Israel, y viene a decir: Escucha Israel, el Señor es uno, el Señor tu Dios es uno. Y añade el texto: «lo llevarás en tu frente, lo tendrás cerca del cora-

---

7 Especie de solideo que llevan los varones en la cabeza y que suele cubrir la coronilla.
8 Profesión de fe tomada del Deuteronomio 6, 4-9: «Escucha Israel: Yahvé es nuestro Dios, sólo Yahvé. Ama a Yahvé tu Dios, con todo tu corazón, con toda tu alma y con todas tus fuerzas. Guarda en tu corazón las palabras que yo te dicto hoy. Incúlcaselas a tus hijos y háblales de ellas, ya estés en casa o de viaje, acostado o levantado; átatelas a tu mano como señal, póntelas como frontal entre los ojos; escríbelas en los poste de tu casa y en tus puertas».

zón, lo pondrás en la jamba de la puerta, hablarás de él por la mañana y por la tarde, estando en casa, o de camino, acostado o levantado». Ellos lo interpretan literalmente y colocan un pergamino con esas palabras en la caja, y se la colocan en la frente, y otra semejante atada en el brazo izquierdo, lo más cerca del corazón. He visto en las Sinagogas Sefarditas, en Jerusalén, en los aledaños del Muro de las Lamentaciones, junto a la calle Habad, prolongación del Cardo Máximo bizantino, y en los vanos de las puertas con que se comunican las tres sinagogas, estos pergaminos enrollados que se incrustan en taladros hechos expresamente en la madera, con el fin de cumplir exacta y literalmente con el mandato de la *shemá*. Para ir a la sinagoga, además, los judíos se ponen una especie de chal bordado —*talit*—, una labor preciosa y, por ende, muy cara. El manto les cubre los hombros y la cabeza, simbolizando que están en la presencia de Dios, están bajo la tienda del Arca de la Alianza, la que camina por los desiertos áridos en busca de la tierra prometida.

«… avanzamos por entre cebadas y trigos, verdaderos campos de la Tierra de Promisión…»[9]

En el *sabbath* y cuando se pone el día en Jerusalén, suena una especie de sirena de alarma, con la que se decreta que, a partir de ese momento, no se puede hacer ningún trabajo. No se debe —claro, todo es relativo en los grados de creencia— realizar ninguna labor, llegando hasta el extremo que ni siquiera se puede utilizar el ascensor por evitar el apretar el botón de puesta en marcha; de hecho existen en la ciudad de Jerusalén, al menos, unos artefactos de estos que funcionan, en esos días de descanso total y relajo espiritual, automáticamente, sin tener que oprimir botón alguno.

—El *Sabbath* comienza el viernes por la tarde y se acaba el sábado por la noche.

Cuando va a comenzar el *sabbath*, el ama de casa, que realiza una función sacerdotal dentro de su propia familia, reúne a los niños, enciende dos velas de cera y musita una oración tapándose los ojos con ambas

9 Pierre Loti, *op. cit.* (1); págs. 41-42.

manos, de manera que la luz de los cirios, que simboliza la presencia de Dios, no le da directamente en el rostro sino a través de los espacios que dejan anatómicamente libres los dedos. Este gesto significa la separación ritual que se hace del sábado con respecto a los demás días de la semana. A partir de esta oración ya no se puede hacer ningún trabajo, ni siquiera la comida, que está hecha desde el viernes, con el fin que todo el sábado se dedique a la alabanza de Dios y a la vida familiar; extraordinarias y loatorias tradiciones judías que, por desgracia, se están perdiendo por influencia de la forma de vida del mundo occidental, del laicismo que está penetrando, una conducta que exige al hombre, en vías de progreso, que en el día de fiesta —de descanso, mejor se podría decir; y no hace tantos años era sagrado, incluso pecado, su transgresión, entre los cristianos católicos— hay que coger el automóvil para salir de excursión, para hacer la compra y la comida de la semana, ya que la mayoría de las mujeres trabajan; arreglar el jardín, reparar cosas caseras, etc., cuestiones que en Israel no ocurren, que se utilizan —hablamos de los fieles, naturalmente— para visitar a la familia, estar con los hijos, con los abuelos, pasear, etc. y así hasta una hora después de que se ponga el sol el sábado, que es cuando termina del *sabbath*. Tanto es así que, en la misma Jerusalén, pese al tráfago de circulación que hay en sus calles y grandes avenidas cotidianamente, se nota sensiblemente su disminución en ese día.

Los preceptos del *sabbath* son el común denominador de todos los judíos, ya vivan en Israel o esparcidos por todos los rincones del mundo: americanos, rusos, ingleses, españoles, franceses, argentinos o de cualquier otra nacionalidad. He visto en un Sábado Santo, víspera de Domingo de Ramos, por las calles de Ciudad del Cabo, además de muchos hebreos usando permanentemente la *kippas* en sus quehaceres diarios, cómo los judíos acuden sosegadamente y en familia a las sinagogas en medio del tráfago de la ciudad más bella de África, caminando por Strand Road y subiendo por St. George Mall Street y Adderley Rd.; los he visto acudir a la Gran Sinagoga, a espaldas de la Government Avenue, sede del Parlamento, con sus torres gemelas y sus cúpulas, adosada a la Sinagoga Antigua y al Museo del Holocausto, cerrado a cal y canto, por ser el día del *sabbath*. Por cultura estos judíos, con respecto a cualquiera otros del mundo, son distintos, pero estas costumbres, estos ritos son iguales, son los que les unen, el milagro de su cohesión religiosa, ni siquiera étnica.

He visto, hemos, algunas banderas de Israel: dos franjas azules sobre blanco, y la estrella de David (foto 4). Expreso a Jatmar mi admiración por la finura y sutileza de la enseña del país, y éste me aclara algo sobre su simbología.

—El azul es el color nacional israelí por excelencia; el verde es el de los árabes.

Las dos franjas azules significan los límites naturales de Israel. Una simboliza el Mediterráneo, en la otra hay división de opiniones. Los judíos moderados piensan que representa el río Jordán, de modo que, según este criterio, Israel sería el territorio comprendido entre el mar Mediterráneo y el río Jordán, quedando fuera Palestina. Pero los más ortodoxos, quizá la palabra sería exaltados, piensan que la circunscripción de Israel, la que Dios concede a su pueblo, llega hasta el Éufrates, con lo cual Israel se extendería hasta Jordania, Siria e Irak, porque en la Biblia —Génesis 15, 18— se lee que Dios pactó con Abraham en estos términos: «A tu descendencia doy esta tierra, desde el torrente de Egipto hasta el gran río, el Éufrates».

Dejo aparte mis pensamientos, mis consideraciones aprendidas no sé muy bien dónde y si el porqué, mi curiosidad por todo, y me percato que la noche quiere aparecer, la luz quiere desaparecer por los parajes donde debe estar el mar; y presiento, en los altos del cerro por donde renquea el automóvil, quizás el Nevi Sa'in, que estamos llegando a nuestro destino; y la luz no ceja en su empeño de desaparecer, y las sombras en adueñarse del paisaje…

«… de Galilea, y esta noche dormiremos ya en Nazaret, que debe estar oculto tras los repliegues de las imprecisas montañas que se divisan a lo lejos, más allá de los mantos de verdura de la planicie de Esdrelón.»[10]

---

10 Íbid.; pág. 41.

II
NAZARET

«... **N**os dirigimos hacia las colinas que ciñen por el norte el valle de Nazaret y llegamos a la estrecha cresta de la montaña donde los nazareítas quisieron arrojar a Jesús a un precipicio; y, a la verdad, no estaba mal escogido el sitio, pues las rocas que limitan el precipicio ofrecen el aspecto más siniestro que cabe imaginar...»[1]

Hoy este barranco o despeñadero es la calle principal de Nazaret, la que, desde lo alto, se hunde en la profundidad de lo que fue un angostísimo valle; sima hoy asfaltada y guarnecida por casas que se columbran en las laderas de las colinas que la determinaron, la calle-carretera que parte en dos el valle de Nazaret, precisamente la ciudad árabe (foto 5), la de abajo; angostura convertida en avenida ahíta de tráfico, donde, el día que se quiera y a la hora que se quiera, encuentra el viajero atasco, incluso en la celebración del *sabbath*, fenómeno que no resulta extraño, porque casi todos los nazareítas son o musulmanes o árabes cristianos, a los que no afecta este festivo plenamente judío.

Nazaret, pese a que se extiende sobre un cerro, queda hundida dentro de la vaguada que forman en su interior las colinas más altas de su alrededor. Entre ellas sobresale Nebi Sa'in, al norte, con casi medio kilómetro de altura. Desde su cima, hoy en día se pueden contemplar extensos y bellos parajes, cual podría ser el valle de Esdrelón —citado en la

1 Octavio Velasco del Real, *De Roma a Jerusalén*, Abraxas. Barcelona, 1999; pág. 306.

Biblia como valle de Jezrael, que se alarga hasta los confines de Samaria, y que es, además, el más fértil y extenso de Israel—, que ha sido,
ancestralmente, el escenario de acontecimientos bélicos desde la época de los antiguos egipcios (2.000 años a. C.), hasta los tiempos actuales —guerra entre árabes y judíos de 1948—, pasando por las intrigas
sangrientas de cananitas, filisteos, mongoles, griegos, romanos, cruzados, turcos, etcétera.

«Nazaret, un poco alejado aún, se presenta a nuestros ojos. Es una
población melancólica, situada a media pendiente, casi encerrada, sin
vista, dominada por doquier por alturas pedregosas… está habitada
sobre todo por cristianos. La planicie de Esdrelón, en el mar de hierbas que hemos dejado a nuestra espalda, penetra hasta aquí como una
especie de golfo cerrado…»[2]

Nazaret es en la actualidad un pueblo grande, con unos 60.000
habitantes, si se incluye en ellos los residentes del barrio alto, abierto
encima de las colinas orientales —Nazaret Ilit— que los judíos recientemente han edificado. La parte del valle, la baja, está ocupada por
los árabes, que suman los dos tercios de la población total, de los cuales la mitad son cristianos y la otra mitad musulmanes, tal como se ha
dicho.

El Nazaret del siglo I era una aldea, pese a que en el Nuevo Testamento se le cite como ciudad. Lo poco que queda de ella está sote-
rrada bajo el suelo por toneladas de escombros; el tiempo y la mano del
hombre han sido la causa de esta destrucción. Por eso, en la actualidad,
grandes edificios descansan sobre las ruinas de las exiguas construc-
ciones bíblicas.

La Nazaret antigua no era más grande de lo que es hoy la minús-
cula colina ovalada, propiedad de los franciscanos, donde se desarrolla, en paz y sosiego, el complejo religioso que custodian. Cubría el área
que va hogaño desde la basílica de la Anunciación hasta la iglesia de
San José, o poco más, y desde la calle Pablo VI, que rodea la basílica
por el este, hasta el zoco o calle comercial, que discurre al oeste. Esta

---

2 Pierre Loti, *op. cit.*;(1); pág. 47.

calle, que fue en otro tiempo un torrente profundo, está hoy perfectamente escalonada con rellanos de cemento, aptos y convenientemente
diseñados para poder, más o menos cómodamente, escalar el cerro que,
más tarde, nos conducirá hasta la plaza donde se encuentra la Fuente
de la Virgen. De modo que todo el poblado antiguo no alcanzaba, pro-
bablemente, una extensión de 200 por 150 metros; y lo formaban unas
cuarenta casas-cuevas —como la de la Virgen, el punto más sagrado de
la basílica de la Anunciación—, hornos, silos, molinos, cisternas, forjas
de fundición y herramientas y útiles de uso común y cotidiano.

Estamos ante la «Flor de Galilea», así la llamó san Jerónimo par-
tiendo del significado de su raíz,[3] aunque hay quien asegura —teoría
más que extraña, si premisas ni testimonio que la asienten— que existe un punto determinado —o existió y quizás ahora está oculto bajo
el paisaje urbano que encierra la ciudad— desde donde Nazaret presenta una forma floral y que los pétalos de ese inconcebible e inexplicable pimpollo, quizás imaginario, descansan sobre el valle entre las
colinas que ocupa; otros sitúan en los altos del Nebi Sa'in, la ciudad
donde vivió Jesús.

«… es la época del Gran Recuerdo la que se impone y la que pesa.
Cristo reaparece lentamente, como, poco ha, entre los campos de flores pálidas y linos rosados…»[4]

Nazaret, junto con Jerusalén, forman el núcleo mayor de la cristiandad israelita. Tiene más de cuarenta iglesias, monasterios, escuelas
privadas, conventos, orfanatos, etc., por eso no es extraño que los domin-
gos permanezca casi todo cerrado y no así el sábado, en contra de lo que
ocurre en cualquier ciudad, aldea o pueblo de Israel.

Nazaret siempre ha sido la patria de los cristianos, porque Jesús
nació allí, y tanto es así que, en los orígenes del cristianismo, los seguidores de Jesús se llamaron nazarenos —de Jesús de Nazaret— sólo
mucho más tarde, y en Antioquía, se comenzaron a llamar cristianos.

---

3 Isaías 11, 1-2: «El renuevo sale del tronco de Jesé y un vástago de sus raíces brota. Sobre
él reposa el espíritu de Yahvé, espíritu de sabiduría y de inteligencia, espíritu de consejo y
de fuerza, espíritu de ciencia y de temor de Yahvé».
4 Pierre Loti, *op. cit.* (1); pág. 53.

«... la extraña anécdota del templo de Jerusalén, la huida de Jesús, desde los once años, para ir a interrogar a los doctores, luego, la inquietud y los tiernos reproches de su madre, añade con adorable sencillez: "En seguida se volvió con sus padres a Nazaret, y *les permaneció sumiso.*»;[5] es decir, volvió a su casa, a su pueblo; a su residencia habitual, en una palabra.

De todas formas, hay que reconocer que es muy poco lo que se conoce del Nazaret antiguo, sólo lo que mencionan los evangelistas en el Nuevo Testamento, que lo citan unas treinta veces como el pueblo de Jesús o en relación con su figura. No hay testimonios anteriores a este período histórico, ni siquiera Flavio Josefo lo nombra, o intuye, una sola vez, si acaso al pueblo de Jafa, sito a tres kilómetros de Nazaret y que la expansión territorial natural ha acabado absorbiéndolo. Este lugar bíblico podría ser la Yafía de Zabulón de la Biblia.[6] Con respecto a «inconsistencias» históricas, sólo la investigación arqueológica ha sido capaz de aclarar lagunas y hechos, y que, quizá sin intención aviesa, silenciaron algunas fuentes literarias. Los estudios del franciscano arqueólogo B. Bagatti, en el lugar de la Anunciación, ha clarificado sobremanera la historia del antiguo poblado de Nazaret; y, pese a que han habido estudiosos que dudaron de la identificación del lugar como el Nazaret del evangelio, se sabe que su memoria se prolonga hasta la época del Bronce o de los patriarcas, vamos, que aparece como ente concreto en la historia, en el segundo milenio antes de Cristo. Pese a todo, lo que más importancia tiene para los creyentes, son los vestigios de culto cristiano que se han hallado y que se remontan a los primeros siglos de nuestra era.

También por la arqueología se sabe, por ejemplo, que en el s. VIII ya existía una comunidad agrícola en la colina donde hoy están los santuarios nazareítas y que el terreno principal de cultivo de término nazareíta eran las estribaciones del valle del Esdrelón, que penetra en el centro del llano que se forma entre colinas.

---

5 Íbid.; pág. 49.
6 Josué 19, 12.

El monumento más importante que ostenta Nazaret es la basílica de la Anunciación. Un enorme templo moderno, en medio de todo complejo religioso, sobre el que ha crecido todo a su derredor. En él se encuentra la cripta, la casa donde vivió la Virgen, en torno a la cual se ha construido la monumental basílica. Esta es grandiosa, sobria, de enormes y robustas arcadas, vigas de hierro descomunales que sirven para mantener en pie, y segura, toda la estructura. Sobre la cripta —la casa de la Virgen original y genuina, delante de la cual hay cuatro columnas arcaicas, un altar y unos estrados para sentarse— se abre un hueco octogonal, que se respeta, segundo piso, en la grandiosa basílica superior, donde todo en ella es solemne, colosal, en cuyas paredes, columnas altísimas y de singular bella factura, se instalan estratégicamente las obras de arte que son las catorce estaciones del vía crucis, rotuladas en árabe, por el simple hecho de que allí, en Nazaret, los pocos cristianos que hay son árabes. La capilla lateral derecha es la del Santísimo, pagada por España y cuyas pinturas de estilo picasiano son de Rafael Úbeda. En la pared derecha figuran las patronas de España, Portugal, Estados Unidos, Brasil, Polonia, Hungría, Venezuela, China, Camerún; en la izquierda, las de Francia, Canadá, Japón, México, Líbano, Argentina, Inglaterra e Italia. Y tapa, en lo más alto, el hueco octogonal, una gran cúpula, que tiene forma de lirio invertido, en cuyo tallo, en la parte más elevada, se asienta una luminaria, un faro, una luz siempre encendida que dirige a los creyentes cristianos, simbólicamente, de toda la Humanidad (foto 7).

La bóveda cae directamente sobre el centro de la cripta. El «vaso» del lirio no es redondo, está confeccionado con multitud de tiras, que están decoradas con gran cantidad de «emes» mayúsculas que se repiten, en diferentes tamaños, de mayor a menor progresivamente, muchas veces y conforme se estrecha el receptáculo. El pragmatismo de esta letra me hace pensar que qué mejor lugar es este, sobre la casa de la Virgen, un monumento a la Señora, en el momento de su iniciación santa y bíblica, para obsequiarla infinitas veces —M sobre M hasta llegar al cielo— con la advocación que le presta esta letra más que mágica divina, que, al parecer, guarda el simbolismo de la Gracia que nos viene a través de Ella, transportada por el rayo de luz que penetra por lo alto, desciende del mismo Cielo.

Recorremos, en silencio, los claustros prácticamente vacíos de la Anunciación, enormes crujías hechas para dar cobijo a miles de peregrinos que acuden de todo el mundo, pero ahora son otros tiempos; y no hay nadie. Nuestra voz, en los tonos tenues que sólo invitan a musitar, retumba bajo los arcos, en los cantos, aristas, de una caja vacía, y nuestros pasos al chocar contra el mármol del suelo. Sólo el fraile franciscano, que luce hábito, el hermano lego —que cojea levemente y que se asemeja, en su lene discurrir mudo, un espectro, todo espíritu, amo del ámbito oscuro y tenebroso—, se desliza, camina sobre el suelo marmóreo y apenas si sus pies semidesnudos hollan la tierra. No así los jóvenes sacerdotes vestidos con clergyman, algunos con manga corta —el calor es horrendo— y, por supuesto con alzacuellos; y los jóvenes seminaristas negros, no sé si franciscanos o hermanos del Monte Sión, ataviados por gruesos hábitos de sarga marrón y pectoral —a modo de estrecho poncho— de color blanco.

Llama la atención en la cripta, veneración directa de la casa de la Virgen, una escalerilla, abierta a machamartillo sobre la roca —que, por supuesto, no pertenece a la época herodiana[7] sino al siglo XVII— que tiene, al parecer, su origen en el hecho de que los franciscanos, los custodios del lugar, la construyeron para cumplir con fidelidad su misión. El terreno que se les concedió en custodia era, en aquellos tiempos, tan exiguo que les impedía bajar a la cripta por el exterior; no tenían ni el mínimo terreno que se necesita para construir una escalera de peldaños de no más treinta centímetros, con lo que la Casa de la Virgen estaba aislada, desatendida por falta de acceso. Por eso se les ocurrió a los monjes excavar una escalerilla en la roca dentro de su «propiedad», artilugio indudablemente no autorizado, pero que les permitía bajar a la gruta. Cuando años más tarde se les autorizó a comprar algo más de terreno, y ya pudieron llegar libremente a la «casita de la Virgen» por el exterior, decidieron no cegar la escalera furtiva, porque no desentona y además recuerda una etapa de la iglesia.

7 Época en la que vivió Jesús.

Esta casa de la Virgen es uno de los tres o cuatro sitios de Israel en que está comprobado arqueológicamente que son los lugares originales donde se desarrollaron los hechos bíblicos que, además, rememoran. Hay que decir, pues, que es arqueológicamente cierto que este lugar es donde nació y vivió la Virgen. Por el contrario, también hay que admitir que hay otras localizaciones que no están completamente respaldadas arqueológicamente, aunque sirvan para recordar, conmemorar el lugar de un hecho bíblico; evento que de seguro ocurrió más o menos cerca, en los alrededores, si se quiere, pero lo que es seguro es que se ignora el punto exacto donde se obró un hecho extraordinario, insólito.

Los lugares santos —incluso aquellos que solamente sirven como recuerdo u honor de algo, son referencia viva para el cristiano practicante, el creyente— son indudable cita física en cada una de sus oraciones y momentos de intimidad mística. La realidad del Gólgota, el Cenáculo, la Casa de la Virgen, la ceremonia judía de la Presentación de los niños en el Templo —Bar-Mitzva—, la visita de la Virgen a su prima, etc., incluso, aunque no sean lugares arqueológicamente autentificados —en esa actitud racionalista que es innata al hombre—, la visión palpada de algo concreto refuerza la fe, y ésta refuerza a su vez la creencia, y lo real se convierte en notario de algo tangible, no onírico, que ha existido, quizás no bien ubicado, pero real.

En la actual cripta donde se halla la Casa de la Virgen se encuentran los cimientos de una antigua iglesia del siglo V. Se ve claramente el ábside de la iglesia bizantina, que se ha aprovechado como lugar de preferencia, dentro de la moderna construcción eclesial, para los oficiantes. Está comprobada arqueológicamente. Ello es un testimonio de la veneración que se tuvo a la Virgen María en los primeros tiempos del cristianismo. Pero también arqueológicamente comprobado está, que bajo esta iglesia, hay una más antigua, s. II, la llamada sinagogal, construida por los judeocristianos, donde daban culto a la Virgen en el sitio donde mejor lo podían dar, que era en su propia casa, donde la Mujer nació y habitó en vida. El primitivo santuario era una especie de cuarto cuadrado formado por unas piedras blancas, que se pueden ver hoy en día en el museo adjunto; además se hallaron en ella columnas con abundantes inscripciones dedicadas a la Virgen y en varios idiomas. La más importante es el XE MAPIA —*Alégrate, María*— en griego, del siglo II. Lo que significa que en este lugar ya se daba culto cristiano desde los orígenes del cristianismo. De modo que, resumiendo, la progresión eclesial de este lugar, como lugar de veneración, evolucionó desde el s. II hasta más allá del s. XX, cronológicamente, del siguiente modo: Iglesia sinagogal, monasterio e iglesia bizantina, la gran catedral cruzada y la basílica de la Encarnación, o la Anunciación.

En la parte izquierda de la casa de la Virgen, en la cripta, y junto a un baño ceremonial semejante al que se verá en Qumrán, siglos IV y V, hay un mosaico que se conserva desde esa fecha, en el cual aparece una cruz con cuatro cruces pequeñas, en los cuatro huecos que forman los dos trazos cruzados. Se llama «la cruz de los franciscanos», no porque ellos la hayan inventado, si no porque la tomaron como símbolo de su condición de guardianes de este lugar. El mosaico es del siglo III o IV, anterior a la iglesia bizantina, que, por lo visto, al construirla se respetó.

De todas formas, el origen de «la cruz de los franciscanos», emblema de Israel, se encuentra en una losa, quizá perteneciente a la más primitiva época cristiana —por tanto, al templo sinagogal— donde he visto y comprobado que aparece grabado en la lápida un hombre, san Juan Bautista, que enarbola en su mano derecha un estandarte de forma cuadrada, dentro del cual hay una cruz equilátera con cuatro crucecitas en cada recuadro angular.

Cruz de los franciscanos, la que indica única y concretamente el hecho de la custodia, por estos frailes, de los Santos Lugares, a pesar de la popularidad y vulgarización de la misma, que parece que indique otra cosa, incluso más importante y trascendente; pues no.

«Al pasar entramos en la iglesia de los franciscanos, ensanchada y restaurada de nuevo, con notorio mal gusto, en el mismo emplazamiento de la basílica primitiva».[6]

En los patios galerías y soportales al aire libre, que rodean el ala derecha de la basílica, cuelgan de sus paredes innumerables pinturas,

8 Pierre Loti, *op. cit.* (1); pág. 51.

mosaicos o cerámicas de la mayor parte, por no decir de todas, porque eso sería muy arriesgado el aventurarlo, de las advocaciones de la Virgen; imágenes muy abundantes de todos los rincones del mundo; y claro, cómo no, la Virgen de los Desamparados, patrona de Valencia, hecha con azulejos típicos de Manises. Sobre una imagen la *senyera* valenciana, con franja azul, y a los pies de la escultura la inscripción, en valenciano, que dice MARE DE DEU DELS DESAMPARATS, PATRONA DEL REGNE DE VALENCIA (foto 6).

Y, en este momento, un recuerdo tierno para mi madre Amparo, y para Julia, que una de niño, otra de mayor, me recitaban:

La Mare de Deu, quan era xiqueta,
anava a costura a aprendre de lletra
ab un llibre d'or de Santa Pauleta.
L'Angel hi va entrar per la finestreta:
—Deu vos guarde María, de gracia sou plena.
Un fill en tindreu, será fill de Verge.
—Quín nom s'en dira? Quin nom s'anomena?
—S'en diu Salvador, de cel i de terra.»

Y qué mejor lugar —único en todo el mundo— para tener este recuerdo.

Dentro del mismo recinto franciscano de la basílica de la Anunciación —lo que fue, como se ha apuntado, la ciudad más arcaica—, y por detrás, se puede ver la parte más antigua de Nazaret. Estratos más bajos, en plena labor de excavación, donde adivinan las diversas capas, culturas que se ha ido sobreponiendo a través del tiempo, que es lo mismo que decir de los acontecimientos históricos.

Es aquí, en Nazaret, al igual que en Jerusalén, desde luego, donde pueden convivir las tres religiones monoteístas, de las que se puede decir que son las de las virtudes teologales: el Islam es la de la FE, ponen toda su fe en Alá; la hebrea o judía es la de la ESPERANZA, aún esperan la llegada del Mesías; y la cristiana, se basa en el amor, en la CARIDAD.

Es en la parte exterior de la basílica, a nivel de la cripta donde se encuentra la auténtica casa de María, pero en el exterior. Adjuntas se hallan otras casas, rupestres, podríamos decir, que ocuparon familias nazareítas, semejantes y, de seguro, vecinas de María, porque colin-

dan con ella, y están sólo separadas por el colosal muro de la gran basílica. Todas ellas debieron formar un núcleo humano, una aldehuela o,
simplemente, una calleja donde se apiñaban una encima de otras. Todo
el conjunto rezuma suma pobreza y sencillez, todo situado sobre la colina rocosa de Nazaret donde se edificaron estas casas, cuando no eran
más que simples grutas excavadas en la roca, a las que se les tapaba la
entrada por medio de adobes, unidos, a lo sumo, por barro cocido al
sol. La vida familiar tenía lugar en el exterior, a la puerta de la casa, quizá bajo de unos umbráculos a modo de vestíbulos, donde se molía el
trigo, se amasaba y se horneaba el pan, se guisaba, se socializaba con la
familia…

La puerta de las casas de esta época era enorme y pesada —una
serie de maderos en vertical, atrancados por una sólida y ruda traviesa,
que aseguraba su cierre: sólo se cerraba durante la noche—, cuyo alo-
jamiento en forma de hendidura no es difícil de descubrir en el muro
de cualquiera de ellas. Si alguien llamaba a la puerta durante la noche
suponía un gran esfuerzo en tener que abrir, quitar la tranca, empujar
el portón, molestar a la familia que dormía, etc.; por eso no es difícil
encontrar en los evangelios algún que otro pasaje donde el señor de la
casa, el cabeza de familia, se negó a abrirla, ante la petición de otros que
le pedían tres panes. «No me fastidies, ya la puerta se ha cerrado y
mis muchachos, igual que yo, están en cama» (Lucas 11, 7). No es un
mero egoísmo lo que explica el evangelista, sino además de lo trabajo-
so de abrir la puerta, suponía el tener que despertar a toda la familia.
Los techos estaban hechos con troncos de árboles cruzados, sobre los
que se colocaban hojas de palmeras y encima tierra, que se apisonaba.
Por eso no suena extraño el pasaje bíblico donde las gentes, para poder
salvar la multitud que rodeaba a Jesús, hicieron descender, en Cafarnaún, la camilla con un paralítico desde el techo (Marcos 2, 4) a su presencia; con separar las ramas de la techumbre era suficiente.

Adjunto a este complejo arqueológico, se encuentra el pequeño
museo franciscano donde se guardan verdaderas reliquias, piezas excepcionales halladas en las excavaciones del recinto, que son la prueba viva
de que, como ya se ha dicho, en la más remota antigüedad, existía Nazaret, y, sobre todo, guarda los testimonios de la evolución eclesial que

tuvo el cristianismo desde sus primeros tiempos. Entre otros muchos vestigios, todos en piedra, están las losas blancas que pertenecen, y confirman, la existencia de la iglesia sinagogal del siglo II, y en una de ellas es donde surge la inscripción de XE MAPIA, el saludo a la Virgen que le dejó grabado un devoto con las mismas palabras del ángel Gabriel; y en otra el san Juan con el estandarte con la cruz de brazos iguales, la llamada «cruz cósmica».

Una losa, en la vitrina de la derecha junto a la entrada, tiene una inscripción de cuatro líneas, cuyos finales están inacabados, epígrafe que el arqueólogo ha traducido como «Bajo el lugar santo *om...*

Representada ahí la...

La imagen embellecida

(de) Ella...»,

anunciado en inglés para que todos se enteren: *Under the holy place on... /Wrote there the.../ The image adorned/ Her...*

Hay muy variados objetos de cerámica, datándose los de la vitrina de entrada en los períodos cruzado, bizantino y romano. Las de dentro de los siglos VII y VIII; y las del fondo del segundo milenio a. C. Existen también unos capiteles cruzados, ornados con escenas evangélicas, otro tipo de objetos de menos interés y una serie de planos superpuestos que ayudan a comprender mejor la situación y sucesión de los restos arqueológicos.

Caminando bajo el sol tórrido de Nazaret, expuestos libremente a su acción —no hay ni siquiera una mínima sombra que nos salve de su poder; sólo un sombrero ya ensudarado en demasía— y caminando hacia la iglesia de San José —dentro del recinto acotado franciscano, salvaguardado su entrada a vehículos por unas barreras metálicas basculantes, de esas que se pintan a franjas blancas y rojas— medito mis sensaciones bíblicas, sensaciones que me llegaron directamente y que me convencen cada vez más de que Jesús, el que luego sería el Cristo, vivió una vida de hombre, con toda la miseria y calamidad de un joven —murió a los treinta y tres años— que pertenecía a una familia pobre, de desheredados de la fortuna, diríamos ahora.

En el camino me cruzo con un edificio en el que se lee el rótulo: CUSTODIA TIERRA SANTA COLLEGE. Todos los letreros aquí, y éste también, están además escritos en latín y en árabe; en algunos se hacen también en hebreo, quizá para disimular conflictos.

La iglesia de San José o casa de la Sagrada Familia, construida en 1914 sobre la iglesia cruzada y respetando su misma planta y proporciones, se encuentra relativamente cerca de la basílica, por supuesto dentro del recinto franciscano, y simboliza, indudablemente sin ninguna seguridad arqueológica, la presencia de san José de alguna manera en ese lugar, no se sabe bien cuál, ni cómo, pero o vivió allí, o tuvo el taller de trabajo, otros dicen que podría ser la bodega que se conserva bajo el pavimento de su cripta, o la cisterna de al lado, aunque lo más probable es que fuera su casa, que está a escasos cien metros de la de la Virgen: debieron ser vecinos. La cisterna y la bodega fueron los elementos que tomó la comunidad judeocristiana de Nazaret y la conservaron como recuerdo del lugar. Se baja hasta ellos por medio de una escalera que se abre en la planta de la iglesia, donde, además, está el baptisterio judeocristiano y grutas anteriores al s. I, que formaban parte del poblado antiguo.

Nazaret es árabe y los pocos cristianos que hay en ella son árabes, como se ha dicho. Estamos, sin embargo, en Galilea, y esta región —la más bonita y rica de Israel (porque tiene mucha agua, porque además de llover con frecuencia en invierno, recibe la que baja del monte Hermón), y la más poblada por ello, tiene muchos pueblecitos que son todos árabes; lo que hace que en este paisaje destaquen las mezquitas y, como hito de ella, el minarete—, como se sabe, es una zona de Israel y por tanto todos sus habitantes, árabes hay que recalcar, son ciudadanos de Israel, con pasaporte y carnet de identidad. Todos, o casi todos, repito, son musulmanes. Aquí, en Nazaret, y otra en Belén, hay una porción de cristianos, pero son muy pocos, ya que dada la situación política y económica, éstos se ven obligados a emigrar. Parece que solamente hay unas cien familias de cristianos católicos en Tierra Santa. Existen unos movimientos sociales, privados y a iniciativa de las autoridades cristianas, que tratan de comprar alguna que otra vivienda, que dedican a alquilar a esas familias a precios irrisorios, con el fin de que no abandonen su tierra, la de sus padres; y otro tipo de recursos a lo que ligar su economía con el mismo fin. Un primer plan de 70 viviendas que se pagan a 700 dólares al mes, y por las que cobran solamente 40 dólares, es una iniciativa valuable. Se quejaba el Patriarca Latino de Jerusalén —que tiene tan pocos adeptos, que le ha sido asignado las diócesis de Israel, Palestina, Jordania y Chipre— por boca de su obispo auxiliar, de que las peregrinaciones católicas que llegaban —hoy en día no viene prácticamente ninguna de ningún rincón del mundo, incluso de España— apenas si tomaban contacto con los núcleos cristianos de Tierra Santa. Llevaban a buen término su peregrinación, visitaban los Lugares Sagrados y se marchaban, sin solidarizarse, aunque sólo fuera moralmente —una inyección de optimismo y de ánimo al saberse que no están solos— con ninguno de esos exiguos grupúsculos cristianos.

Eso es lo que quisieran los judíos, que emigraran todos los cristianos católicos, que se fueran, y desaparecieran los Santos Lugares, desaparecieran, que se olvidara que Israel es la Tierra Santa de los cristianos.

Escapando del «encierro» franciscano, autentica ínsula de paz y serenidad, salgo, ahíta mi retina de mi patrona, la Virgen de los Desamparados —no se olvide que soy valenciano, por nacimiento y por nostalgia—, a la Casa Nova Street, ramal urbano que va a unirse al «torrente» de Pablo VI Street, ancho y pino —dejando a la izquierda el gran complejo franciscano, comandado por la cúpula cónica y oscura, de vértice luminario que reina sobre las casas de Nazaret—, por el que hay que encaramarse, bajo un sol de justicia, para alcanzar —¿cuándo ha de ser?, el fin de la cuesta no llega nunca; eso sí, se estrecha y quizás, en algún momento, se enrecoveca— la plazuela, casi medieval, que más parece un patio de armas pequeño, donde se abre la puerta agachada para entrar en la Fuente de la Virgen. Plaza del pueblo actual y quizás aledaño próximo donde las mujeres nazareítas tenían que ir todos los días a cargar agua con sus cántaros. Escena de belén navideño, escena no tan lejana que nos hemos cansado de ver en muchos pueblos; claro, hablo de treinta o cuarenta años atrás, no de algo más de dos mil.

«Multitud de doncellas, con la cántara sobre la cabeza, van a buscar agua a la fuente que mana bajo el espesillo de encinas: es la *Fuente de la Virgen*, pero ¡qué fuente! Hecha de piedras secas, quizá las mismas que en los tiempos en que vivían Joaquín y Ana».[9]

Pero para llegar a la Fuente de la Virgen, he tenido que pasar —lo repito para ver, si a fuerza de decirlo, me refresco ligeramente— bajo el sol de justicia, bajo un sombrero Burberrys, apto para el sol y apto para la lluvia —no apto para exploradores, pero...— por tiendas de verduras y de frutas, higos espléndidos y carnosos que decían comedme, plátanos y piñas, y uvas, y mango israelitas, variedad distinta a las mexicanas y las asiáticas, frutos secos, etc.; y tuve que esconderme en los entresijos de la tienda, abarrotadas de autóctonos, para salvar el paso de los automóviles que circulaban, ida y vuelta, por la callejuela, y delante de un cementerio árabe, y de un convento de clausura de no sé que tipo de monjas, y... y el sol, seco y burlón, arrancaba gotas de sudor de mi cráneo, y caían retenidas en el burlete del sombrero que se ajusta a las sienes, y chorros de sudación por la espalda, y quizá la sobaquina, o la catinga, aunque allí podía ser tan general que nadie se percató; y en el interior umbrío, quizá fresco, de seguro oscuro y excesivamente ornado y barroco del templo ortodoxo griego que guarda la Fuente, un sorbo de agua —no tanto largo como esperaba, porque la sensación era la de beber caldo entibiado—, el sombrero afuera y la palma de la mano arrastrando toda la excreción cálida, me dio el alivio.

«Como esta misma y única fuente es la que alimenta al pueblo desde los tiempos más remotos, es muy probable que Jesús la frecuentara con su madre...»[10]

A estas horas Nazaret es una ciudad tranquila, quieta, pese a que durante el día por la calle mayor, carretera, los coches pasan y pasan sin tregua alguna, pero su gentes, los choferes, son personas muy dóciles. Sin necesidad de semáforos ni guardia alguno, se detienen para que pasen los peatones, basta que un transeúnte alargue la mano en petición de socorro y se detiene el tráfico. Durante la madrugada se escuchan las voces, metálicas porque vienen de los altavoces, y fuertes, de los almuédanos, que se imponen sobre el halo sacro, apacibilidad en la

9 Octavio Velasco del Real, *op. cit.*; pág. 303.
10 Pierre Loti, *op. cit.* (1); págs. 56-57.

que vive la ciudad. Creo que, es una sensación mía, la llamada mahometana a la oración no sólo no consigue romper la serenidad del lugar, sino que es imprescindible su sonido suave y cantarín, melopea mística, para llenar el ámbito de mayor espiritualidad; quizá, para el no creyente, romanticismo; y los campanillazos del reloj de la basílica engarzando melodías litúrgicas como «avé, avé Mariá...», se complementan, es evocador, porque coexisten las dos religiones. Reina en el lugar un respeto admirable, quizá sólo sea por cuestión de turismo, aunque, hay que decirlo, en unos terrenos anejos a los de la basílica de la Anunciación se pretende edificar una mezquita. Hay su litigio y, de momento, las obras están detenidas. Los cristianos se oponen y dicen que ello es una provocación; quizás, en un futuro, sea causa de disensión, hoy en día, el viajero, el extranjero, no percibe nada. He visto una peregrinación católica que es la primera que llega desde hace dos años y el grupo ha sido respetado; alguna actitud, con palabras árabes que no entiendo, que tanto podrían ser de alabanza como de rechazo; aunque creo que están contentos en general con la llegada porque podrán trabajar, vender sus productos, quizás algunos comer; pero ahora —ya estoy en España— con la ruptura de la tregua el día 22 de agosto de 2003 —en medio de mi periplo ocurrieron los primeros sucesos luctuosos en Nablus— creo que nadie seguirá el camino que abrimos nosotros para visitar Israel, después de estar cerrado algo más de tres años.

Nos vamos de Nazaret.

«De pronto se ofrece ante nuestra vista una altísima y salvajísima montaña, toda encinar, rajada por multitud de barrancos y en cuya cumbre vemos cernerse numerosas águilas.»[11]

«De Nazaret, dormido a nuestros pies, llega hasta nosotros el clamor de los perros errantes, como el ruido constante de las noches de Oriente... Pero no oímos cantar a los almuédanos, pues estamos aquí sobre una tierra casi cristiana...»[12]

... pero yo sí los oí cantar; fui más afortunado.

11 Octavio Velasco del Real, *op. cit*,; pág. 302.
12 Pierre Loti, *op. cit.* (1); pág. 55.

III

RUTA AL OESTE:
CANÁ, HAIFA, MONTE CARMELO

A ocho kilómetros al norte de Nazaret está Caná, un pueblo —Kafr Kanna— árabe, aunque carece de toda garantía histórica, arqueológicamente hablando, de que sea el Caná de Galilea del milagro del agua y el vino, el de la boda. Los arqueólogos franciscanos, hace tres o cuatro años, excavaron su suelo con la esperanza de encontrar alguna iglesia bizantina del s. IV o anterior, como pasó en Nazaret; y, efectivamente, se encontró un ábside de la época bizantina, s. V o VI, pero ninguna que corresponda al I o II. Ello confirma que el recuerdo histórico de Caná de Galilea comienza muy tardíamente. Y remacha el hecho, la prospección arqueológica, realizada entre los 1996 al 98, por un franciscano, el P. Alliata, que ratifica los resultados que ya se tenían, añadiendo el hallazgo de una cisterna del s. I y un mosaico (s. IV o V) con una inscripción aramea que dice «José, hijo de Tanhum».

El actual Kefer Kanna viven unos ocho mil habitantes, entre musulmanes y cristianos, dedicados a la industria y la agricultura; aunque un buen grupo de ellos se consagran su tiempo al turismo. A lo largo de la misma calle —una tienda al lado de la otra— donde se alza la iglesia pequeña y hermosa, construida en 1901, instalan sus negocietes, repletos de objetos de regalo, y recuerdos, donde no pueden faltar efectos alusivos al milagro, sombreros de ala ancha —el calor es atorrante— y, sobre todo, botellas de agua fresca salidas de un refrigerador vertical, de tapa trasparente. Aunque ahora, en período de conflicto, están cerrados, hace años —a lo sumo dos, no hay que exagerar— la mayoría lucen el «closed» —idioma que se utiliza en todo Israel— en su puerta, porque la gente no puede perder el tiempo esperando que llegue los turismos, si acaso llega alguien, es un viajero empedernido e inconsciente como yo. Menos mal —más por el agua que por otra cosa— que hay un tenderete bastante siniestro, abierto en la misma mano de la iglesita, que sirve, al menos, para escapar del sol que tortura, que el calor que cae del cielo quema las piedras, y no digo nuestros sombreros, por decir algo inanimado; pero el tipismo y el colorido de la calleja —que se extiende hasta llegar a la entrada de la carretera 77, dirección oeste, y que enlazará con Qiryat Tivon y a su vez por Yagur con la 2, camino de Haifa— ha desaparecido, nos lo han robado. Es que sólo somos nosotros los que estamos aquí.

Las ruinas que se encuentran junto a la iglesia —diría en un anexo de la misma, ala derecha— parece que son de casas sin ninguna relevancia para las historia del cristianismo. Sobre ellas los visitantes, arrojan monedas; cónyuges de seguro, seguramente persiguiendo alguna intención más o menos sentimental, de conservación del amor, o del matrimonio, etc; al estilo de cómo se hace en Roma —Fontana de Trevi—, o en el mismo El Cairo, a la entrada del desangelado templo de la Esfinge.

Por lo tanto se puede decir, clara y definitivamente, que Caná de Galilea es el lugar que rememora la narración de Juan el Evangelista[1] y nada más. Al margen de ello, hay que declarar que este honor se lo disputan dos lugares, éste y Kh. Qana, que se encuentra a 14 km al norte de Nazaret, es decir a tan sólo cinco o seis km el uno del otro; y, por tanto, se puede hacer la distancia entre ellos caminando. A pesar de todo, el historiador Eusebio piensa que todo tuvo lugar en otro Caná, cerca de Sidón, en Fenicia, el actual Líbano; aunque no creo que Jesús, viviendo en Nazaret se fuera a un lugar tan lejano para realizar su primer milagro; lo más creíble es que se desplazara en las cercanías de su pueblo.

1 Juan 2, 1-12.

No obstante lo dicho, hay que admitir que Caná es el lugar del milagro del vino; e igualmente hay que comprender que toda esta narración va marcada por el simbolismo, es decir, que de un hecho histórico se saca una lección de tipo alegórico-místico. Las Bodas de Caná tienen una significación indudable que va más allá del relato bíblico. El evangelista Juan aprovecha este suceso para comparar metafóricamente el vino antiguo, viejo, con el nuevo que es Jesucristo. Es el fin de la antigua alianza, la que hizo el pueblo judío con Dios, y el comienzo de la nueva, por la mediación de su Madre; misterio que más tarde se convertirá en dogma, no sin luchas, por parte de los teólogos.

«Bien puede lisonjearse Caná de ser una de las aldeas más limpias y bonitas que existen hoy en Galilea. Hállase agradablemente situada en la pendiente de una colina que mira al sudoeste, al extremo de una alegre llanura cubierta de palmeras, olivos y frutales, especialmente higueras. La fuente es hoy la misma de la que procedía el agua que trocó en vino el Redentor...»[2]

Al santuario de las Bodas —los peregrinos que llegan, y quieren, renuevas las promesas del matrimonio— se entra por medio de un patio que está adosado al convento de los frailes que lo regentan. Es de planta de cruz latina con un pórtico «in antis», de tres arcos en fachada, sostenido por dos columnas centrales y otras dos estípites en los extremos. Está construido sobre cimentaciones antiguas: una del año 725 —aunque existe un testimonio más antiguo, del 570, que habla de un monasterio—, aunque ésta podría datarse, a juicio del historiador Nicéforo Calisto, 1350, en el siglo IV. Se le atribuye a santa Helena, aunque muy bien habría podido ser edificado a costa del judío converso José, conde de Tiberías, usando de un permiso otorgado por el emperador Constantino.

En el centro de la cripta se conserva un antiquísimo lagar excavado en la propia roca, donde hay una tinaja de piedra rememorando las ánforas del milagro.

Es propio este momento, y para aclarar algún que otro pasaje bíblico, el hacer una pasada rápida sobre el rito de una boda judía. A este

2 Octavio Velasco de Real, *op. cit.*; pág. 321.

propósito se ha de tener en cuenta que una puede durar varios días. El proceso matrimonial de una pareja de hebreos es complicado y largo. Normalmente, un año antes de los esponsales, se celebra la firma del compromiso, donde los padres de los futuros contrayentes convienen en aportar unas ayudas económicas para los novios. El de la novia la dote y el del novio otras cosas, casa o tierras, o dinero, etc. Desde este momento se consideran los novios que están casados, de modo que si se rompe el convenio se cae en adulterio. Así pues, conociendo esta costumbre, se comprende la situación de María, que estaba desposada con un varón llamado José antes de vivir juntos.[3] Una vez firmada la «titubá»,[4] el novio se iba a su casa, la novia a la suya; es cuando comenzaban los preparativos para la boda. Aún se hace así hoy en día. La ceremonia matrimonial tiene lugar bajo un palio, que representa la alianza, la protección de Dios. Tras las oraciones rituales del rabino, y una vez casados, llega el banquete nupcial. Hay festín por la tarde, la gente se va a dormir, luego a trabajar, y de nuevo vuelve a él, y así durante varios días, hasta que lo determinen los esposos. Esta costumbre se ha visto reflejada en algunas de las parábolas de Jesús.[5]

Una de ellas es la de la mujer que pierde uno de sus dracmas. Muy significativa, porque había la costumbre de que a la mujer, al casarse, recibía doce o catorce monedas de oro como dote; era su pequeño tesoro y, lleno de orgullo, en cuanto tenía la menor ocasión las lucía en forma de diadema. Es natural, pues, que si perdía una de ellas, barrería cuidadosamente la casa hasta encontrarla, entre otras cosas, porque en el caso de repudio del marido o de viudedad, la mujer contaba con ese valor de para sobrevivir, es decir, significaban un seguro de vida.[6]

Desde Caná se sale de la carretera general —la 77, como se ha dicho— después de recorrer siete u ocho kilómetros. Desde ese instante ya se comienza a ver un paisaje distinto, más fértil, más verde. más opimo, etc., el que tienen los pueblos de alrededor del lago —no se olvide que el mar de Tiberiades está a menos de 20 km— por los que pasa-

3 Mateo 1, 18.
4 Ceremonia de compromiso.
5 Mateo 25, 1-13.
6 Lucas 11, 7.

mos. La comarca es sumamente feraz y productiva, no sólo gracias al agua de este mar, que se bombea para distribuirla a través de una red de canalizaciones, sino también a la tecnología del riego por goteo que hace exuberantes a los jardines, a los campos que antes estaban secos. Ahora se aprovecha mejor el agua que en los tiempos herodianos, aunque el nivel del lago de Galilea sea más bajo, porque ahí está el monte Hermón, que en los días claros puede verse al nordeste, con sus cumbres nevadas todo el año. De todas formas, hay que admitir, pese a la falta de tecnologías modernas, que esta zona en el tiempo de Jesús se caracterizaba, igual que ahora, por su verdor y fertilidad, gracias al sistema de acequias, que recogían tanto el agua del cielo como la que bajaba del coloso nevado.

En Caná, en sus afueras y en sus altos, se sigue la ley de habitabilidad que reina en todo Israel. Los bajos de las montañas siempre los moran los árabes; las partes altas, las de arriba son territorios judíos. Ambos pueblos coexisten, pero jamás se van a juntar.

Indudablemente el territorio, administrativamente, es judío, aunque esté habitado por árabes; por lo frecuente no llama la atención. Por lo tanto, los gobernantes no hacen nada inhabitual o extraño aprobando una ley de expropiación de las tierras peladas, siempre en lo alto de los cerros rocosos, para construir una nueva ciudad; y las cosas quedan igual, también como siempre: una urbe árabe abajo y una judía arriba. Como no se osmotizan nunca, las cosas quedan más o menos igual, pero los hebreos se asientan en territorios que siempre fueron árabes. Generalmente en Galilea no suele haber problemas por este motivo, pero comienzan cuando el sistema se aplica a los territorios de la Cisjordania, Palestina: se promulga la ley por la que se confisca los terrenos áridos de las colinas que colindan un lugar árabe y que no quieren nadie, y se construye una colonia judía en territorio palestino. Con la ley en la mano se puede hacer, pero esa es la verdadera semilla de los conflictos y las rivalidades, porque una de las aspiraciones vitales de los palestinos es que se desmonten estos ilegales, para ellos, poblados o asentamientos hebreos; que les dejen vivir en paz.

Tras la carrera por la red de carreteras —77, 75 y 2— que nos acerca hacia la costa, alcanzamos Haifa, una ciudad eminentemente industrial, tan populosa —tiene cerca de 300.000 habitantes— que ocupa, en su expansión, desde los terrenos de la bahía hasta el Monte Carmelo. Es la tercera ciudad de Israel. Con su vasta bahía de 25 km de costa llega hasta San Juan de Acre y se convierte en una de las más bonitas ciudades de la nación israelí. En la antigüedad era una ciudad de pescadores y es, con Dahar el Amar, cuando comienza tímidamente su desarrollo industrial, que se incrementa durante la ocupación egipcia de Ibrahim Pachá para, a principios del s. XX, con la inauguración del tren que la une a Damasco, Jerusalén, Gaza y Egipto, expandirse con más fuerza; florecimiento que se dispara exponencialmente con la llegada de los judíos de la diáspora, con el definitivo establecimiento de colonias agrícolas y con el empuje industrial. Después de fundar, en el año 1920, una especie de sindicato, Federación del Trabajo, llegan los ingleses y lo primero que hacen es construir el puerto, convirtiéndose Haifa, a partir de 1948, en la puerta de entrada de la inmigración judía a Israel.

Pero la ciudad no es moderna. No aparece en la Biblia pero sí en el Talmud, donde cuenta con establecimientos cananeos, israelitas, fenicios, persas y griegos. La vasija de 7.000 años de antigüedad, hallada en la bahía, el tesoro en monedas griegas, acuñadas en la isla de Paphos en 145 a. C., la iglesia bizantina del s. VII —donde aparecen unos mosaicos excelentes y geométricos, con figuras humanas, y en uno de los cuales se lee la inscripción «Jesús el soberano»—, son testimonios de su antigüedad.

Sus habitantes son la mayoría judíos, sólo un diez por ciento no lo son; y de estos, un tercio son musulmanes, otro cristianos y el resto drusos, seguidores de la religión Bahaí y quizá de otras.

A la entrada de Haifa, se enfila recta una de las laderas de la colina brillante de verdor, césped o hierba cuidada de jardinería. Parte en dos esta monotonía glauca una escalinata solemne y blanca que conduce a un túmulo. Constituye los llamados «jardines persas» que acompañan al panteón granítico-marmóreo, con cúpula áurea, donde reposan los restos de Bahá U'llah Mirza Alí Muhammed, fundador de la religión Bahaí y muerto en Tabriz, Persia, en 1850, a la edad de 31 años. La secta Bahaí es una secta árabe, musulmana, con más de dos millones de adeptos, que compró la colina en la que honró a su maestro y fundador Sus adeptos dan culto a Mahoma y tienen, o consideran como profetas, a todos las cabezas espirituales de cualquier religión, en un intento de conciliar todas las creencias.

En Israel, a propósito de la laboriosidad de esta ciudad, hay un refrán que dice: En Haifa se trabaja, en Jerusalén se reza y en Tel Aviv se divierte.

Subimos hasta el Monte Carmelo, desde donde se divisa el mar,[7] donde, en los días claros, y desde su mirador a orilla de la carretera, se puede ver San Juan de Acre y donde, en un alarde de lirismo, nostalgia y evocación libertaria, se puede contemplar, varado en el puerto, el mismísimo barco *Éxodo*, aquel se utilizó para realizar la película norteamericana que protagonizó, entre otros, Paul Newman.

Monte Carmelo, es un barrio de Haifa y está dedicado al profeta Elías. *Kerem-El*, palabras hebreas que significan «Viña del Señor». Esta significación responde a la tranquilidad y paz que se goza en el lugar. Todas las casas tiene un pequeño jardín y casi todas tienen vistas al mar Mediterráneo. El aire a esa altura —la ciudad industrial, y sus humos, quedan muy abajo— es límpido, el cielo azul y el sol —a pesar de que cae con una intensidad que yo llamo israelita; nunca menos de 45° C al sol, y a esa altura— que dora los parterres, los monumentos, hasta el asfalto de la carretera, brillantes por los cauchos de los automóviles que pasan rápidos, tiene tonalidades, al menos a las cuatro de la tarde, doradas. Pertenece al parque nacional más grande de Israel, de 6.000 hectáreas de pinos, eucaliptos y cipreses.

«Sabido es que Carmelo (palabra hebrea) viene a traducirse por *Campo fértil*, y sabido es también, por cuantos están algo familiarizados con la Biblia, que los profetas hablan con enfática admiración de *las florestas* y de *los grandes bosques…*»[8]

El Monte Carmelo es muy famoso y data de tiempos antiquísimos. Se llamó en la más remota antigüedad el Promontorio Santo y estaba dedicado al profeta Elías y a los 450 profetas de Baal. En aquellos tiem-

7 Jeremías 46, 18.
8 Octavio Velasco del Real, *op. cit.*; pág. 130.

Faro y monasterio de Monte Carmelo

pos se adoraba a este dios; no hay que olvidar que estamos muy cerca del Líbano, la antigua Fenicia. La reina Jezabel, por supuesto adoradora de Baal, ayudaba mucho a los sacerdotes baales en su labor misionera sobre Israel. Esto resultaba angustioso, y traumático, para los judíos, ya que la esencia de su religión, como ya se ha dicho, tenía el gran mérito de haber traído al mundo a Dios: «Sólo hay un Dios». Sin embargo, Jezabel había convertido, con sus añagazas, a su marido al politeísmo, con lo que a punto estuvo Israel de perder su apreciado monoteísmo, la propia esencia de su pueblo, tanto mística como material y cotidiana: «Un solo Señor Yahvé, el Dios de Israel». Con el fin de paliar tal atentado sacrílego, Elías no tuvo más remedio que desafiar a Jezabel[9] y a sus 450 profetas; reto que éstos aceptaron. Se dirimía en este

9 I Libro de los Reyes 18.

lance, nada menos, cual es el Dios verdadero. Elías dijo: Que ellos invoquen a sus dioses, yo el Nombre de Yahvé. El Dios que responda con el fuego, ese será el verdadero. Si Baal es el verdadero lo acataremos los judíos, pero si es al revés, seréis vosotros los que lo admitiréis. Harían cada uno un ofrenda animal. Para ello cada res, víctima propiciatoria, había que degollarla para el sacrificio y quemarla, pero convinieron «no pongamos fuego, que sea el mismo Dios quien los consuma». Los baales rogaron de la mañana a la noche pero sus dioses no respondieron. Elías invoco a Yahvé y a la tercera plegaria consumió el holocausto y la leña. El pueblo, al ver el prodigio, se postró ante él. Tras ello, el profeta judío mandó degollar a los 450 sacerdotes, viéndose luego obligado a huir al desierto. Se refugió en una cueva,[10] para, según la tradición, escapar de las iras de Akab y su esposa Jezabel; y donde se dice que estableció una «escuela de profetas», en la que se formó, como veremos más adelante, Eliseo.

Esta epopeya quedó grabada a fuego en la historia del pueblo de Israel. Por eso llegan al santuario —que conmemora este acontecimiento— muchos judíos a venerar al profeta Elías. Por eso cuando se celebra la Pascua judía, ya sea en Nueva York, Indonesia, Londres, Amsterdam, o cualquier ciudad del universo, el pueblo hebreo siempre pone en la mesa ritual una copa de vino y un plato de comida para el profeta Elías, por si se le ocurre llegar a cenar. Por eso, en esta iglesia, el altar mayor está dividido en dos partes: la inferior, una gruta donde se venera la imagen de Elías; en la superior, la Virgen del Carmen. Por cierto que la vetusta imaginería de San Elías muestra al peregrino un rostro que infunde valor, exhala un aire de arrojo incontenible, una energía, aparece como la mano de fuerte de Dios.

Admitidos todos estos sucesos bíblicos —que, según parece, se pueden fechar en el s. IX a. C.— pasó el lapso de tiempo antiguo con los avatares propios de unos pueblos que luchaban por sus tierras, sus gentes y, sobre todo, por la consolidación de su religión revelada a lo largo de tantos años; luchas inacabables por cuestión de fronteras o de creencias. Después de un largo período de tiempo en que los árabes fue-

10 I Libro de los Reyes 19,1

ron los dominadores del lugar, surge, de súbito, el s. IX pero d. C., en la época de las Cruzadas, tiempo de lances de contienda abierta, impregnada de místicas influencias de guerra de religiones, ardor cristiano, arrebato musulmán, que marcará, al fin, la influencia del lugar, con la Virgen del Carmen.

El monte Carmelo tiene muchas cuevas —«… monte Carmelo, que en punto a grutas y cuevas parece haber sido el modelo del famoso Montserrat de Cataluña»—[11] y, aprovechándose de ellas, unos cuantos caballeros cruzados, en el s. XII, tratando de emular al profeta Elías, se retiran a ellas para vivir una vida de contemplación y oración; acaban habitando allí en un pequeño monasterio, consiguiendo de san Alberto, patriarca de Jerusalén, que les apruebe la regla de vida. Se ponen bajo la protección de San Elías y bajo la advocación de la Virgen María; así, simplemente, porque, en ese momento, la Virgen no tiene ninguna apelación especial, sólo Virgen María. Al pasar el tiempo, y el pueblo que suele ver y relacionarse con estos monjes cruzados, comienzan a llamarlos carmelitas, porque viven en el bíblico monte; y por ello mismo empiezan a nombrar a su protectora como la «Virgen del Monte Carmelo». Pero llega el momento en que Saladino irrumpe en Israel y los derrota militarmente, viéndose obligados a escapar de allí, refugiándose en San Juan de Acre, en el extremo sur de la bahía, constituyendo en aquella localidad la última fortaleza cristiana que resiste al ímpetu mahometano. Son atacados en su fortín y, viendo las cosas muy mal, algunos de ellos deciden irse a Europa, pese a que otros muchos mueran luchando antes de abandonar el monasterio. Los que consiguen llegar a territorios europeos, comienzan a divulgar su disciplina, desde sus nuevos, y seguros, conventos. Ya se han constituido como la orden religiosa de los Carmelitas, aprobada por la autoridad del papa Nicolás IV; y con ello igualmente se propaga por todo el continente la advocación de la Virgen María del Monte Carmelo, la Virgen del Carmen, título que tiene relación directa con los marineros, los hombres del mar. Desde el Monte Carmelo, como ya se ha dicho, siempre se ha podido contemplar el mar Mediterráneo. En él, en lo más

11 Octavio Velasco del Real, *op. cit.*; pág. 131.

alto del monte, se alzaba una torre antiquísima, levantada por los filisteos, que se llamaba de *Stratón*, donde había permanentemente una hoguera, encendida a la llegada del crepúsculo, que servía para iluminar el mar por la noche y señalar a los barcos donde se hallaba la costa. *Stella Maris* la llamaron: el faro que dirigía a los barcos, a los náufragos, la luz que atrae a los cristianos hacia Dios, porque era el primer punto del país que indicaba que se había llegado a Israel a los caballeros cruzados cristianos y a los peregrinos que arribaban en busca de los Santos Lugares.

En este lugar se erige la basílica de Ntra. Sra. del Carmen, ya con la advocación definitiva. Es de planta en forma de cruz griega, construida en estilo neoclásico italiano y rematada con una airosa cúpula. Ya se ha dicho que el altar mayor aparece una imagen sedente de la Virgen con el Niño sobre la gruta en la que se venera a San Elías. Es la casa madre de los Carmelitas, y desde el tiempo de los cruzados ha sido destruida cuatro veces. Ante el altar mayor y en el suelo, con el afán de rememorar las grandes figuras de la Orden Carmelitana, hay incrustadas unas estrellas, plafones de latón con las siguientes inscripciones, que se leen a partir de la izquierda: 1188 SAN BERTOLDO, CONFESOR; 1221 SAN BROCARDO; 1224 SAN CIRILO; 1631 SAN PRÓSPERO.

En las cuatro columnas del crucero, sobre las que descansa la cúpula, en cuatro placas de mármol, se homenajean a cuatro figuras preeminentes carmelitanas, las dos primeras del s. XII. Santa Teresa de Jesús, con el símbolo del castillo interior, las moradas, la perfección del exterior hacia interior. San Juan de la Cruz, la subida al Monte Carmelo, un libro con ese titulo simboliza, subir hacia arriba, que es desprenderse de las cosas del mundo; y la palabra nada, nada, nada, la representa en un trazo vertical que asciende. Santa Teresa Benedicta de la Cruz, la rosa de Galilea, carmelita de Belén. Y una estrella de David entre alambradas representa a santa Edith Stein, una judía alemana convertida al cristianismo, catedrática de filosofía en la época nazi, discípula de grandes filósofos como Huxley entre otros, que se hace carmelita e ingresa en un convento alemán, que es perseguida por la Gestapo por ser judía, por lo que sus superiores religiosos le recomiendan que se esconda en Holanda, y que es, cuando los nazis toman esta nación, detenida y muere en los campos de Auschwitz. Estas cuatro imágenes sustituyen a las clásicas figuras de santos de cualquier otra iglesia.

Un beneficio espiritual, para los creyentes, claro está, es el escapulario —pedazo pequeño de tela, rectangular, generalmente con una imagen de la Virgen del Carmen, que se ha de llevar con devoción colgado al cuello con dos cintas largas— que la Virgen prometió, por medio de san Simón Stock, en una aparición, una protección especial en la hora de la muerte, a todos los hombres que lo llevasen.

«Hoy no viven ya los profetas en el Carmelo, pero en cambio el viajero se encuentra con una respetable e ilustrada comunidad de padrecitos italianos, modelo de hospitalidad y buenas formas… Durante la Edad Media fueron muchos los reyes y potentados que visitaron el Carmelo e hicieron cuantiosos donativos al monasterio, pero desde hace mucho tiempos ha cesado esta devoción…»[12]

Ahora no es así, bueno, al menos no lo era, porque las peregrinaciones al menos en los últimos tiempos —por supuesto sin contar los últimos tres años de incidencia política en Israel— han sido abundante. Una prueba de ellos es el monumento que —a la otra parte de la carretera y junto mismo al precipicio donde se alza el faro que dirige a las embarcaciones errantes por el mar— los chilenos le han levantado en su honor.

VIRGEN DEL CARMEN, REINA DE CHILE, SALVA A TU PUEBLO, QUE TE ACLAMA A TI. AVE MARÍA, GRATIA PLENA. DA A LOS CHILENOS, QUE TE VENERAN, AMOR DE PATRIA Y AMOR DE DIOS.

Y en el pedestal del mismo monumento, coronado por la imagen de la Virgen, dice en francés:

COMO TESTIMONIO DEL RECONOCIMIENTO DEL AMOR A LA NACIÓN Y SUS HIJOS DEBEN A LA MADRE DE DIOS, LA REPÚBLICA DE CHILE CONSAGRÓ ESTE MONUMENTO A NUESTRA SEÑORA DEL CARMELO, PATRONES DE LOS EJÉRCITOS Y PROTECTORA DE SUS HOGARES.

MDCCCXCIIII.

12 Íbid.; pág. 134.

Y tras esta visita, alegres por los conocimientos místicos acumula-
dos, y a bordo de nuestro vehículo de motor, tomamos la ruta de la derecha, donde cruzaremos el parque nacional del Monte Carmelo, la cumbre de la alta montaña, y Dios nos conducirá por aquellas sendas santas,
las que soportaron tantas luchas sangrientas para consolidar, ganar o
perder, una creencia, una religión.

IV

CAFARNAÚN

Alcanzando la carretera 77 y corriendo hacia el oeste, se llega a Tiberías, y a la 87 que circunda casi el lago de Genesaret; y a tan sólo 16 km se llega a Cafarnaún, tras dejar atrás, a una distancia de tres, Tagba, forma abreviada de *Heptapegon*, que en griego significa «siete fuentes», manantiales termales que los bizantinos aprovecharon para construir balnearios, cuyas ruinas todavía se ven; «Cafarnaún escogido por Jesús y llamado *su ciudad* en las Escrituras»,[1] lugar donde comienza su predicación, convirtiéndose en el centro de su vida pública.[2]

El nombre de Cafarnaún tiene un origen etimológico semita en el que *kefar* significa «pueblo» y *Nahum*, que reproduce un nombre propio. Pueblo de Nahum; aunque también fue traducido como «pueblo de la consolación» por Orígenes, y «ciudad hermosa» por parte de san Jerónimo. Sin embargo, algunos historiadores, como Flavio Josefo, e igualmente en algunos manuscritos griegos, se respeta la fonética de la palabra y la escriben tal cual se dice aquí. Ello no quiere decir que siempre haya ostentado el mismo nombre, puesto que hubo una época, s. XVI, en que se llamó el Tanhum, quizás en honor de un rabino con este nombre y que está sepultado en su territorio; y también, duran-

1 Mateo 9, 1.
2 Mateo 9, 1-8.

te la dominación árabe, se le comenzó a llamar Talhum, patronímico que los viajeros comenzaron a interpretar como Tell Hum, la ruina de Nahum. Por eso no es de extrañar que, algunos viajeros notables de los siglos XIX y XX, se refieran a Cafarnaún con ese nombre.

«…llegamos, por fin entre cañaverales y laureles rosa, a un lugar llamado Tell-Hum, que desde el siglo XVII está reputado por ser el Cafarnaún…»[3]

«… para trasladarnos a Cafarnaún, o sea la moderna aldea de *Tell-Hum*.»[4]

Sin embargo, en la actualidad parece que no es tan segura esta identificación geográfica del pueblo de Pedro, Cafarnaún, más bien parece, según algunos, que se trata de Corozaín, la ciudad maldecida por Jesús,[5] porque en el estado en que encontró el viajero a Tell-Hum es además de deplorable miserable: «… unas cuantas tiendas plantadas entre los cañaverales que crecen a orillas del agua, y paciendo por allí un centenar de carneros, guardados por unos cuantos beduinos fellahs. Apenas nos ven éstos, corren hacia el lago, pidiendo limosna (¡*bahkish!* ¡*bahkish*¡);[6] lo más asqueroso, sucio y repugnante que se puede imaginar: hombres, mujeres, chiquillos compiten en porquería. ¡A tal extremo ha llegado *la ciudad exaltada hasta el cielo*!».[7]

Cafarnaún además es la ciudad de san Pedro, de san Mateo y donde Jesús curó a la suegra de Pedro; y era en la casa de Pedro donde se alojaba Jesús cuando estaba en él. Y es sobre la casa de Pedro —como solían hacer los devotos cristianos primitivos, en memoria— donde construyeron una iglesia (foto 8). En su periplo por Tierra Santa, se la encuentra la peregrina española Egeria —año 381—: precisamente «la casa del príncipe de los apóstoles ha sido convertida en iglesia: sus paredes están hoy como entonces fueron».[8] Esta vivienda es histórica y arqueológicamente auténtica, porque se le ha localizado con exactitud,

3 Pierre Loti, *op. cit.* (1); pág. 75.
4 Octavio Velasco del Real; pág. 318.
5 Íbid.; p. 320.
5 Propina.
7 Octavio Velasco del Real, *op. cit.*; págs. 318-319.
8 *Peregrinación a Tierra Santa*, Edicel, Madrid, 2000; pág. 103.

aplicándole el mismo protocolo científico de siempre: analizar los restos arqueológicos de los estratos más inferiores. Con ello se ha encontrado, en la capa más profunda, una pequeña capilla del s. II con inscripciones cristianas que se refieren a Pedro y a Jesucristo. Lo que indica que, encima de estas ruinas, se edificó una iglesia bizantina, y sobrepuesta a ella, otra octogonal del s. V, encima de la cual se construyó, en el siglo XX, una iglesia moderna que tiene forma de barca. Actualmente se ven las ruinas aquélla, salvándolas con unas pilastras y dejando un hueco protegido por un enorme vitral, en el centro de la nueva, para que quede al descubierto el testimonio clarividente de los ocho lados de la bizantina. Así, pues, nos hallamos ante uno de los pocos lugares que hay en Israel donde la ciencia certifica como lugar exacto donde se desarrollaron los hechos bíblicos. Primero en Nazaret, luego en Cafarnaún y luego hay que irse a Jerusalén, como veremos, para encontrar otro lugar santo genuino; hecho que, además, no tiene mayor importancia porque, para una mente lógica, igual da que una acción haya ocurrido en un punto determinado o diez metros más lejos o más cerca. Aunque cuando la situación histórica se puede afirmar arqueológicamente con exactitud, parece que el hecho es más legítimo; indudablemente tiene autenticidad, y confiere mayor emoción, a los creyentes, claro está.

Cafarnaún hoy en día es, en realidad y además, un lugar de conmemoraciones. Me explico: es el terreno abonado para encontrar monumentos e iglesias que simbolicen o en los que se conmemoren hechos de clara relevancia bíblica: allí se encuentra el Monte de las Bienaventuranzas y dos iglesias —una de benedictinos alemanes y otra de franciscanos—; una junto a la otra, valla con valla, pared con pared donde, respectivamente, se recuerda el milagro de la multiplicación de los panes y los peces y el Primado de Pedro. La de la derecha es la franciscana que, quizá, resulta más atractiva porque está junto al lago; sus cimientos se bañan en las dulces aguas del Genesaret y tiene una puerta lateral que da directamente al mar; y parece que eso le da un mayor exotismo, suaviza la sobriedad ruda con que se ha construido.

A algo más de un par de kilómetros de Cafarnaún y tomando el desvío de la derecha, se llega al nacimiento de una carretera que asciende serpenteante hacia lo alto; y el viajero se da cuenta enseguida, desde la primera vuelta, que comienza a distinguirse la silueta de la colina de las Bienaventuranza, donde se yergue la iglesia porticada de las Beatitudes, levantada en su honor; iglesita que surge en medio de un bosque de eucaliptos, ficus y palmeras. Fue construida por Barluzzi, en 1938, por la Asociación Italiana para las misiones, quien buscó en su obra la mejor y la más amplia panorámica del lago.

El Monte de las Bienaventuranzas, desde donde se divisa todo el lago de Genesaret, no guarda ningún especial valor como enclave preciso del suceso bíblico, sobre todo porque las bienaventuranza no fueron una lección místico-religiosa y moral que Jesús pronunció en un solo día, sino más bien la recopilación de diversos textos y enseñanzas explicados en muchos lugares y en distintos momentos. Su privilegiada panorámica fue lo que sirvió a este otero para convertirse en el Monte de las Bienaventuranzas, sus espléndidas vistas al mar de Galilea; sólo eso, y quizás alguna que otra actitud mística, sirvió para ser escogido como recordatorio del Sermón de la Montaña.

En dirección a Cafarnaún, como se ha dicho, se halla el santuario de la Multiplicación de los Panes y los Peces. Se encuentra a la derecha de la carretera, nada más pasar el Wadi Jamús. Una entrada asfaltada conduce al patio exterior, que está muy cercano a la carretera. Pertenece, como se ha hecho en ello hincapié, al monasterio de los benedictinos que depende de la Abadía de Monte Sión, en Jerusalén. En 1982 se consagró una nueva iglesia, que se edificó sobre los cimientos de la del s. V, cuyos restos se pueden ver bajo el transepto o crucero norte. Esta iglesia está construida sobre los cimientos de un santuario edificado a su vez sobre las ruinas de la pequeña capilla de la que, en 350, nos habla la monja Egeria, la peregrina española. Este santuario bizantino ha sido decorado con flores y animales egipcios constituyendo mosaicos. Uno de ellos, el de la cesta con los panes y los peces, aún se puede ver en la mesa del altar mayor de la iglesia actual. Como curiosidad, podemos decir que los benedictinos que lo habitan ejercen la caridad para con toda clase de jóvenes minusválidos, disponiendo, para ello, de unas instalaciones termales a orillas del lago.

El Santuario del Primado de Pedro está regido, como se sabe, por los franciscanos. Rememora el hecho de la aparición de Jesús a algunos discípulos, después de la resurrección, en el momento en que les prepara la comida a los apóstoles, que llegan desalentados después de haber trabajado toda la noche y no pescar nada. Contiene en su interior una roca que se llama «Mensa Christi» que evoca esta comida. Está construida sobre las ruinas de antiguas capillas de los siglos IV y V. Los cruzados le añadieron una casa fortaleza y desde el interior, mediante una escalera tallada sobre la roca, se puede bajar al lago, a una playita de no más de seis o siete metros de cantos rodados o grava gruesa y negra. Enfrente mismo de la iglesia se abre un anfiteatro mínimo para las celebraciones oportunas y una escultura que representa a Jesús confirmando a Pedro como pastor de su Iglesia.[9]

Las ruinas de Cafarnaún ocupan alrededor de 60.000 metros cuadrados. Su población —unos 1.500 habitantes, muy inferior a la de las grandes ciudades vecinas— ocupaba unos 300 m junto a la ribera del lago. Por ejemplo, Magdala contaba con unos 40.000, pese a que Cafarnaún era mucho mas importante debido a los recursos privilegiados que poseía de pesca, agricultura, industria y comercio.

Son de señalar en la población de Cafarnaún, la casa de Pedro o la casa de Jesús, porque en ella es donde habitó el Maestro e impartió su doctrina, donde realizó hechos extraordinarios: sus curaciones y sus milagros. Ellas se integran en el centro de la Isla Sagrada, el conjunto de casas comunales que se extendían —hoy quedan unas admirables ruinas como testimonio— entre la sinagoga y la residencia de Cristo. La iglesia de planta octogonal, como se dijo, corresponde al hogar de Pedro, donde se reunieron los primeros cristianos, los seguidores de Jesús, por lo que también se llama «Domus Ecclesia». Esta «isla» estaba conformada por casas más o menos iguales, de forma cuadrada y una sola puerta, que generalmente daba al norte y que comunicaba cada una de ellas con un patio en forma de L; exedra amplia, que solía tener un hogar de tierra refractaria y una escalera que comunicaba, además, con otras estan-

---

9 Juan 1515-19.

cias techadas; lo que hace suponer que el patio lo compartían varias familias. Otra puerta, abierta hacia el este, comunicaba el patio con la calle principal, quedando un espacio libre entre ella y la calle. Así era también la casa de Pedro. Esta hoy denominada «isla sagrada» pertenece a lo que fue Cafarnaún a finales de la época helenística.

La sinagoga de Cafarnaún, en la misma que debió de predicar tantas veces el mismo Jesús —«…y entraron en Cafarnaún; y luego los sábados, entrando en la sinagoga, enseñaba»—,[10] es todavía «uno de los lugares más dignos de visitarse en Palestina». Tiene dos partes, la parte inferior, que es de color negro, de piedra oscura, volcánica, que es la más antigua, la parte que más veces visitara Jesús; y la otra, la blanca corresponde a la nueva sinagoga, la del s. IV. Tiene un valor místico, incluso histórico-religioso enorme, tanto para los judíos como para los cristianos. Aquéllos darían cualquier cosa por hacerse con ella; porque, además, es una de las sinagogas más antiguas y de las mejor conservadas. Dentro de ello aún se puede contemplar el lugar preferente reservado para el rabino, sitial que, según la tradición judía, debía ser el primer asiento de la parte derecha, junto a la puerta. De este modo, el rabino que presidía la ceremonia religiosa tenía que ser saludado indefectiblemente por todos los fieles que se veían obligados a pasar delante suyo e inclinar la cabeza ante él, si no querían destrozársela con el dintel bajo de la puerta enana que había que atravesar. En una de las columnas se inscribe una leyenda en griego en la que se dice: «HERODES (HIJO) DE MONIMOS Y JUSTO (SU) HIJO CON SUS HIJOS ERIGIERON ESTA COLUMNA».

La sinagoga estaba bellamente ornada por símbolos religiosos de la tradición judía: ramas de palma, granadas y los *ehtrogs* (limones), personificaciones de la fertilidad.

Se encuentran en vastos terrenos, apenas vallados, gran cantidad de ruinas valiosas: cerámicas, capiteles con *menorah*, dinteles de la sinagoga, molinos de aceite, muelas de mano, vasijas de vidrio, lámparas de barro herodianas, monedas/tetradracmas, frisos artísticos, etcétera.

---

10 Marcos 1, 21.

… y abandonamos Cafarnaún, no sin pena y… «enfrente está el sagrado país de Cafarnaún y nada en él; nada más que la continuación del uniforme sudario verde»,[11] y renunciamos a esta región natural no sin pena igualmente, a la buena calidad del aire, esta región está regada por una fuente de un alto valor fertilizante llamada Cafarnaún por la gente del lugar».[12]

Sin echar la vista atrás, tras un breve descanso térmico bajo un algarrobo de amplia, densa copa, me encasqueto mi sombrero y penetro en la tortura de sol, en el río de resplandor amarillo, líquido que quema, sin una sola sombra para un consuelo y, carretera adelante, salto al interior del coche que —gracias Jatmar— guarda con avaricia la refrigeración.

11 Pierre Loti, *op. cit*. (1); pág. 74.
12 Flavio Josefo, *op. cit*.; pág. 24.

V

MAR DE GALILEA

Se llega desde Nazaret, el viaje avanza por entre un paisaje de excepcional belleza. Se salvan las empinadas curvas que la orografía galilea, colinas y estribaciones montañosas nos ofrecen, para luego alcanzar desde los alto un excelente mirador desde donde se contemplará todo el mar de Galilea: un lago tranquilo, sosegado —tanto que el viajero no se percata del todo con la situación bíblica de que se pueda generar en él una tempestad donde peligran las vidas de los apóstoles—,[1] que emerge en una apacible vaguada, incluso silenciosa; sensación que el mismo viajero recibe gratamente y piensa en una tierra de edén aislada del resto del mundo, un hipotético *Shangri-La*, donde la paz es dueña de todo lo que se ve; un conjunto donde todo es tan hermoso, y quieto —ni se escuchan aletear las alas de los pájaros, que rompen el cielo con su vuelo, pían… es Cristo que pasa—, tanto, que apenas puede dar crédito el hombre al momento que vive.

Antes de que Flavio Josefo hable con las palabras que escribió allá por el siglo I o II, llenas de entusiasmo y realidad, hay que explicar que el mar de Galilea también se llama de Genesaret o de Tiberiades. En realidad es un lago —sus medidas son cortas: 21 km de largo por 12 de ancho; y está a 212 m bajo el nivel del mar; tiene 44 m de profundidad y recibe al año 780 millones de metros cúbicos de agua dulce, de

---

1 Lucas 8, 22.

los cuales se evaporan en el mismo período de tiempo unos 200—, aunque la magnificencia de su titulo se deba al fenómeno sociológico de que Galilea no ha querido quedarse sin su «mar», al igual que lo tiene Samaria con el Mediterráneo y Judea con el Mar Muerto.

Advertido esto, el historiador judío, notario de los acontecimientos romanos en Israel, nos dice que «a lo largo del lago de Genesaret se extiende la región del mismo nombre, importante por sus recursos naturales y su belleza. Su fertilidad es tal que no rechaza ninguna planta y los labradores cultivan allí de todo; el aire es tan favorable que conviene a los productos más variados; así, por ejemplo los nogales, árboles que crecen en los climas más duros, se levantan allí en un número infinito junto a las palmeras, que solamente pueden crecer en sitios cálidos, y junto a especies vecinas de la higuera y del olivo, que piden un aire más templado».

No es exagerado el viajero cuando ensalza el lago y sus alrededores, sino que quizá se queda algo corto, porque en él se producen, contra todo pronóstico lógico, frutos de cualquier clima; las uvas y los higos fructifican sin interrupción y prácticamente todo el año, y los demás frutos —he comido una excelente sandía, unos carnosos y gruesos dátiles como en ningún otro sitio— se maduran en el árbol.

La riqueza de Galilea también se concentra en la pesca, en las ciudades ribereñas con el lago —región donde vivió Jesús durante más de tres años— como Magdala, Tiberiades, Kinosar o Genesaret, Cafarnaún, Betsaida, Korozaín, Geresa, pueblos que no llegaban a la categoría de aldeas y que hoy prácticamente están deshabitados, quedando, como único núcleo de población, Tiberiades.

Para embarcar con la intención de navegar por el lago, rumbo a Tiberiades, hay que llegar al *kibbutz* de Kinosar. Un *kibbutz* es una granja israelí, de propiedad estatal y explotada en régimen de cooperativa; por extensión, y generalizando, es una cooperativa fundada para explotar un trabajado determinado, de distinta clase. Éste de Kinosar es de tipo turístico y, naturalmente, está vacío; los turistas están *missing*. Este lugar era un pueblo de pescadores y da el nombre a toda la llanura que bordea el lago; lugar donde Jesús predicó durante el período de su vida pública; lo hizo siempre en ésta zona y también en las demás otras ribereñas, aunque alguna vez, excepcionalmente, se alejara de las aguas del lago. En aquella época, la herodiana, estas ciudades tenían mucho más actividad que hoy, en la que solamente, como he dicho, sólo queda una ciudad, Tiberiades, que ha acaparado completamente toda la población de los pueblos costeros. La gente prefiere vivir aglutinada en la ciudad, que perdida, y aislada, en estas aldeas.

Todas estas urbes, que crecían junto a las aguas del mar de Galilea, hoy en día han quedado desplazadas tierra adentro hasta trescientos metros de su costa, lo que significa que las aguas del lago han retrocedido; es decir, que el lago se ha vaciado, ha perdido caudal de agua, y no es extraño porque parece que no llueve tanto como en la antigüedad y también por la absorción que hace el gobierno de sus aguas con potentes bombas, con el fin de irrigar terrenos que fueron desérticos y que hoy son cultivables.

Otra prueba de que el lago ha descendido de nivel es que la casa de la monja y peregrina española Egeria, s. III, hizo levantar al borde mismo del lago, hoy en día se encuentra desplazada de la costa unos sesenta metros. Gracias a ello, y en ese lugar, se ha hecho una pequeña playa.

«… estas márgenes del Tiberiades son para nosotros como un inviolado templo del Gran Recuerdo.»[2]

Y allí en Genesaret, el Kinosar hebreo, en su puerto el viajero y su acompañante se montan en el barco, en un periplo —que además de atravesar el mar de Galilea, le dará la ocasión, con paz y sosiego, de meditar las rutas de Jesús y su privilegio de reseguirlas personalmente— que le ha de llevar hasta el único núcleo urbano de aquellos alrededores, a Tiberiades.

El mar de Galilea es precioso, sus aguas más que tranquilas son sosegadas, mudas e, indudablemente la geografía, que el viajero contempla a su derredor, es la misma que vivió Jesús, que le acogió. Quizá la urgencia de Él era más grande, la materio-espiritualidad del hecho cotidiano, y del excepcional cuando caminaba sobre sus aguas,[3] que

---

2 Pierre Loti, *op. cit.* (1); pág. 76.

vivía, que tenía que realizar, era perentorio, pero para el viajero que sólo se preocupa de observar, de impregnarse del ámbito bíblico que aquel «escenario» guarda es profundamente místico, el hombre contempla la belleza, el sosiego que le da el lugar rodeado de montañas, tapado por el cielo azul, matizado por una bruma cuasi matinal, y se encuentra solo, SOLO, encima del mar, y no es que sienta la necesidad de ser más bueno o noble o fiel, sino lo que se siente es un ser afortunado, privilegiado no sé por qué, por conocer quizá, vislumbrar al menos un trozo de lo que debe ser la paz… en su imaginación, porque en los tiempos bíblicos, donde sucedieron los hechos portentosos, supongo que habría tanta paz en el mundo como la hay ahora; pero es bueno soñar. Mar de Galilea, mar tranquilo, que no era más que el medio de transporte más rápido que tenían los galileos para ir de un pueblo a otro. Y para romper el encanto del momento, una lancha motora, roncando sus motores y salpicando agua, cruza rauda, junta a la borda en la que medito, practicando el esquí acuático. El modernismo frenético cae sobre la antigüedad serena, creada al menos en el deseo del viajero. Ya está roto el momento de candor, quizá, para muchos, idiota; y, entonces, veo aguas adentro, pero con claridad, un barco pesquero, que podría ser como la barca donde tantas veces viajara Jesús, pero no lleva velas, se mueve a motor, navega pegado al mar y su proa abre un camino de espuma, y su proa fabrica una estela de espumarajos que castigan al bote de remos que remolca; se alza, enhiesto y sólido, un artefacto de poleas para izar las redes, movido por un motorcito, que contrasta cruelmente con la antigüedad y nos hace ver patentemente la realidad del tiempo en que se vive, con la idea que se tiene, gracias a la Biblia, de los apóstoles pescadores que tenían que esforzarse ímprobamente para sacar de las aguas las redes repletas de peces.

Este mar, o lago, está rodeado de montañas de color verde azuladas, en él apenas sopla el viento y, por tanto, no hay casi oleaje, sus aguas están tranquilas, su ámbito es plácido y está vacío. Nuestra embarcación es el centro irregular de un excéntrico círculo, en cuyo extremo

---

3 Marcos 6, 47-52.

occidental del diámetro está más cercano, aunque las montañas del oriente, aquellas que salpican de ocre el cielo sin dejar ver con claridad sus adentros, tampoco están tan lejanas; y no hay barcos, o casi. Son las doce y media de la mañana y comienza a soplar una brisa que se apiada del tremendo calor, y húmeda por la evaporación, y la bruma se mueve cansina, porque todavía se apoya en las aguas, insistente y, para algunos, irritante, evocadora de sueños mágicos quizá para los no creyentes, bíblicos y nacidos del poder espiritual de los hombres para los que creemos. Por mucho que quiero esforzarse, y en contra de algunos que piensan distinto —estos montes que ahogan al lago por oriente, envueltos por la calima más que por la neblina, que no consiguen trasparentarlas del todo—, no logro reconocer en la estampa el aspecto élfico que he visto en los riscos que penetran en el mar de las Tormentas, que irisan su bruma con chiribitas de colores; las charamuscas que aquí se ven son opacas, ofenden a la piel cuando enloquecen, no son espejo de nada, sólo el viento y el calor las puede disolver. Unas montañas peladas, típicas del casi desierto, cerrojos del lago; y otras, más cercanas, en cuya ladera proliferan las urbanizaciones (foto 9); están tan cercanas que, incluso, se podría llegar nadando. Intento comparar, pero no puedo, esta orilla con la monumentalidad de la orilla norte del Bósforo turco, porque el paseo es tranquilo, como aquél, el aire tibio como en aquél, hay algo de viento y, también como en aquél, se agradece ante la temperatura tan extrema que cae sobre el barco entoldado. Y, de repente, aparece en lo alto del castillo de proa —aparellaje semejante: bártulos, cabos, útiles marineros, timón y control de máquinas—, ondea una bandera española (foto 10), que da, al menos a mí, la sensación de algo de vida y de color, todo es tan ocre —hasta los verdes de la floresta de costa y el azul de las aguas del mar y el cielo, amarillean con la bruma que persiste— que el rojo y el amarillo se recortan, ondulantes, sobre la monotonía galilea, con insistencia alegre. A pesar de la mínima parroquia foránea —el barco iba vacío— hubo firmes y persistentes protestas ante el capitán de la nave para que se desarbolara, cosa que, por lo corto del recorrido, no se consiguió.

En fin, el mar de Galilea es un lugar cerrado, quieto, entre montañas, que recuerda, salvando algunas diferencias, que no son tantas, al golfo de Aqaba, que discurre entre las montañas y dunas desérticas de Arabia y las dunas y las montañas secas y amarillas de la península del Sinaí, aunque la oquedad israelí es más sórdida, ni tiene la solemnidad que tiene este revestido paraje de mar abierto para acabar en la ciudad blanca: Aqaba, la más saludable de Jordania; aunque hay que añadir, por mor a la verdad, que desde la propia ciudad jordana, a bordo del barco, todavía en su proa, se distingue a los lejos las montañas israelitas que se bañan en el mismo mar, se vislumbra un «paisaje salido de una postal nonacentista, casi un "belén", con su río azul —el mar— y sus montañas que se pierden al noreste»:[4] es Israel.

Sin embargo, todo esto nos habla de la belleza de Galilea. Aunque la Galilea es, y fue, un paisaje idílico, la de los tiempos de Jesús no lo era tanto, al menos vivir en ella. Porque esta región privilegiada por la naturaleza tenía dos problemas muy serios, a pesar de su belleza y fecundidad de la tierra. Uno de ellos era la pobreza, y lo explicaré. Estas tierras eran tierras reales, es decir, que pertenecían a la nobleza que vivía en Jerusalén. Los ricos saduceos poseían grandes latifundios en esta zona, pero no vivían en ellos, sino en la capital, dejando sus propiedades en manos de un capataz o administrador —aludidos tantas veces en el Nuevo Testamento, sobretodo en las parábolas—, por lo que la mayor parte de los galileos eran peones, jornaleros, que cada día eran contratados para trabajar los campos de trigo, las viñas, etc. De este modo, aunque estos trabajadores eran los auténticos galileos, puesto que vivían allí, constituían un grupo de desheredados y de menesterosos que dependían de la voluntad de otras personas, o eran pobres pescadores que vivían de la pesca del lago. El otro problema que acuciaba a Galilea era el que constituía una zona limítrofe, hacía frontera con dos países al norte y al este, y, por tanto, debían, para su defensa, haber guarniciones romanas en su territorio; y los galileos, consecuentemente, estaban subyugados a los romanos, que se acuartelaban en la ciudad de Tiberiades. Es significativo el hecho bíblico de que Jesús, cuando iba por los caminos de Galilea predicando, curó al hijo de un centurión

---

4 R. Benito Vidal, *Sinaí Jordania Siria*, Abraxas, Barcelona, 2001; págs. 52-53.

romano, seguramente jefe de un destacamento de alguna zona fronteriza. Por ejemplo, Cafarnaún era un territorio que estaba bajo la administración romana, que había puesto al frente a un rey títere, Herodes Antipas, uno de los hijos de Herodes el Grande; para dar la cara, pero, en realidad, el poder fáctico estaba en Roma. Todos estos hechos hizo que hubieran frecuentes y a veces sangrientas sublevaciones. Por cierto que los galileos insurrectos, después de sus golpes de mano, huían a esconderse al monte Arbela, a refugiarse en sus grutas, ya que éste, además de tener un acantilado prácticamente inexpugnable, estaba agujereado por multitud de cuevas. Entre estos hombres rebeldes destacan los zelotas,[5] que eran los galileos más radicales de todos, que desde lo alto del despeñadero atacaban despiadadamente a los romanos cuando éstos atravesaban los numerosos desfiladeros; bajaban, llevaban a cabo una rápida razzia sobre los romanos, los mataban y huían rápidamente a los altos otra vez. Todo ello generaba represalias y venganzas, con lo cual la gente galilea vivía con un temor constante; a los romanos, claro está.

Y, al fin, desembarcamos en el puerto de Tiberiades —Tiberías en hebreo— y el calor de mediodía cae sobre nosotros, sobre el asfalto, las piedras del puerto, el paseo, con tanta fuerza que creo que podría haberse fundido cualquier materia mineral que se hubiese puesto bajo su energía, su ímpetu. Ni las copas de los árboles —nogales, olivos, limoneros, palmeras, etc.— consiguen aliviar la sensación de sofocación, bochorno, ahogo real que sufrimos los «animales» hechos con materia orgánica, porque el oxigeno que necesitamos para nuestro metabolismo entra ardiente como pabilo encendido. Y corremos, pese a la impedimenta y la poca energía que ya ha consumido el calor, hacia el frondoso jardincillo, en la ladera de la colina, donde, supongo, encontraremos algún restaurante para descansar, tomar cerveza fría, las que sean necesarias para mitigar el estado anormal del cuerpo, ni siquiera para conseguir los mínimos que exige la normalidad.

---

5 Eran un ala de los fariseos y no reconocían como jefe y maestro nadie más que a Dios. Nacieron contra la opresión romana y proponían la decidida y audaz acción contra los invasores. Se rebelaron varias veces y se les llegó a conocer como sicarios o asesinos.

Tiberiades se extiende en la parte occidental del lago y fue construida por Herodes Antipas entre los años 17 al 20, en honor de Tiberio. Fue la capital de su reino o tetrarquía —Hammat y Raqqat—,[6] considerada impura por los judíos porque se construyó sobre el cementerio de Hammat, y habitada por paganos.

«Según las tradiciones rabínicas, Tiberiades, en la antigüedad cananea, fue Raccat o bien Kinerot.»[7]

Las aguas termales que le dieron nombre a la bíblica Hammat se aprovecharon durante los siglos, explotándolas en diversos balnearios, ya que son calcáreas, radiactivas, muriáticas y sulfurosas.

Dejando otras cuestiones aparte —como todos los lugares israelíes tienen sin duda por mor de los movimientos políticos, sociales y religiosos—, Tiberiades es hoy en día el centro turístico por excelencia de Galilea y del Golán, porque se encuentran relativamente cerca y porque medios de acceso fácil existen. Lo es así por la diversidad de alternativas de ocio que ofrece: en un mismo día puede un turista estar esquiando en el extremo sur del monte Hermón e igualmente esquiando sobre las aguas del mar de Galilea; si resiste claro está, en tan poco espacio de tiempo, la diferencia de alturas que es de casi tres mil metros, ya que se está en la nieve a 2.500 m sobre el nivel del mar y patinado sobre el agua a 200 m bajo el mismo nivel.

Y en medio de la floresta espesa, pero que, en alguna parte, el sol conseguía atravesar, se abrió hacia nosotros el único establecimiento abierto para comer, un restaurante tailandés, donde además de otras cosas —una sopa al estilo de China, y ardiendo; una excelente ensalada con las verduras del tiempo y un gran bol de arroz a las tres delicias, o algo parecido, pero, eso sí, abundante; y dátiles grandes, negros y muy dulces— tomamos el excelente, clásico, «pez de San Pedro»,[8] pescado aquella misma noche en las aguas del lago, lleno de espinas, pero de una carne exquisita y blanca; ah, y sin sabor alguna a cieno. El deseo de la/las cerveza helada se cumplió, a precios desorbitantes, era de las

6 Jos. 19, 35.
7 Pierre Loti, *op. cit.* (1); pág. 63.
8 Mateo 17, 27.

de barril, la que me gusta, la que consumí de un largo trago por el ansia desmedida que tenía mi voluntad de absorberla, por la urgencia con que la pedía mi cuerpo, por la necesidad de beberla antes de que se convirtiera en caldo; pero volví a pedir otra, aunque ésta la acabé a temperatura ambiente, quizás a treinta grados, no sé, porque poco mitigaba el calor los ventiladores de techo con que se refrigeraba el local; pero es que no había otro, consecuencia de que los turistas y los viajeros no acudan a estas tierras santas.

El pez de San Pedro se llama aquí *musht* y del mar de Galilea dice el propio Flavio Josefo[9] «que algunos lo consideran como una vena del Nilo porque produce un pez muy parecido a las corvinas del lago de Alejandría».

Por eso, y como despedida, expresaremos que nuestro «sentimiento perdura para siempre en el fondo de nuestras almas modernas; por ello, esta tierra de Tiberíades es para nosotros, a pesar de todo, la verdadera patria sagrada».[10]

9 *Flavio Josefo*, op. cit.; pág. 24.
10 Pierre Loti, *op. cit.* (1); pág. 67.

VI

EL JORDÁN

Desde las laderas del monte Hermón, el más elevado de Oriente Próximo, hasta las profundidades más lejanas —300 km— del Mar Muerto se extiende el río Jordán. Su nombre, que en hebreo es *yarden*, etimológicamente —*ha-yarden*— vendría a decir «el que desciende»; y, en efecto, así lo hace, de norte a sur, según su recorrido lento y serpenteante. Y en su transcurso, ayudado por sus afluentes, no hace más que fertilizar las tierras que atraviesa, convirtiéndolas en campo llenos de florestas y vergeles, en territorios aptos para la mejor agricultura, en verdadera «tierra de Jauja», como a mí se me ocurre llamarla, ubérrima, en la que la riqueza vegetal e, incluso, animal —zona bíblica de Ghor, que fue rica en fauna, especialmente en leones—,[1] llegando, en el decurso de su «descenso» hacia el Mar Muerto, a ser abundante en pesca; peces que recorren todo su recorrido y que, en un efecto de instinto animal propio de supervivencia, al llegar a las bocas del Mar Muerto remontan la corriente aterrados por no caer en el abismo denso de sus aguas tenebrosas y malsanas, como se ve claramente en el mosaico bizantino del s. VI que hay en la iglesia greco-ortodoxa de San Jorge, en Mádaba, Jordania; obligados a bogar a contra corriente.

Durante miles de años el río Jordán ha ido excavando el valle, el suyo, de una anchura que varía notablemente a lo largo de su camino, y que progresa, desperezándose, formando meandros, descendiendo

---

1 Jeremías 49. 19: «Como un león que sube de la espesura del Jordán…».

encajado entre dos mesetas, sintiéndose libre a veces, ya que, en ciertos lugares, dispersa sus aguas y las fecunda. A la feracidad de la zona contribuye su afluente Jalud, cerca de Beit Shean, prolongación de la llanura del Esdrelón y que llega de Ein Jarod, al oeste, en los montes Gelboé. Toda esta zona fue muy poblada por israelitas y cananeos; y muy cerca, hoy en territorio jordano, se encuentra la antigua Pehel, perteneciente a la Decápolis, y algo más al sur se le une el río Fara, que llega de Tirtza, lugar por donde entraron en Caná los tres patriarcas —Abraham, Isaac y Jacob— que venían de Oriente. Desde aquí hasta llegar a Jericó el territorio es prácticamente desértico.

«... descubrimos extensiones sin fin, casi abandonadas por la vida. Todo el valle del Jordán se dibuja hacia levante. Por poniente y por el sur, se despliegan las montañas de Efraín, el llano de Serón; y en la extrema lontananza, un vago desierto azul...»[2]

El Jordán es el río bíblico por excelencia. Se cita 179 veces en el Antiguo Testamento y 15 en el Nuevo. Es un río sagrado, porque, como se ha insinuado, por él pasaron los antiguos patriarcas, y más tarde los escapados de Egipto bajo el mando de Moisés, y más tarde, desde el Monte Nebo, por Josué, quien fue quien, realmente, les hizo vadear el Jordán para alcanzar la tierra prometida. Luego para los hebreos es un símbolo de libertad y de asentamiento definitivo del cumplimiento de la promesa hecha por Yahvé al trío de patriarcas, de darles una tierra, que supuso el cambio del nomadismo al sedentarismo. También es la alegoría del bautismo cristiano, naciendo una liturgia con respecto al paso del río, que se recuerda anualmente la víspera de la Pascua. Es un símbolo de purificación, tanto en el Antiguo Testamento —Naamán, por mandato de Elíseo, se baña siete veces y cura de la lepra— y del Nuevo, cuando Juan, bautizando, por el agua del Jordán, invitaba a la purificación o conversión interior. Es tan grande esta tradición cristiana que, hoy en día, algunos de los peregrinos que llegan al Jordán, recogen su agua y la prueban, y se la llevan para bautizar con ella a los recién nacidos de cualquier parte del mundo.

---

2 Pierre Loti, *op. cit.* (1); pág. 33

«¿Cómo no probar con respetuosa timidez el agua santa con que fue bautizado el Redentor, el agua redentora? Hacémoslo, notando de paso que nuestros árabes hacen asimismo abluciones, y es porque el Jordán es río sagrado también para los musulmanes, ya por tradiciones relativas a Israel, ya por las rapsodias introducidas por Mahoma en el Corán. El agua tiene sabor agradable, ligeramente salado, aunque sea mucho mejor filtrada, pues acarrea mucha tierra».[3]

Flavio Josefo, con la propiedad que le proporciona la observancia directa de los tiempos bíblicos de Nuevo Testamento, nos sitúa el río Jordán en un momento de vida activa, como aquel que «atraviesa los pantanos fangosos del lago Semeconitis;[4] recorre a continuación otros ciento veinte estadios y después de la ciudad de Julias atraviesa el lago de Genesaret por la mitad; luego, recorriendo de parte a parte un vasto desierto, se arroja en el lago Asfaltitis[5].[6]

Y llegamos desde el suroeste, por fin, a Banias, Cesarea de Filipos.

«… delante de nosotros, resplandece "el Gran Jeque de Nieve", el Hermón, con su manto blanco, hacia el cual nos dirigimos…»[7]

Banias es fundada en honor del dios Pan; es, por lo tanto, Pania o, en deformación léxica, Bania. Para llegar hasta él hemos tenido que discurrir por angostas carreteras de montañas, izándonos por la serpiente de cemento y asfalto, sin desviarnos un ápice, sin detenernos apenas, ni por necesidad orgánica ni sentimental, en el arcén de la vía de comunicación, porque todos estos alrededores están sembrados de minas explosivas. Es territorio del Líbano usurpado. Un cartel rojo con un triángulo negro en el centro indica la peligrosidad de la zona; y, en algunos tramos, para evitar problemas, se ha determinado los límites de la carretera con unas vallas alambradas; favor que se le hace al turista —el viajero está más avisado—, que en la euforia, e inconsciencia, de su viaje, puede ponerse en un verdadero peligro.

---

3 Octavio Velasco del Real, *op. cit.*; pág. 292.
4 A 20 km del lago de Tiberiades. Hoy este lago está seco.
5 Mar Muerto.
6 Flavio Josefo, *op. cit.*; pág. 23.
7 Pierre Loti. *op. cit.* (1); pág. 91.

Esta es la Alta Galilea, de controvertida propiedad israelita, tan contendida, en calidad de línea fronteriza no bien determinada, que por ese motivo los israelitas no gastan dinero en su investigación arqueológica, sino más bien en proyectos de defensa.

El agua del Jordán, de las que ya hablaremos, en su nacimiento emerge de una colina donde se halla una gruta, reconocida por ser el lugar sagrado donde habitaba el dios griego Pan (foto 11) y en la que se le ofrecían sacrificios. Este dios era el equivalente, en la mitología romana, al Fauno. Es el dios de las orgías, aquel que se representa tocando la flauta, medio hombre medio macho cabrío, el sátiro. No es extraño que esté en este paraje umbrío del Jordán, porque le gusta el frescor de las fuentes y está dotado de un actividad sexual considerable, persiguiendo tanto a ninfas como a muchachos.[8]

Cuando se ofrecía un animal en sacrificio al dios Pan, dios protector de la ciudad y sus ciudadanos, se le introducía vivo a la cueva, si se hundía en ella y no salía, era buena señal, el dios había aceptado el sacrificio; si, por lo contrario, el animal al lanzarlo adentro de la gruta, rebotaba y se escapaba de ella, significaba que el dios había devuelto la ofrenda, no la aceptaba, estaba furioso, y quería venganza. Entonces las gentes, supersticiosas en grado superlativo, se llenaban de miedo, esperando la reacción maligna de Pan, «tenían un miedo pánico» —temor descontrolado al dios Pan—, y de esta tradición aterradora es de donde, parece ser, deriva, la palabra «pánico», mucho más que miedo, mucho más que terror, algo con visos graves de obcecación.

«... una gruta profunda, que es uno de los santuarios paganos más viejos de la tierra, en el que antiguamente se celebraba el culto fácil y voluptuoso del dios tocador de la flauta y de patas de cabra.»[9]

En realidad, como escribe Flavio Josefo, las fuentes del Jordán no se encuentran aquí, sobre la gruta, desde donde cae un chorro de agua que llena una especie de lago, sino que el río, en los principios de su curso, lo atraviesa, de modo que «sus fuentes parecen estar situa-

8 Pierre Grimal, *Diccionario de mitología griega y romana*, Paidós, Barcelona, 2000; pág. 402.
9 Pierre Loti, *op. cit.*; pág. 93.

das en Panión; pero la verdadera fuente es el estanque de Fiala, donde el agua llega sin que se le vea hasta Panión corriendo bajo tierra».[10]

Los nichos que se ven en la roca eran para los colocar los ídolos del dios griego Pan, lo que hace cambiar el nombre moderno a Banias, Cesarea de Filipos. Aquí es donde el Mesías díjole a Simón: «Tú eres Pedro, roca, y sobre esta roca edificaré mi iglesia».[11]

«Junto a la gran entrada están tallados en la roca nichos votivos, una especie de ventanitas de forma antigua. Y aquí inscripciones griegas han resistido a los judíos, los sarracenos, a los cruzados, a todo el curso del torrente humano. ¡Aún pueden leerse aquí, entre otras palabras confusas, éstas, que conturban y hacen sentir el vértigo de los siglos: *Un tal, sacerdote de Pan!*»[12]

Vamos por la zona sirio-libanesa, y al fondo se ve el monte Hermón, que es donde nacen las fuentes del Jordán. Es el territorio del Líbano, en el que los israelitas se han adentrado unos 30 km y que defienden fuertemente con las armas; estrategia perfecta, ya que en el caso de que los libaneses lancen sus morteros sobre Israel, perjudican, sólo y exclusivamente, a su propio territorio.

El río Jordán se nutre de tres fuentes caudalosas de agua. Por eso los romanos lo personificaron en forma de un viejo de largas barbas, cuya mano regula la salida de las aguas. Es una figura sedente y está transportado sobre unas angarillas por tres jóvenes forzudos que representan las tres fuentes de las que se alimenta su cuenca: *Jasbani,* al norte, en territorio libanés; *Ledan,* la más abundante y en territorio israelí; y *Panes,* en territorio sirio ocupado por los judíos.

Curso abajo, pasando bajo el puente de «las hijas de Jacob», s. XV, su abundante caudal de agua se precipita en un cauce estrecho con una caída de más de 200 metros de altura en tan sólo 10 km.

Para alcanzar el nivel de río en toda su bravura, en las llamadas «Water Falls», verdaderas cataratas —que no tienen ni comparación, tanto por su profundidad, su altura como lo indomable de sus aguas

10 Flavio Josefo, *op. cit.*; pág. 23.
11 Mateo 16, 13-18.
12 Pierre Loti, *op. cit.* (1); pág. 94

con las Mac Mac Falls sudafricanas del Trasvaal o Mpumalanga—, hay
que descender muchos escalones —húmedos y resbaladizos, a la vez
que empinados y esculpidos en la roca, entre una pared de arenisca y
sílice y un barranco, sonoro por el paso furioso de las aguas, blanco por
las espuma que se rompe cuando el agua choca contra los riscos del
arroyo desbocado, con una inclinación de casi cuarenta y cinco grados— hasta una plataforma de madera; observatorio de los curiosos y
ducha divina tras la acalorada del lugar con casi 50° de temperatura
y casi el 100 por cien de humedad, a la que hay que añadir el esfuerzo
energético realizado para llevar a buen cabo la hazaña. Un insólito esfuerzo, incluso para jóvenes, que en los más mayores resulta un verdadero
sacrificio, de falta de oxigeno y de cansancio; aunque, amigos, vale la
pena porque el paraje —en recto a más de cincuenta metros de la superficie normal, vulgar y sin carisma alguno— es de lo más encantador que
se puede ver, me atrevería decir en el mundo; en estas coordenadas, claro. Ni las Mac Mac Falls citadas se pueden comparar ni remotamente,
ni en solemnidad ni en belleza.

El río Jordán, a juicio de Nelson Glueck, tuvo «un papel en la
historia que ha sido mayor del que la razón podía concederle, pues ha
sido, por su papel en la revelación de lo divino, la importancia del
Jordán ha sido notable, sobrepasando a cualquier otro río del mundo…
sus aguas no son curativas como la de otros ríos sagrados».[13]

… y a pesar de todo lo dicho, el viajero que lo visita por primera
vez se encontrará frente a un paisaje que se le antojará propio de un clima tropical —palmeras de dátiles y plátanos, árboles de mangos, huertos llenos de granados y parras— y, en medio de esta visión, apenas si
adivinará la presencia del río, porque a menudo se encoge en forma de
un mínimo riachuelo y desaparece bajo la floresta, bajo la tierra… para
emerger espléndidamente en tierras de Jericó.

13 W. E. Pax, *Siguiendo los pasos de Jesús*, Menorah, México, 1974; págs. 85 y 13.

VII

ALTOS DEL GOLÁN

Y el viajero seguirá su ruta avanzando hacia el sur junto a la predeterminada frontera sirio-israelí.

En realidad seguimos nuestro viaje por territorios que fueron sirios. En la guerra de los Seis Días —ocasionada en 1967, por la irrupción inesperada de Siria, Irak, Jordania, Líbano y Egipto, que con 24.000 hombres trataron de invadir a Israel, atacando al mismo tiempo, con la intención de «echarlos al mar»—, Israel, siempre alerta y preparada para abortar una invasión, reaccionó rápida y contundentemente. El general Moshe Dayan conquistó por el sur la península del Sinaí, por el este de Jerusalén tomó la Cisjordania, llegando hasta el río Jordán, en los territorios de Líbano, que aún poseen; y por el norte, cruzando estas tierras, por las que corremos nosotros en estos momentos, llegaron hasta Kuneitra. Ante tal fracaso militar por parte de los árabes, que fueron quienes iniciaron la guerra, ambas partes se reunieron en Egipto para hacer un tratado de paz, por el cual Israel devolvía el Sinaí a cambio de una serie de concesiones y el reconocimiento de sus fronteras. Con Jordania se hizo un tratado de paz, con la que parece que podrían existir buenas relaciones, aunque quedó pendiente la cuestión relativa a la creación del Estado palestino. Con Siria no se arregló la situación, quedándose Israel con el territorio de las fuentes del Jordán, los Altos del Golán, a mil metros de altura, desde donde Siria podía, o pretendía, con su artillería dominar militarmente toda la Galilea. Ha habido, parece ser, algunos intentos de suavizar estas relaciones, por parte del presidente sirio, padre del actual, pero, al parecer, no se alcanzaron los consensos oportunos.

De todas formas todo el mundo sabe, y más los contendientes, que quien domina los Altos del Golán impera sobre todo el valle. Por tanto, en todos estos acuerdos, Israel está dispuesto a retroceder pero sólo hasta aquí; y, por la parte del Tiberiades, hasta cinco kilómetros alrededor del lago en todo su perímetro, porque quien posee el agua en esta zona es el dueño de la vida de todo este territorio. También están dispuestos los judíos a retirarse hasta Banias, pero el problema en este lugar son los asentamientos judíos agrícolas e industriales, incluidos los militarizados, que se construyeron en los Altos, por el procedimiento que ya se explicó y que ocupan con todo derecho. La cuestión es tan importante que ello fue la causa del asesinato de Isaac Rabin. Éste se comprometió a devolver los Altos del Golán a Siria, con tal de firmar un acuerdo de paz, reservándose el agua del Jordán. Pero ello pareció una monstruosidad a los judíos de los asentamientos, que hubieran tenido que vivir sojuzgados a los sirios o abandonar sus hogares, tan grave les pareció la cosa que uno de los colonos lo mató —*al final de la noche, en Tel Aviv, después de un mitin pacifista, un judío extremista asesina a Rabin, de dos tiros de pistola a quemarropa, por la espalda*—,[1] porque consideraba que había sido un traidor a su patria, por entregar al enemigo un territorio israelí y unos ciudadanos judíos con todos los derechos legítimos para vivir allí. Después del suceso luctuoso los acuerdos no se llevaron a buen término y, ahora, no es el momento más adecuado para retomar las conversaciones de consenso.

El Golán es la región comprendida entre el monte Hermón, al norte y el valle del río Yarmuk, al sur. Por el oeste lo limita el mar de Galilea y el llamado valle del Hule, mientras que por el este, debido a todos estos conflictos político-militares, y de intereses, la línea de límite está bastante confusa. El *wadi Goramaya* divide al Golán en dos partes, superior e inferior. Su nombre, Golán, que los árabes lla-

---

1 Jacques-Emmanuel Bernard, «Humana Jerusalén», *op. cit.*

man *Yolan,* se deriva muy posiblemente de la ciudad bíblica del mismo nombre, citada dos veces en el libro de Josué, en el Deuteronomio y el I Crónicas.[2]

Y prosigue el viaje hacia el este y, de pronto, nos enfrentamos —en lo alto de un cerro, no sé si arenoso o rocoso, porque allí el fuerte viento del oeste lo llena todo de arena, quizá sea el *Bab el-Hawa,* Tel el-Garam en árabe, la «puerta de los vientos» que no se detiene en su bravío y constante soplo— con un castillo muy bonito, muy bien conservado castillo cruzado del siglo XII que se llama Al Ka; visión que nos hace reflexionar seriamente en como debieron de sufrir los cruzados que lo construyeron para subir tales pedruscos y rocas hasta aquella elevada cota del terreno, para construir una fortaleza de tal envergadura y resistencia en la cumbre de la montaña. La presencia de este castillo determinaba el límite del reino de los cruzados, porque hay que saber que durante más de cien años las monarquías europeas dominaron Israel, llegando, incluso, a coronarse el rey Balduino I, en la basílica de la Natividad de Belén, como monarca, constituyendo el reino latino de occidente; y este castillo es el límite máximo del mismo, del territorio que conquistaron.

En el kilómetro 25, desde Banias, se encuentra Kuneitra, que significa «pequeño puente» y es una población siria que se ha convertido en ciudad fronteriza desde la ocupación judía del Golán. Se ven, a la altura del muro, cuarteles destruidos y abandonados por el ejército sirio. Era la primera línea de la defensa siria, pero después de la guerra de los Seis Días tuvieron que retrasarla. Deduzco que debió de tratarse de una invasión rápida y definitiva, porque aún se ven «mercedes» abandonados y llenos de óxido, y todo un campamento lleno de ruinas y desamparo. Sobre un otero muy cercano se ha instalado un parque eólico, milagros de la técnica israelí, tan avanzada que, como veremos, han llegado a cultivar en pleno desierto las verduras más frescas y las frutas más jugosas, y a acondicionar de frío hasta los lugares más insólitos.

---

2 Js 20, 8; Js 21, 27; Dt 4, 43 y I Cr 6.56.

La carretera, de repente, se interrumpe porque por ella se llegaba a Siria, a Kuneitra, que hoy es, pese a que hace más o menos cuarenta años tenía unos 20.000 habitantes, una ciudad casi abandonada. Un basto muro hecho de pedruscos corta la vía de asfalto —prohibido el paso— y se ve el viajero obligado a derivar por una carretera que sigue hacia la izquierda, la que le llevará a los Altos del Golán, kilómetros más adelante.

Toda la populosidad que tuvo Kuneitra, hoy en día esta sustituida por unos pocos centenares de drusos que se desarrollan en ella como pueden. En realidad esta etnia está diseminada por todos estos alrededores, los que puede ir desde los terrenos de Haifa y el Carmelo —Daliat el-Carmel— hasta estos terrenos del este, que casi ya caen dentro de la nación siria. De hecho, a menos de un kilómetro de este lugar, desviándose de la carretera principal, se llega a Muhraka, donde, según la tradición, el profeta Elías venció a los sacerdotes baales por la fuerza del único Dios Yahvé. En el lugar hay una estatua del profeta Elías y un monasterio carmelita.

Los drusos es una raza-religión —monta tanto, tanto monta— que es una derivación del Islam. Hablan árabe y su origen está muy controvertido, porque pasan a ser tanto como procedentes de los cruzados franceses que dominaron los territorios del Líbano, como de los emperadores que siguieron a Alejandro, como de una de las múltiples sectas que nacieron en el seno del islamismo. Parece que surgieron en el año 1017 y que tuvieron como fundadores a Hamza Ibn Ati, persa, y al turco Muhammad Ibn Isma'il Darazi, de quien recibieron el nombre. Es una etnia especial que habla árabe, como se ha dicho, aunque ellos no se consideran árabes; son islámicos, pero no se consideran ligados a la gran tradición musulmana; es un pueblo singular, que sólo vive en estas montañas, el Líbano, esta zona de Siria, y también en los Altos del Golán. Tienen un forma particular de vestir, aunque hoy en día, claro está, lo hacen casi todos a la occidental. Las personas mayores —las que guardan aún las tradiciones— gozan de unos grandes y anchos bigotes, llevan unos pantalones bombachos y un sombrero característico. Las mujeres llevan unas túnicas muy llamativas, por sus colores y bordados, y, por tanto, muy caras. Son los drusos predominantemente rubios y de una gran belleza física, muy laboriosos, amantes de su tierra y muy hábiles en el aprendizaje de un oficio. De hecho se identifican con los beduinos errantes, debido a lo cual, a 7 km de la colina llamada Cuernos de Hatín, rememoran la tumba de Jetró, el suegro de Moisés y antepasado de los nómadas quenitas.[3]

Políticamente, los drusos están aliados con Israel. Como hablan el árabe, son siempre fuerza de choque, en primera línea, en las manifestaciones o litigios callejeros que puedan haber con los agarenos. Como hablan la misma lengua de los que protestan, les es mucho más fácil dialogar con ellos y llegar a un acuerdo sensato en el conflicto que los enfrenta, sin tener que llegar a la violencia; cosa que podría ser más difícil si directamente se encarasen árabes y hebreos.

El camino se ha empinando notablemente y la subida es aguda. Estamos al nivel de la cumbre del monte Hermón; y el castillo Al Ka, que antes veíamos muy elevado, queda a nuestra altura. Sobre el panorama natural se distinguen dos puntos encumbrados: el monte Hermón y los Altos del Golán. Cómo distinguirlos para el poco conocedor del terreno… Los Altos son los que se alcanzan por la carretera que discurre pegada a la frontera siria y el monte Hermón es la otra elevación de cumbre pelada, ya que casi todo el año está cubierto de nieve, aquel desde donde baja el agua helada que se recoge en Banias y forma el río Jordán.

En los Altos del Golán se ve la primera línea defensiva del ejército israelí, las fortificaciones judías y los campamentos de la División Acorazada Golán, la flor y nata del ejército de Israel. Es una zona militar muy estricta y está prohibido sacar fotografías del lugar; aunque, creo, que para nada hace falta la prohibición, porque, si alguien en un alarde de valentía o, mejor, de incivismo, ha tratado de utilizar la cámara en aquel paraje, se ha dado cuenta que ésta está completamente bloqueada; quizás un artilugio extraño o supermoderno, o algo, o simplemente un campo magnético, o algo similar, o yo qué sé, impide el funcionamiento correcto de estas máquinas de reproducir paisajes.

3 Jueces 1, 16 y Jueces 4, 11.

En el valle —muy hermoso y feraz— que se extiende bajo los Altos del Golán y a muy pocos metros de la frontera siria, señalada por una alambrada continua, que se pierde en la lejanía en los dos sentidos cardinales, se despliegan los cuarteles de los Cascos Azules de la ONU. En el campamento, muy organizado —calles y corredores, quizá plaza de armas; en los techos de los barracones, y en azul, se pintan unas grandes UN, United Nations, que determinan su identidad—, no se ve un alma, ni soldados, ni centinelas, nadie, parece un lugar muerto. Pero al viajero le da la sensación de que está vigilado; y, a pesar de la soledad en que se encuentra, no se le ocurre sacar la «nikkon» para probar la teoría. En medio del pelado y angosto collado —sólo tiene espacio para la carretera— un anuncio, quizá de una urbanización, Golán Garden —Jardines del Golán—, que aparece en la segunda franja transversal del mismo, en verdeazulado; en ingles, en la primera en negro —hebreo—, y en la tercera, verde, quizás en árabe; y junto al anuncio un mucho más grande, monumento extraño, en el que parece que se pinta en azul, como no podía ser de otro modo, parte del lago de Galilea, y los ríos que desaguan en su costa este; orlada la cabeza del monumento por un circulo de piedra con un agujero, concéntrico y pequeño, en el centro, que más parece una rueda de molino antiguo, con unas inscripciones hebreas: una en verde en su periferia —LAS LLAVES DEL VOLANTE ESTÁN EN MANOS DEL PUEBLO—[4] y otra —ESTACIÓN AUTOMÁTICA DE TRÁNSITO— en blanco sobre un rectángulo rojo bajo el hueco central de la piedra. Quizás en este monumento es donde resida el misterio del «olvido» en que se tiene la vigilancia de zona tan estratégica militarmente, sobre todo en el centro del pedestal donde reside un circulillo amarillo con «algo» que brilla en su centro (foto 13); claro que esto no deja de ser una observación mía sin ningún valor real, ni positivo, ni siquiera fundamentado, porque mis conocimientos de la electrónica y su aplicaciones son nulos; y, por otra parte, pienso que no se necesita tanta sofisticación cuando el cerro que se alza sobre el tramo de carretera en que se detiene el viajero está tan lleno de antenas y apa-

---

[4] Agradecimiento al padre Enrique Cortés, capuchino, profesor de la universidad, por la amabilidad en realizar la traducción.

ratos electrónicos de control y material auxiliar para las baterías de misiles que dicen que tienen, aunque el viajero, jura por lo que sea, que no ha visto nada.

En nuestro camino hacia el sur pasamos por Masada, no la del Mar Muerto, sino Masada del Norte, y nos damos cuenta, desde nuestra altura, que los judíos han construido en la falda del monte Hermón un poblado que es una estación de invierno, donde la gente llega para esquiar. Es un lugar donde siempre hay nieve y, por tanto, las pistas de esquí están siempre disponibles, convirtiéndose en el único lugar de Israel donde se puede practicar este deporte. Hace mucho frío e, incluso, en pleno verano el calor es muy suave.

Estamos a unos dos mil metros de altura, estos parajes están nevados y se ponen unos postes para indicar por donde discurre las carreteras.

Al cabo de 2 km se encuentra el *kibbutz* de Al Rom, a más de mil metros de altura, lo que le convierte en el complejo comunal más alto del país. Pasamos junto a él y descubrimos otro complejo eólico, seguramente para producir la energía eléctrica necesaria para autoabastecer la zona. Está situado en la misma línea divisoria entre los dos estados. Los colonos de Al Rom, como cualquiera de los otros asentamientos judíos, son la gente más radical, dentro de la política judía, porque saben que si se llega a algún tratado de paz, los primeros perjudicados son ellos.

Los Altos del Golán es una región bíblica, Gaulanítide con su capital Golán, en Basán. Perteneciente a Siria, como hemos dicho, hasta el año 1967, en la guerra de los Seis Días que se la anexiona Israel. Esta región es la que Moisés reservó, con otras dos, para que encontrara refugio el homicida que hubiera matado sin querer a su prójimo;[5] y este territorio fue el que se cedió a los sucesores de los hijos de Aarón.[6] Era bíblicamente el confín noreste de Palestina, luego comenzaban los territorios del Basán[7] y, para los cananeos, fue uno de los centros principales dedicados a Baal.[8]

5 Dt. 4,43.
6 I Cr 6, 56.
7 Dt 3, 10.
8 Jos 12, 7 y I Cr 5,23.

VIII

EL MONTE TABOR

«Aunque visto desde abajo ofrece Monte Tabor la apariencia de una pirámide perfecta, es en realidad un cono truncado que termina en una meseta elíptica de una milla de circunferencia. Es a todas luces una posición estratégica y se comprenden los terribles hechos de armas de que ha sido teatro».[1]

Y llegamos a la plaza que rompe la carretera nacional 65, casi en el cruce con la comarcal o *secundary way* 767, que llega de Kineret, casi mojándose en las agua del mar de Galilea. La explanada debería estar llena de taxis, pero como los visitantes, turistas y viajero brillan por su ausencia en estos tiempos de inseguridad, nos encontramos con uno solo, y gracias, un «mercedes» gigantesco, capaz para siete u ocho personas. El taxista, junto a su coche, aburrido, espera el servicio; porque allí, en la plaza —heladería, bar y restaurante; tienda de regalos también— a la otra parte, nace el angosto y enrecovecado camino que nos izará hasta lo más alto de Kfar Tavor,

«El Tabor eleva a lo lejos su cúspide azulina por la distancia, y en el extremo horizonte se diseñan los montes de Galaad.»[2]

Se sube, jugándose la vida, hacia arriba, entre un idílico, casi virgiliano bosque —encinas, algarrobos, pinos y arbolillos arbustáceos como lentiscos o terebintos, conocidos también como cornicabras—, senda más que carretera, donde en cualquier momento, piensa el via-

---

1 Octavio Velasco de Real, *op. cit.*; pág. 310.
2 Pierre Loti, *Galilea* (1), pág. 49.

Monte Tabor

jero, se va a topar irremisiblemente, con ilusión temerosa, si cabe el término, con una nereida, un hada, incluso diría alguno que otro fauno
lascivo. Se da cuenta el arriesgado que nada ha cambiado en al menos
siglo y medio, porque la montaña es como predijeron otros ilustres viajeros que ha tiempos que lo visitaron y mi «propio amigo» Pierre Loti,
que escribía que lo que veía ante sus asombrados ojos era «una montaña casi aislada de las cadenas vecinas y cuya forma nos recuerda algo
ya conocido en cuadro e imágenes: el monte Tabor».[3] Yo me refiero a
él, y él se refería a los pintores clásicos y religiosos, sobre todo europeos —italianos, holandeses, españoles, quizás alemanes…— que recre-
aron los hechos notables de la vida de Cristo, más que de Jesús, cuando vivía como hombre aun siendo Dios.

3 Íbid.; pág. 45

El *Jebel et-Tur*, para los árabes, tiene casi seiscientos metros de altura sobre el nivel del mar. Se eleva en la llanura del Esdrelón. Se alza en el límite de la baja Galilea, tocando Samaria; es una forma esbelta en medio de una llanura fértil. La ciudad de Nain —*agradable* en hebreo— donde Jesús resucitó al hijo de la viuda (Salmo 88, 13), se encuentra a muy pocos kilómetros de la subida al monte, y a tan sólo tres y a la derecha, en la propia falda, se extiende Tell Ajul, que se identifica con el Ein Dor bíblico donde el rey Saúl fue a consultar a la pitonisa la suerte que tendría en la batalla que emprendiera contra los filisteos (1 Samuel 28, 3-25).

La colina dominaba el paso de las caravanas que llegaban desde Oriente a comerciar al Mediterráneo. Con la de Moré se conforma —sin olvidar la llanura que recorrimos para llegar a Haifa: el Yzre'el Valley, o llanura del Esdrelón— el único paso natural entre Jordania e Israel sin tener que subir ni bajar montañas. Sólo estas dos se encuentra en medio de ella, por lo que el Monte Tabor se convierte en una fortificación, dándose el caso ineludible de quien dominaba esa altura era el dueño del territorio: podía poner impuestos, robar, atacar —todo con ventaja— a quienes se veían obligados a utilizar este paso, relativamente angosto, hacia el mar. En la época de los cananeos, antes de que llegaran los hebreos, había un santuario dedicado a Dios en la parte más alta, siempre nevada, por su aspecto solitario y porque, para ellos, la cima de la montaña era el lugar más cercano a Dios.

Para el pueblo judío tiene el monte Tabor una importancia capital, tanto en el aspecto religioso como el político, porque fue la base de sus operaciones militares, a partir de las cuales el pueblo judío conquistó toda la Galilea.

El monte Tabor fue el escenario de la epopeya bíblica en la que el rey Barac, aconsejado por Débora, jueza de Israel y profetisa, se enfrentará a Sísara, rey de Caná. Confiando en la protección de la profetisa, Barac bajó del monte Tabor con sus diez mil hombres y se enfrentó con Sísara, al frente de 900 carros de guerra y un innumerable ejército; y lo venció pasando a cuchillo a todo su ejército. Y a su rey, que huyó, le mandó la muerte terrible a manos de la esposa de un aliado, quien le clavó un clavo en la sien cuando dormía. «Así humilló Dios aquel día a

Jabín, rey de Caná (Jueces 4 y 5).» En esta epopeya es en la que basan, o basaron, los judíos su derecho legítimo a las tierras de Israel, como parece ser que se narra en la película *Éxodo*, por boca de su protagonista Paul Newman. De hecho muchos judíos se acercan al Monte Tabor a pasar allí un día de asueto y de excursión.

«El Tabor está habitado por numerosas manadas de jabalíes —según nos dice nuestro guía árabe— y, sobre todo, está henchido de perdices y de toda clase de caza de pluma... absolutamente igual que hace tres mil años, en el siglo del profeta Óseas, quien habla "de las redes que se tendían aquí para cazar pájaros" (Óseas 5, 1)».[4]

Ergo no es extraño que sea un lugar de recreo para los judíos. Además de reivindicar el lugar el derecho a la tierra, es el gozo de un lugar ancestral —y actual— de placer. Tanto es así que, en estos días, he visto subir hasta su cumbre algunos automóviles cargados con equipos «ala delta» de aeronavegación autónomos y, desde la parte más baja, doy fe de como alguno de estos artefactos deportivos sobrevolaban, aprovechando las corrientes isotermas, la ladera del oeste del monte santo; lo que nunca pudo contemplar Loti —mi «amigo» Pierre— porque cuando el llegó ni siquiera se concebía el vuelo.

También fue un lugar sagrado para los cananeos que en su cima adoraban a los dioses baales, según hemos visto en la historia épica en la que intervinieron el rey Barac, la profetisa Débora y el rey Sísara, de Caná. Lo indican, como se ha subrayado, el hecho bélico anterior y la cantidad de ruinas de culto que se hallan bajo los cimientos de la basílica actual

Para los cristianos este monte tiene el valor de que era el retiro donde Jesús acostumbraba a tener sus ratos de oración y de silencio, como todos los judíos, pues tenía un simbolismos místico, por el que, parece ser, la tierra llana es el lugar adecuado para el trabajo y las cumbres de las montañas para el encuentro con Dios. Por eso, estando tan cerca de Nazaret, Jesús visitaría en varias ocasiones el monte Tabor: primero, con sus padres y su familia, y luego con sus discípulos. Además la veneración de los cristianos nace de que es el lugar de la Transfigu-

4 Íbid.; págs. 46-47.

ración, en la que Jesús no solamente se manifiesta como hombre, como profeta, sino como Hijo de Dios.

A pesar de todo, en el evangelio no consta el lugar santo de la Transfiguración. En él sólo se habla de una montaña alta; y Pedro, el apóstol, único testigo presencial del hecho, dice haber tenido lugar en «el monte santo».[5] No se dice nada más. Desde este momento entra en juego la tradición que arranca del evangelio apócrifo de los «Doce Apóstoles», corroborado por el testimonio de Orígenes (248 d. C.), por el historiador Eusebio de Cesarea (s. III y IV), san Cirilo de Jerusalén (347 d. C.), san Jerónimo (385 d. C.), etc. Es el Concilio de Constantinopla (s. VI) quien erige un obispado con sede en el Tabor, pero...

El valor espiritual del Tabor sólo puede concebirse bajo el prisma de la Resurrección. Jesús otra vez, después de bajar del monte, habló de su Pasión. Quizá fue un estimulo para Él y una ocasión que dio a sus tres acompañantes de verlo en una condición celestial, que les consolaría en los días que tendrían que sufrir junto a Él, días de tortura y de muerte.

«En la tradición bizantina, el monte Tabor fue el escenario de la Transfiguración de Jesús. El monte no es mencionado en la descripción del Nuevo Testamento. La cima del Tabor ha sido venerada por miles de años.»[6]

La subida al monte Tabor es difícil, muy pina y muy encorvetada. Tiene más de 16 curvas de casi 180 grados. Por supuesto, los autobuses no pueden subir. Los taxis se tienen que embalar en los tramos más o menos rectos de la subida, porque si no se calan en mitad de la curva. Con mucha frecuencia se ve el abismo delante de los ojos, junto a las ruedas de los coches. Y ahora, menos mal, porque la carretera se ha ensanchado y se le han colocado en sus vertientes unos quitamiedos que aminoran el problema, lo que antes no ocurría y se pasaba, dicen, verdadero pánico. Acuérdense del tiránico dios Pan del Jordán y se conocerá la verdadera medida de la sensación.

Antes de llegar a la plaza, donde siempre suele haber —o había al menos— tres o cuatro taxis «mercedes» esperando, pero que ignorá-

5 2 Pedro 1, 18.
6 W. E. Pax, *op. cit.*; pág. 119.

bamos si encontraríamos, ya que hace más de dos años que no sube nadie; sólo algún solitario devoto, o arqueólogo, o aventurero, algún chalado viajero; e, insisto, no sabíamos si hallaríamos medios para subir. Claro, que tampoco nos preocupaba demasiado —algo sí—, porque se puede subir andando, sudada terrible, aspiración profunda del ozopino del bosque que invade todo el paraje y descanso feliz, satisfecho, en lo más alto. Pero no, a pesar de todo, la compañía de los taxis —Abu el-Assal, Tel. 06/554745, con residencial empresarial en Nazaret— mantenía allí, al menos uno, como creo que además he dicho. De hecho, al llegar a la explanadita de la cima nos encontramos con un par de automóviles de personas que han subido a gozar de la tradición judía, a la que no quieren renunciar; personas, como es lógico, que no piensan ni entran en el monasterio franciscano, que conmemora el lugar donde la dudosa tradición dice que tuvo lugar la Transfiguración. En el interior de la iglesia, ante el altar mayor y a través de una trampilla de madera que se puede abrir, se ve la gran roca donde tuvo lugar el hecho sagrado: peñasco pelado sobre el cual, y a su alrededor, como siempre, se edificó el templo.

Desde lo alto del monte se divisa la hermosa llanura, en la cual se ven unos laguitos de agua diseminados que se alimentan del mar de Galilea. Ya se sabe que el proveedor de casi toda el agua israelí es el monte Hermón, y que ésta es absorbida, sin escrúpulos, por medio de grandes bombas para irrigar las tierras fértiles e, incluso, canalizarla para rescatar las tierras del desierto y convertirlas en productivas.

En el s. V, años 400, santa Helena llegó a Tierra Santa y mandó construir sobre cada lugar sagrado una iglesia. Aunque en el s. IV ya se construyó una iglesia, cuyos restos pueden verse todavía.

En el período bizantino existieron iglesias, monasterios en el Tabor; y, como se ha dicho, la sede de un obispado. Incluso se encuentra una basílica que recuerda las tres tiendas que menciona Pedro en su carta. Durante el período de los cruzados se confió el monte Tabor con su basílica a los benedictinos, hasta que vencidos por el ímpetu guerrero de Saladino, huyeron a san Juan de Acre. Incluso hoy en día se conservan bastante bien estas murallas —que no son, por supuesto, las que construyera Flavio Josefo en su período de cabecilla de los rebeldes judíos, antes de venderse a Tito, el hijo de Vespasiano— que defendieron el bastión sagrado de la irrefrenable fuerza infiel. Inmediatamente el hermano de Saladino, Melek el Abdel, en el s. XIII, construye una fortaleza en estos altos para defenderse de los cruzados, que más tarde el papa Inocencio IV desmanteló, confiando el lugar santo, en 1253, a los caballeros hospitalarios de San Juan, aunque diez años más tarde será destruido, otra vez, por los árabes. Es en el s. XVII cuando son autorizados los franciscanos a establecerse en el monte Tabor; y es en 1924 cuando construye Barluzzi la actual basílica, asentada sobre los cimientos de la cruzada, representada en tres capillas, las tres tiendas del Nuevo testamento; las laterales —Moisés y Elías— bajo cada uno de los campanarios cruzados; la del Señor, en la nave central.

Esta basílica es del estilo romano-siríaco y es una de las más bellas de Tierra Santa.

En la nave central deslumbra el mosaico de la Transfiguración, y en los laterales se aprecian otros mosaicos en los que se representan las cuatro Epifanías de Jesús: El Nacimiento, La Resurrección, La Eucaristía y la que todavía no se ha realizado y se representa por el Cordero degollado, en el Apocalipsis. En el altar mayor, bajo el principal de los mosaicos —Jesús en plena Transfiguración— se incluye una mayólica en la que está presente la figura del pavo real, signo de la vida, en el simbolismo oriental.

A ambos lados del paseo que conduce al santuario, se encuentran las ruinas del monasterio benedictino del período cruzado.

Los franciscanos son los que custodian actualmente el monte Tabor. Ellos son los arqueólogos que trabajan en las excavaciones y los que descubren los restos, las «huellas» del paso de Jesús por este lugar, y confirman los avatares históricos, por medio de «piedras» y vestigios arqueológicos, que ocurrieron sobre el monte santo, cual lo nombraba Pedro, validando sus hallazgos con los pasajes que se narran en la Biblia.

Después de la primera guerra mundial, cuando los turcos fueron expulsados de Tierra Santa, en el reparto histórico les tocó el lugar a los italianos. Por eso no es extraño que me encuentre, entre la paz y la calma que se respira en la explanada del santuario, en la soledad que imprime sosiego a los hombres santos, a un franciscano, un amable y sonriente, fraile italiano llegado de la zona de la Toscana hace más de veinte años; con el que converso deliciosamente sobre las cosas de Italia, sobre las cosas de España, que, por fortuna, conoce perfectamente, por las salidas que hace de su retiro cada tres o cuatro años. El hombre, de media edad y rebosante de alegría, que es lo que más me admira, está embutido en un ajado hábito marrón, cingulado con un enorme rosario de cuentas de madera, y no habla más que en italiano, y mucho; pero lo que me sorprende, y maravilla, es que no deja de sobar, manosear, en su mano izquierda, uno de esos rosarios circulares de diez cuentas —el religioso no necesita llevar la cuenta de los rosarios que reza, porque su oración es constante: un círculo no tiene fin—, y sólo se detiene cuando tiene que atenderme en mi interés, o de otros, poquísimos, que merodean por entre las ruinas; entonces clava su uña en la cuenta en que se ha parado para seguir cuando retorne a su soledad. Qué dominio de sí mismo, de sus emociones, de su fe, que, atrayéndole como le atrae las cosas de «afuera» —porque me ha hablado con entusiasmo de Castilla, Galicia, Madrid, Barcelona, Roma, Florencia, etc; incluso, del continente americano—, le hace feliz, y todavía tiene la grandeza de saber sonreír.

Y tenemos que marcharnos, no porque nos echen sino porque no tenemos vocación para quedarnos allí, ha llegado la hora y supongo que el taxi «mercedes» nos aguardará, veremos, aunque algún valiente se impone la obligación de bajar andando; mientras, yo me tomaré un helado de chocolate y menta en la heladería de la explanada. Así y todo lo hago sudando; cómo irán los otros. Yo huelo a catinga, de seguro; ellos quizás a aromático ozopino.

El Tabor lo tengo delante, se remarca «sobre un claro azul cielo, purismo, por el que corren nubes como pedazos de guata blanca», «No sobrepasa las cumbres vecinas; sin embargo lo especial de su forma, la rotundidad de esfera es suficiente para despertar la imaginación, presentándolo como una cosa inusitada… su aspecto no justifica las comparaciones del rey salmista ni las de Jeremías, que, para exaltar el tamaño terrorífico de Nabucodonosor, dice que se presentará "como el Tabor entre las montañas" (Jeremías 46, 18)».[7]

7 Pierre Loti, *op. cit.* (1); págs. 45 y 46.

IX

HACIA EL SUR: SAMARIA Y JUDEA

Vamos desde el monte Tabor a Jericó. Hay dos horas de trayecto, dicen. Hace un calor del infierno y cada vez que descendemos hacia Judea, al desierto de Judá, el termómetro sube. Echo de menos el recorrido por el monte Carmelo, el paseo que hicimos por lo más alto de la cumbre de la cordillera, casi treinta kilómetros, el bellísimo espectáculo, azul y verde, casi virgiliano, contemplando el Parque Nacional que compendia. Y durante el camino nos cruzábamos con frecuencia con gasolineras rotuladas en hebreo, en nuestro camino polvoriento y amarillo, rojizo de arcilla seca, que va desde el mar de Galilea hasta el Mar Muerto: seguiremos prácticamente la frontera sirio israelí. Cae el sol bajo el paisaje brumoso de media mañana y desde la ventanilla del cuatro por cuatro, además de la línea, firmemente marcada, de la frontera, hollamos el valle del Jordán y observamos —¿observaremos?—, o nos observan —¿nos observarán?— las montañas de Samaria; y qué van a decir, o pensar, sus límites naturales —Moab y Judá— y el tenebroso mar Asfaltitis de Flavio Josefo,[1] el Bahar-Loth para los árabes, según Chateaubriand, si somos unos advenedizos sin casi cultura; aunque eso sí llenos de buena voluntad.

«Samaria está situada entre Galilea y Judea. Comienza por la aldea de Guinaia, que se encuentra en la gran llanura y termina en la toparquía de Acrabatene. No se distingue nada de Judea por sus propieda-

---

1 Flavio Josefo, *op. cit.*; pág. 24.

des naturales. Las dos tienen llanuras y montañas; las dos están cubiertas de árboles, abundan los frutos salvajes y cultivados; la tierra se deja trabajar fácilmente y es fértil; en ningún sitio gozan de ríos naturales, pero llueve abundantemente. El agua de las fuentes es muy dulce y, gracias a la abundancia de los buenos pastos, el ganado da allí más leche que en otras partes. La mejor prueba de sus condiciones y de la riqueza de ambas es la densidad de la población».[2]

Descripción del lugar por Flavio Josefo que poco coincide con la realidad, como se dirá, de hoy en día. Ni Judea es tan feraz, ni la demografía samaritana tan amplia.

Samaria era para los galileos la hostil tierra de paso. Todo, riqueza incluida, se concentra entre la zona del norte y la el sur: Galilea y Judea. Son los dos núcleos principales de la antigua historia judía, luego sobrevendrá, históricamente, una lapso «casi infinito» de tiempo, en el cual los judíos de la Diáspora no hacían más que añorar su territorio ancestral, a veces, ni eso; y todo quedó más bien como territorios árabes, o, al menos, de etnias de religión musulmana. Y tomará preponderancia Samaria —sus pueblos, quizá limítrofes con estas dos zonas, comarcas, regiones naturales tan distintas, en la actualidad, cuando, por motivos políticos, esos pueblos, en los que ni se recuerda desde cuando fueron islamistas, ni siquiera en qué momento vencieron a los cristianos, o quizás es que, simplemente, lo olvidaron, todo a excepción de mínimos focos también árabes— cuando la usurpación, la pobreza, la dignidad de sus gentes, la penuria, el desprecio y la invasión los ha sacado de su letargo; a pesar de que Samaria es como un puente, un arco entre Galilea y Judea. No es extraño, pues, que los samaritanos, acostumbrados a vivir «al margen» de la historia —por decirlo de una manera muy burda— y los acontecimientos principales, se hayan rebelado con esa fuerza enérgica, porque ya, en la más remota antigüedad, era un pueblo independiente, a través del cual no se atrevían a pasar sino era de una manera rauda y desapercibida, los galileos que iban a Jerusalén, aunque ese fuera el camino más breve para alcanzar la capital de Judea.

2 Íbid.; pág. 22.

Toda esta actitud social de la región conlleva el tener que explicar, una vez más, que Samaria es el centro de Palestina y que toma el nombre de su homónima de la capital del reino de Israel. Se trata, por fortuna, de un territorio más alegre y feraz que el del sur; y de población escasa, aunque muy dispersa. En el tiempo de los Reyes se llamaba «montes de Efraín». Se extendía desde la llanura de Esdrelón, al norte, hasta las montañas de Judea, ocupando una distancia de 80 km. Por ella penetraron los Patriarcas —están enterrados en Hebrón y el monte Garizim, y Abraham entró en Caná por Samaria— y allí se asentaron las tribus que los acompañaban. Fue terreno codiciado por los imperios de Siria y Mesopotamia; y donde residieron los Reyes y los Jueces, que fundaron dos grandes lugares de culto: Betel y Silo. En Siquem y Tirsá se asentó el primer rey de Israel, Jeroboán I (s. I a. C.), y poco después Omri estableció en Samaria ciudad, la capital del reino.

Jenin y el valle del Dotain, Sanur con su valle —hay quienes sitúan aquí la ciudad bíblica de Betulia, la patria de Judith,[3] Samaria—, la capital que el rey Omri fundó en honor de Semer, propietario de los terrenos, y que, mucho más tarde, el emperador Augusto bautizó con el nombre de Sebaste, en su propia memoria, ya que era *Sebastos* en griego; Nablús —a caballo entre el Mediterráneo y el Valle del Jordán; fundada por Tito en el año 72—, Siquem —hoy Tell Balata, donde tuvieron lugar hechos referidos a Abraham, a José y a Josué, donde también residió Jeroboán I, primer rey israelita—, Tell Balata —el *encinar;* y hacia referencia al de Moré—, las ruinas de Tirsá —la antigua ciudad cananea sometida por Josué, sede del primer rey de Israel—, El-Lubán, Carioth —supuesta patria de Judas Iscariote—, Silo, Rentis —según los escritores bizantinos corresponden a la Arimatea del evangelio—, Temnat-Heres, Gifna-Bir Zeit —*pozo de aceite*; con una universidad palestina promovida por la iglesia protestante—, Betel[4] —*casa de Dios*—, Tel

3 Judit 4, 6-7: «El Sumo Sacerdote Joaquim que residía en Jerusalén, escribió a los habitantes de Betulia y de Betomestain, situadas delante del Esdrelón, frente a la llanura de Dotán. Les decían que ocupasen las subidas de las montañas, porque eran el paso hacia Judá. Les sería fácil obstaculizar el paso, pues el desfiladero sólo permitía pasar de dos en dos».
4 «… la ciudad que antes se llamaba Luz (Génesis 28, 19)… era la Luz del Génesis, en donde Jacob cambió de nombre después de un sueño.» (Pierre Loti, *op. cit.* (1); pág. 19).

1. La plaza cuadrada del Santo Sepulcro.

2. La llanada del Muro de las Lamentaciones
da la sensación de ser una gran plaza de pueblo, árida y sobria, vacía…

11. En Banias se halla una gruta donde habitaba el dios griego Pan.

12. El oasis de Jericó.

13. Monumento en los Altos del Golán.

14. Las cuevas que rodean el Wadi Qumrán.

15. Letrero junto
al Mar Muerto.

16. El valle de Josafat y el muro del templo de Jerusalén.

Ay, Bay-Taibe, Ramala y Al Bireth, unidas por la expansión demográfica son distintas, una cristiana y la otra musulmana. Todas estas ciudades samaritanas, algunas actuales, algunas otras en ruinas, permanecen dentro de la historia sagrada de este país, en las que se han desarrollado numerosos hechos bíblicos tanto del Antiguo como del Nuevo Testamento; entre algunos de los cuales se podría citar la epopeya sagrada de José, Pozo de la samaritana, venganza de los hijos de Jacob, llamada de Dios a Samuel, destrucción de Betel por los asirios y robo del becerro de oro, preparación de la Pascua, etcétera.

Descuella, como importante, la ciudad de Afula, porque es el centro urbano más importante de la llanura con 20.000 habitantes. Es a su derredor donde se instalan cualquiera de las ciudades revisadas. Tiene una red de comunicaciones por carretera muy efectiva, y sirve un poco como núcleo esencial en la zona samaritana.

El paisaje se distingue de cualquier otras parte de Israel, en este paisaje se respira un ambiente mucho más bíblico, más del Antiguo Testamento, como se ha tratado de exponer, su ámbito es mucho más bucólico; las mujeres, árabes desde el tiempo atávico, merodean por las calles de las aldeas, por los caminos, cubriendo su rostro; los niños y los viejos conducen borricos, y contrastarán, casi increíblemente, con los ricos beduinos conduciendo coches europeos. Se transita, se pasea, ante un letrero, de los muchos de «no pasar» que hay que obedecer, quizá cerca hay zonas militares, o militarizadas; ah, y ni pensar en el comentario político; nos lo podríamos tragar, pero no es a esto a lo que hemos llegado a Israel, sino a peregrinar por la tierra de Jesús, a «caminar» dos mil años atrás en la senda de la historia; la que originó lo sacro de la vida de un país, de tres pueblos, de, al menos, dos religiones.

Y mientras se hacen estas consideraciones, nuestro automóvil corre hacia el sur por la carretera terrosa que discurre, solitaria —ni un solo vehículo a motor nos ha adelantado o se ha cruzado con nosotros— junto a la frontera sirio-israelí. Todo el derredor está calcinado, conforme avanzamos cada vez más, es la proximidad de Judea, el desierto, la verdadera imagen que se tiene en occidente de Tierra Santa.

Durante el viaje se lleva siempre a la izquierda la línea fronteriza. En algunos puntos de ella se ha levantado un muro de diez metros de altura. Antes, hace tres años, había una barrera de alambre de espino y hoy todo el resto fronterizo está recorrido por una tela metálica que corre paralela a la carretera. Es la zona de seguridad. Para que no haya nadie que pueda pasar de Jordania a Israel.

La zona de seguridad, concretamente, está formada por dos vallas de tela metálica que corren paralelas, de modo que dejan entre ellas un espacio de varios metros cubierta por la arena del desierto. De vez en cuando pasa un jeep, arrastrando un rastrillo que va aplanando la tierra, de modo que si alguien cruza la frontera deja marcadas sus huellas, tomándose entonces las medidas oportunas de control. También están provistas la parte metálica de las vallas con unos sensores electrónicos que avisan con prontitud si alguien osa traspasar esta zona de protección.

Seguimos marchando por el territorio, que es desértico. De vez en cuando se ve un árbol, de retorcido tronco, quizá milenario, Dios sabe. Las montañas que nos rodean son amarillas e, inexorablemente, nos acompaña en nuestro camino la zona de seguridad, que se sigue viendo, ininterrumpida, kilómetros y kilómetros, pues Jericó, nuestro destino, está aún lejano. Conozco la parte de Jordania, donde se veía una técnica semejante que defendía las costas de aquella vertiente del Mar Muerto; aquí pasa lo mismo, pero todo es arena seca, terrosa, polvorosa, porque el Mar Muerto queda aún más lejos de nuestro destino, y la delimitación del confín israelí ha de ser exacto.

En algunas colinas se ven instalaciones de controles electrónicos y vigilancia, profusión de extrañas antenas. Alguna vez se ve, junto a las alambradas de la zona de seguridad, unas placas solares, seguramente las que alimentan el sistema eléctrico de su efectividad. Y el sol, como se supone, aquí no falta un segundo. Todo el territorio que recorremos, aunque es israelí, se considera como una delegación palestina. Hay un letrero grande —cuatro por dos y medio— que escribe en letras mayúsculas GANDHI'S ROAD. Está junto al valle y en la parte jordana, detrás de la alambrada que se alonga hasta el infinito, se ve una montaña fortificada con cuevas, excavaciones y casamatas. Y, de repente, comienzan a aparecer en el panorama una serie de llanada labradas, trabajadas por agricultores, y regadas por el sistema de goteo. Quizá, por eso, el Jordán va casi seco, apenas lleva agua. Es un lugar el que atravesamos en el que no se recibe ni una gota de agua de lluvia, pero en él aparecen grandes cubiertas de invernaderos, ¡vaya contradicción!, en cuyo interior, en medio del desierto y bajo una temperatura de, al menos, cuarenta y cinco grados, se cultivan verduras frescas y apetitosas, de primera calidad. Es la zona donde la frontera se aleja de la carretera 300 o 400 metros.

ARGAMAN TERRITORY. En medio del desierto aparecen ingentes palmerales, cultivos, palmeras a miles, proporcionando a nuestros ojos el típico paisaje que se ve en los belenes —donde la nieve se a sustituido por sol, sol fundido—… son bosques de palmeras y, sin embargo, todo es desierto.

Y un letrero que indica «NABLUS. A 57 KM»; y el desvío queda atrás; cualquiera se aventura… dos días después, pese a la tregua, allí la tragedia: cuatro palestinos…

ZONA DE JERICÓ.

Y pienso, por primera vez en esta tierra sagrada, en la que no he encontrado ningún vestigio muviano. Todo el mundo sabe —al menos aquel lector que sigue mi obra a través de los años— que allá en la parte del mundo en que me encuentro, por exótica y lejana que sea —y yo digo que esa es la causa de mis largos y extraños viajes—, busco cualquier rastro arqueológico pueda satisfacer la obsesión de completar, justificar más y mejor mi tesis sobre una universalidad común de todas las culturas. Pero aquí, pese a que tengo más de medio país recorrido y monumentos e iglesias en cantidades más que normales, no he encontrado ninguno. De momento pienso que eso significa algo, porque, he de decir solemnemente, que en cualquier rincón del mundo, por más recóndito y extraño que fuera, más perdido en las lejanías más escondidas, siempre he hallado algún que otro dato que confirma mi teoría arqueológica de la universalidad, e identidad común, de todas las culturas del universo, como repito tantas veces. En el fondo he de decir que me alegro de ello, de no encontrar nada que me sirva aquí, en Israel, en la patria de Jesús, porque podría confirmar que este es un país único, un país incontaminado por culturas extrañas, que ha seguido unos parámetros, incluso de cultura, distintos al resto del mundo; y sólo, creo, por una única razón, la de ser el lugar elegido, desde antes de que el mundo se constituyese, como el lugar donde nacería el verdadero Dios, hecho hombre en la persona de Jesús.

Y nuevos letreros de ciudades cercanas: YASIT, VOMEL, GUILGAL, NIRAN.

... y desviándose hacia el oasis de Jericó, algunos kilómetros antes, a la derecha, se alza un cuartel, fortaleza de altos muros enalambrado con espinos, cuyas garitas tienen aire acondicionado.

En los puestecillos de refrescos y chucherías que hay en los alrededores de cualquier núcleo militar, se ven neveras repletas de cocacolas y naranjadas y limonadas rotuladas con los caracteres hebreos. Los helados aquí se pidan bajo la marca NESTLÉ, los Frigo israelitas con el anagrama del corazón en espiral y de color rojo.

Los postes de conducción eléctrica son como los españoles, bueno, los que fueron, los convencionales, de madera encreosotada, aunque mucho más bajos. Se ven sus formaciones, hileras, por todas partes, subiendo y bajando montículos, seguramente para que llegue la energía que transportan a cada rincón de la comunidad humana. Conforme nos acercamos a Jericó se ven algunos árboles, el panorama se convierte tímidamente en verde, se ven camiones cubas con agua, postes eléctricos de alta tensión y metálicos, etc. Se vuelve a ver el célebre rótulo GANDHI'S ROAD, y parece ser que es un homenaje a la memoria de un ministro de turismo; no está claro si se encuentra vivo o ha muerto en algún accidente. Y, en nuestro camino, nos cruzamos con algunas iglesias protestantes, evangélicas sobre todo.

REMINDER.

La reverberación del sol sobre la arena y el calor del mediodía, las montañas secas y peladas, hace que el cielo aparezca ligeramente violeta, un precioso color... para un paisaje absolutamente árido.

«Las gargantas de Judá ennegrecen, pero la lejana sierra de Moab se ilumina y la inmensidad salvaje que entre ambas se extiende, parece animarse con una vida nueva, acariciada por los rayos...»[5]

Hace rato que estamos en Judea. Este es el nombre grecorromano que se le da al sur de Palestina, en cuyo centro se encuentra Jeru-

5 Éduard Schuré, *op. cit.*; pág. 95.

salén, tan centro geográfico y geométrico, que hay historiadores que no han tenido ningún inconveniente en llamarlo, con toda propiedad, el ombligo de Israel. Si el monte Efraín era la altura samaritana, la judía es la de Hebrón, que alcanza los 1.200 metros. La geografía de Judea comprende montañas, desiertos, ríos y oasis, por lo que no es extraño que en esta región natural se desarrollaran innumerables pasajes bíblicos del Antiguo y Nuevo testamento.

Los límites de Judea, en tiempos herodianos, marcaban el territorio por el norte con una aldea llamada Anuat Borcaios, y por el sur con otra, Yarda, extendiéndose la comarca en su latitud entre el Jordán y Jope, y teniendo su salida al mar por Tolemaida, ya que la cadena de Judea acaba en el Monte Carmelo, junto a esta ciudad. Ésta se dividía en once clerurquías —unidad administrativa y fiscal—, entre las cuales manda y domina Jerusalén como capital.[6]

Emaús el Qubeibe —*la cúpula*—, Nebi Samuel —los cruzados lo llamaron «monte de la alegría» porque desde allí divisaron las cúpulas de Jerusalén y donde se encuentra, tradicional, la tumba de Samuel—, Jerusalén —centro sacro de la pasión y muerte de Jesús, semilla de los hechos bíblicos del Nuevo Testamento— donde no hay un rincón, en la ciudad y en sus alrededores que no haya sido testigo de un pasaje sacrobíblico de Cristo…

Y el punto de control de entrada en Jericó ya se divisa a lo lejos.

---

6 Flavio Josefo, *op. cit.*; pág. 22.

X

JERICÓ

Llegamos al «Check Point» de entrada al oasis: tierra feraz en medio del tórrido desierto de Judá. Un pequeño habitáculo bien construido —garita en lo alto, camuflada con red de abierta malla, barracones de ladrillo y piedra, y una tienda de campaña grande, solemne, con los vientos clavados al asfalto; y una verja de hierro, sólida y automática, que obedece a la voluntad del responsable, deslizándole, cuando lo es menester, sobre unas enaceitadas guías metálicas— y con toda la sombra que puede acaparar bajo unos añosos arces, sauces, o mimosas, o encinas, o…, higueras, muchas higueras, de pámpanos de un verde lozano pese a los más, quizá mucho más, de cuarenta grados que se soporta bajo las nubes, bueno, mejor bajo el cielo, porque las nubes… Estamos a 400 metros bajo el nivel del mar. Es la ciudad más baja del planeta. La pequeña guarnición pulula «estratégicamente» en su puesto de vigilancia, armas al hombro, linterna en mano, supongo que para registrar las más recónditas profundidades de los automóviles que llegan, ojos de lince para «revisar» los pasaportes, etc.; a nosotros, quizá por la cara de buenos, quizá por qué, se nos nota que vamos más en busca de los lugares bíblicos, no sé por qué quizás, el caso es que pasamos el fielato sin problemas, y de inmediato. Gracias.

... y tras los trámites reglamentados —Jericó es un asentamiento árabe en medio de territorio árabe; por eso sólo se puede entrar y salir por medio de dos puestos de control— se abre la verja y entramos en el oasis, una fuente de agua, y abundante, en medio del desierto, tan abundante que la mayoría de las botellas de agua que se venden en Israel proceden de Jericó; un paraíso rico en agua y, por consiguiente, en frutos, verduras, arboledas, propietario de un paisaje todo verde; y hay que aprovecharlo, el oasis más cercano se encuentra a cuarenta kilómetros de aquí (foto 12).

Jericó es una ciudad pequeña, completamente árabe; somos los únicos extranjeros en ella. Jericó es, además, una de las ciudades más antiguas del mundo, al menos la ciudad habitada más antigua que existe. En ella y sus alrededores se han hallado restos de civilización que tienen de 9.000 a 12.000 años; y en estos parajes, en la misma ciudad, pequeña, de unos 6.000 habitantes, la mayor parte de religión musulmana, feraz y verde, y de multitud de casetas todas enjalbegadas con cal, blancas, induce al viajero a la alegría, al sosiego, a la satisfacción de llegar, en medio de tanta desolación y tierra calcinada del derredor, a un gesto infinito de agradecimiento, pese a que, en pleno mes de agosto, caiga el sol como chorro de oro fundido desde el crisol, más albo que amarillo o rojo que luce, atormentador, en lo más alto del cielo; además son las doce del mediodía; y habrá que buscar un sombra de refugio, aunque, el ansia de curiosear y de saber, y de ver, los innumerables lugares bíblicos que proliferan por aquí generosamente, nos ha de obligar, tras un rato de descanso, a aventurarnos —sombrero calado hasta los ojos, por supuesto—, a aventurarse por los riscos polvorientos —baño ardiente de arena, que apostaría, y no perdería, por los casi sesenta grados— donde nos esperan estos testimonios magníficos de la historia del mundo.

«Las contadas casucas blancas de Jericó se dibujan poco a poco sobre el verde oasis…»[1]

Jericó fue la primera ciudad que encontraron los israelitas, al cruzar el Jordán. Después de santísimas penalidades —y de tanto tiempo vagando por los desiertos— se toparon con una llanura-oasis vasta y muy fértil, «un paraíso bíblico, en un jardín silvestre donde se aspiran la pureza y el júbilo edénico».[2] Las promesas de Dios habían sido cumplidas; y, además de todo, se vieron protegidos.

1 Pierre Loti, *Jerusalén* (2), Abraxas, Barcelona, 2000; pág. 103.
2 Éduard Schuré, *op. cit.*; pág. 91.

«Cerca de Jericó hay una fuente abundante y muy rica para los rega-
díos... mantiene parques espléndidos y exuberantes. Entre las palmeras que riega, hay muchas de variedades que difieren de las demás por
el gusto y las propiedades terapéuticas de sus frutos: los más grasien-
tos, cuando se pisa con el pie, dan una miel abundante, en nada inferior a la de las abejas, que son numerosas en esta región. Se recoge igualmente el jugo del bálsamo... de manera que no nos equivocaríamos si
calificásemos de divino a este lugar, en donde se prodigan las plantas
raras y hermosas... sería difícil encontrar otra región en la tierra habitada que se la pueda comparar, ya que da realmente el céntuplo de lo
que se siembra. La causa yo creo que es la temperatura ambiental y la
virtud fertilizante del agua...»[3]

A Jericó se le conoció en la antigüedad como «la Ciudad de las Palmeras» y he de suponer que es por el elogio tan superlativo que hace
de ellas el propio Flavio Josefo. Después algunos otros historiadores les
ha gustado la calificación y han seguido usándola

Yo no sé que clase de visión, o desesperanza, tiene el viajero Schuré cuando escribe que la llanura de Jericó, así como otras regiones, «que
fueron antaño paraísos terrestres, son ahora incultas estepas. Desde los
tiempos de Cristo y la destrucción de Jerusalén, Palestina ha sido un
país pobre y salvaje, país de peregrinos y bandidos».[4]

Otro «optimista»: «Tal es lo que queda de Jericó, y pocas veces me
he sentido tan poseído de tristeza como el contemplar tamaña desolación de esta llanura que realizaba en otro tiempo el ideal de un edén.
¿Dónde están aquellos deliciosos jardines, aquellos plantíos de rosales,
aquellos bosques de palmeras?».[5]

Y yo juro que no es así, ni siquiera que un peregrino, en camino
hacia Jerusalén —Jericó era, en la antigüedad, parada obligatoria para
entrar descansado y con dignidad a la Ciudad Santa—, se dedicara al
pillaje y a la rapiña, porque llegaba a Tierra Santa con intenciones que
no eran tan aviesas, más bien religiosas: fanáticas si se quiere, para los
no creyentes; profundamente místicas, para los otros.

---

3 Flavio Josefo, *op. cit.*; págs. 24 y 25.
4 Éduard Schuré, op. cit.; pág. 17.
5 Octavio Velasco del Real, *op, cit.*; pág. 294.

Jericó, «la Ciudad de las Palmeras».

Jericó es territorio palestino. Por eso luce allí la bandera palestina. Entre sus innumerables vestigios arqueológicos, que demuestran su antigüedad, tiene una torre datada en más de diez mil años —lo que le sirve en la modernidad para anunciar en las paredes, y creo que más como reclamo turístico, como la ciudad de los «diez mil años, TEN THOUSAND YEARS—, siendo, además de un testimonio de arcaísmo, uno de los monumentos militares más antiguos que se conocen.

La antigua ciudad estaba mucho más hundida. Naturalmente, con el paso del tiempo y habiendo siempre estado habitada, pese a los terremotos y otros avatares orogénico-sociales, se fueron construyendo, una encima de otra, sobre sus ruinas, hasta dieciocho dicen, ciudades, parece ser, aunque oficialmente los investigadores siempre hablan de los «tres Jericós» candidatos para ser el herodiano, el de Jesús. Por consiguiente la ciudad actual está a un nivel muy superior.

A este respecto hay que decir que existe, entre los autores especialistas, gran interés en descubrir este término, clave en la historia de los cristianos. Todo está oscurecido por la destrucción, el paso del tiempo, las inclemencias y quizás, en un momento de la historia, la avaricia y el saqueo. Por eso el viajero nonocentista se hace cruces ante el espectáculo que se encuentra en Jericó y tiene que lamentarse: «…ruinas informes trituradas, pulverizadas bajo la maleza, que sirve de materia de discusión a los arqueólogos. No se sabe ya, exactamente, dónde estuvieron las tres ciudades célebres… ni la Jericó primitiva, cuyos muros derrumbaron el fragor de los clarines santos… ni la Jericó de los profetas, en la que vivieron Elías y Eliseo… ni la que vendió Cleopatra a Herodes…»[6] Y ante un montón de escombros, ruinas, se pregunta: «¿Cuál de las tres Jericós es la que, pulverizada, aparece ante nosotros?»;[7] y acaba contando lo que ve, pero sin convencimiento y habiendo pedido el encantamiento del lugar, al menos el que esperaba, declarando que «la Jericó actual se compone de una pequeña ciudadela turca; de tres o cuatro casas modernas levantadas para peregrinos y viajeros;

6 Pierre Loti, op. cit. (2); pág. 110.
7 Íbid; pág. 110.

de una cincuentena de albergues árabes construidos con adobes... En los contornos crecen algunas palmeras en los huertos, y bosque de verdes arbustos, cruzado por claros arroyos, sendas invadidas por la hierba...».[8] Y acaba el viajero contemporáneo: «...la ciudad del oasis es la tercera Jericó, nacida durante el período bizantino; es la más joven. Antes de ella, existieron la hoy enterrada Jericó del Tel el-Sultan, al noroeste del oasis y Jericó la herodiana igualmente desaparecida...».[9] Y casi en la impotencia, el autor del siglo XIX impreca, porque le han roto su sueño: «Verdaderamente, es menester que, sobre todo eso, haya pasado un prepotente soplo de maldición y de muerte...».[10]

Aquí, como ya se ha dicho, hay vida, aunque estemos en pleno desierto, porque existe un manantial de agua, la llamada fuente de Elíseo.

Por cierto que «se dice también que las cercanías de Jericó estaban favorecidas por un manantial donde las aguas antaño amargaban, siendo endulzadas gracias a un milagro de Eliseo».[11-12]

A tal supuesto —no único en la expresión bíblico-histórica del suceso— es este lugar donde el profeta Elías fundara una escuela de profetismo, y desde donde fue elevado al cielo. Elíseo, su discípulo, residió en ella largo tiempo;[13] lo que corrobora la situación geográfica actual que lleva al viajero, si se lanza adelante por la carretera antigua de Jericó, a llegar a un lugar edénico, oasis al fin y al cabo, llamado de Ein es-Sultan, o «Fuente de Elías», por ser propiamente el lugar en que el profeta fue arrebatado al cielo sobre un carro de fuego y, también, donde su discípulo Eliseo saneó las aguas.

---

8 Íbid; pág. 104.

9 Florentino Díez, *Guía de Tierra Santa*, Verbo Divino. Estella, 1993; pág. 206.

10 Pierre Loti, *op. cit.* (2); pág. 103.

11 François René, vizconde de Chateaubriand, *Itinéraire de Paris à Jérusalem*, Flamarion, París, 1968; pág. 264.

12 II Reyes 2, 19-22: «Los vecinos de la ciudad dijeron a Eliseo: "La ciudad es muy buena, como ve mi señor; pero las aguas son malas y esterilizan la tierra". "Traedme una escudilla nueva con sal", les dijo, y se la trajeron. Fue al manantial, echó sal y dijo: "Así dice Yahvé: Yo saneo esta agua; no causará en adelante muerte, ni esterilidad". Y el agua quedó saneada hasta el presente, conforme a la palabra de Eliseo».

13 II Reyes 2, 4-18.

Bajo el encañizado, que nos proporciona un poco de sombra, nos enjugamos el sudor del rostro; es donde uno se puede permitir el lujo de destocarse y arrastrar, palma de la mano, el sudor ardiente que anega la calva y cae por la nuca, sobre las orejas y llega hasta más allá de la cintura. Las once y media, 55 grados. Y nos dedicamos a regurgitar, poco a poco, y casi en monólogo, sobre lo aprendido, sociología o antropología de la constitución de una ciudad. Eso —ciudad— siempre significa cambio. Verán. El hombre vive en cavernas, coge la comida de los árboles y, cuando ésta se acaba, tiene que irse a otro lugar donde pueda recolectar más sustento. En Jericó, ocho mil años antes de Cristo, se percatan sus habitantes que si se deposita sobre la tierra la semilla de los frutos que ha comido —incluso podría darse la casualidad en este hecho, por consecuencia orgánica—, al cabo de unos cuantos meses vuelven a aparecer de nuevo. En ese momento es cuando el hombre se convierte en sedentario, ya no es necesario moverse constantemente de un lado a otro para alimentarse, puede comer vegetales y caza. Pero, entonces, les surge un nuevo problema: las tribus o clanes vecinos, que todavía son nómadas, se percatan de que aquellos tienen comida con tanta abundancia, que la pueden almacenar para cuando les haga falta. Lógicamente se la quieren arrebatar y contra ello, los sedentarios tienen que construir murallas alrededor de su ciudad para defenderse. Así pues, con el nacimiento de la agricultura nace la necesidad de los amurallamientos. Por eso aquí —que de seguro siguieron un desarrollo muy semejante al explicado— se han encontrado restos de las murallas más antiguas que se conocen. Hay una torre de vigilancia, la cual ya ha sido aludida, que por los restos de su barbacana se ha datado en 8.000 a. C. Nos daremos cuenta realmente de la antigüedad real que tiene, si la comparamos con las pirámides de Egipto (2.000 a. C) o las ruinas de Sumeria y Akadia (3.000 a. C).

Los montículos tan frecuentes que se ven en Jericó no son colinas, sino *tels*, una superposición de los restos de ciudades destruidas; y hubo tanta actividad demográfica en este lugar, Jericó, que se han llegado a descubrir 18 capas sobrepuestas, aunque solamente tres, como se ha dicho, son las que optan a ser la de la ciudad herodiana, la del tiempo de Jesús. Cuando la arqueóloga inglesa, miss Kenny, descubrió el estra-

to más profundo del *tel* —es decir, la ciudad de Jericó más primitiva—
y en éste las cenizas de las hogueras que los soldados encendían para
calentarse, pues las noches en el desierto son muy frías, las dató en el
8000 a. C., y toda la ciencia se le burló y no le hicieron ni caso; solamente el C-14, más tarde, le dio la razón.

En el Antiguo Testamento la ciudad de Jericó tiene un valor muy
importante. Casi todo el mundo conoce la epopeya de Josué, relatada
en su libro, en la que se afirma que los israelitas que llegan de Egipto,
cruzaron el desierto de Neguev y el de Judá y luego pasaron por la Ciudad de las Palmeras. Llegaron a un oasis, luego más bajo, en el Neguev
no hay otro, a 40 km, teniendo que recorrer 150 km más para llegar hasta el golfo de Aqaba y encontrar agua. El pasaje bíblico relata la conquista de Jericó:[14] los hebreos dan siete vueltas a la ciudad con el arca
de la alianza y 7 sacerdotes llevan 7 trompetas de cuerno, y al séptimo
día la muralla se derrumbó. Pues bien, eso no es cierto. Estas murallas —y se sabe por testimonio arqueológico— estaban destruidas hacía
varios siglos. Lo que habría en aquella ocasión en la Jericó asaltada,
debía de ser una banda de beduinos, pacíficos e ignorantes, que al ver
llegar a los israelitas en tan gran cantidad salieron huyendo. Pero, claro, como era Jericó la primera ciudad conquistada en la tierra de promisión, aquella conquista tenía una importancia extraordinaria para
el pueblo judío. «Yahvé está son nosotros, nos ha regalado su tierra, de
tal modo está con nosotros, que al acercarnos a ella, por tanto el Arca
de la Alianza, hasta las murallas se han desplomado». Y precisamente
estas murallas no se han encontrado. Los judíos, 1220 a. C., cruzan el
Jordán y llegan Jericó y las murallas ya estaban destruidas. Aquella hazaña debió ser un paseo militar: los beduinos echaron a correr y abandonaron Jericó. Pero al ser la primera epopeya en tierras de Israel, siglos
después se canta aquello como si fuera la gran gesta de la conquista, y
sin embargo sólo fue la ocupación de un territorio desértico.

Damos un paso tremendo en la historia y pasamos al Jericó del tiempo de Jesús. Como ya se ha dicho en alguna parte de esta obra, el rey

---

14 Josué 6, 5-15.

Akab estaba casado con Jezabel. El rey Akab era, como se sabe, pagano, y es, son, siguiendo su costumbres, quienes fundan la última ciudad de Jericó. Uno de esos usos, vigentes en la época, era que, cuando se fundaba, o refundaba, una ciudad, se debía matar al hijo primogénito, porque su cadáver había que ponerlo de los cimientos.

[Esta costumbre, y valga el inciso, recuerda la historia de Abraham e Isaac. Por eso, al primero, conocedor de esta costumbre, no le extraña tanto la petición que le hace Dios; lo que nos horroriza a nosotros, los occidentales de la actualidad, a pesar de ser cristianos.]

Siguiendo la historia del rey Akab, cuentan que fue tan grande el horror que la decisión causó al pueblo judío, que los profetas maldijeron a Jericó. Esta maldición se recoge en la Biblia: que esta ciudad no se reconstruya más;[15] y desde ese momento jamás se ha restaurado Jericó. Pues aunque Herodes el Grande reconstruye Jericó, lo hace en otro lugar y la reconvierte en una ciudad ornamental, pero no sobre las antiguas ruinas. Si se está en la Jericó actual, se puede localizar en el lugar donde hoy en día se encuentra la mezquita y la torre del almuédano. La Jericó de Herodes era un lugar de veraneo, exquisito y privilegiado, nada tiene que ver con las «casas blancas de antaño, para pastores, beduinos árabes»; y es escogido como residencia de verano del soberano porque, cuando en Jerusalén está nevado, diciembre y enero, allí hace un clima excelente.. Allí se iba todos los inviernos Herodes con su corte, funcionarios, centenares de personas, criados, nobles, y en el *nuevo lugar* se construyen palacios y villas nobles que, parece ser, ahora se están descubriendo.

Durante su vida Jesús estuvo varias veces en Jericó, naturalmente no en ésta sino en la herodiana. El motivo era bien claro. Para ir a Jerusalén sólo habían dos caminos desde Galilea, el que corre paralelo a la frontera jordana —precisamente el que yo usé para llegar al oasis— y otro, más interior, que pasa por Nablus, una localidad muy conflictiva socialmente, gentes muy ariscas y cerradas en sí mismas, que tanto podían asaltar, rebelarse o apedrear al peregrino que iba a Jerusalén;

---

15 Josué 6, 25 «Maldito al que venga a reconstruir esta ciudad. Pondrá sus cimientos sobre su primogénito y las puertas sobre su hijo menor...».

con lo que hay que hacer notar que en la antigüedad ya los judíos tiraban piedras; es decir, la «entifada» no es un invento de nuestro tiempo. Y más claro no lo puede decir la samaritana, cuando se cruza con Jesús, y le dice lisa y claramente, «¿Cómo tú, siendo judío, me pides de beber a mí, que soy una mujer samaritana», yo que lo que debo hacer es apedrearte, porque «en efecto, los judíos no tienen trato con los samaritanos» (Juan 4, 9).

Este odio, parece ser, proviene de cuando el rey Juan Hircano, judío de Jerusalén, fue a Samaria, en 150 a. C., destruyó su templo y realizó una masacre entre el pueblo.

Jesús y sus padres, como galileos, les venía mejor la ruta de la frontera, pero, como se ve en el evangelio, también usaron el camino samaritano alguna vez; todo para cumplir como buenos judíos con el precepto de ir a Jerusalén una vez al año, durante la Pascua. Era una costumbre, podría decir cuasi mística, para lo cual, desde todos los pueblos se organizaban peregrinaciones que solían durar una semana desde Galilea a Jerusalén, aún cuando fueran a caballo o en carro; o mismamente a pie. Y era Jericó siempre el lugar de descanso, donde el romero reposaba, se lavaba, comía, reponía sus fuerzas para proseguir, al día siguiente, y subir a Jerusalén.

Al entrar en Jericó, el coche descansó, tomó aliento, bajo la frondosa copa de una gran higuera. Nos dicen que es el famoso sicómoro de Zaqueo[16] del pasaje bíblico, pero me da la impresión de que es un atractivo turístico, porque el árbol es de tal envergadura que el pobre hombre rico y jefe de los publicanos, y curioso de ver el paso de Jesús, que además era bajito, poca cosa, hubiera necesitado una verdadera escala para poder trepar hasta la primera rama.

En Jericó está el llamado monte de las Tentaciones, aquel en el que a Jesús se «le muestra todos los reinos del mundo y la gloria de ellos» (Mateo 4, 8), y se le ofrece la riqueza.

En la Biblia siempre queda un recuerdo de las tentaciones de Cristo a lo largo de su vida, que relatadas por Mateo y concentradas todas

---

16 San Lucas 19, 1-4.

ellas en un solo momento, se refieren más a la intención de convertir su mesianismo en una cuestión política. Y una de las tentaciones que le ofrece —al menos así lo cuenta Mateo en el capítulo 4 de su evangelio— ocurrió (?) en la montaña que tenemos en estos momentos ante nuestros ojos.

Allí hay un monasterio griego ortodoxo, casi colgado en el acantilado del Gjebel Qarantal, en cuya cumbre se encuentra la fortaleza de Doq, donde Simón Macabeo fue asesinado, con dos de sus hijos, por Tolomeo (I Macabeos 16, 11-17). No es de extrañar, pues, el caso, porque en el desierto de Judá hay muchos monasterios de esta disciplina religiosa, puesto que el desierto siempre ha sido un lugar de meditación y oración. En el desierto siempre ha vivido gente. El agua de lluvia se recoge en aljibes y la guardan. Ya se hablará en el capítulo siguiente, sobre Qumrán, en pleno desierto, donde hubo un monasterio de esenios en el que vivían más de cien personas. Tenían agua para lavarse, para comer, para beber, la suficiente para subsistir.

Se puede llegar al monasterio de las Tentaciones por medio de un funicular, pero que nadie usa debido al bloqueo de la ciudad por los israelitas, es un gasto que se hizo inútilmente, porque quien sube, lo hace a pie, aún bajo los casi cincuenta grados de calor. Son casas excavadas dentro de la montaña y sólo se ven las fachadas. Quien ha subido hasta allí asegura que, en su interior, se está fresco.

Desde lo alto del *tel* en que me encuentro, diviso a mis pies un recinto verde, refulgente bajo el sol del mediodía que me seca sin compasión, es el oasis de Jericó, en medio del desierto, gracias a su fuente de agua, vena subterránea que brota con fuerza y abundancia en medio de la ciudad. Hoy en día está cubierta por un edificio por temor al terrorismo, aunque no hace tanto tiempo estaba al descubierto.

«… un risueño velo que oculta la siniestra desolación del desierto; de lo alto de una peña brota un caño de agua que luego forma un cristalina manantial…»[17]

___
17 Octavio Velasco del Real, *op. cit.*; pág. 294.

Se da un caso curioso, que me llega por la vía del boca a boca. Al parecer, no hará más de cuatro o cinco años, un peregrino que iba en un grupo de españoles y era zahorí, se empeñó en saber de dónde provenía esta agua. Con el péndulo que llevaba siempre consigo, y que en manos de otro individuo cualquiera estaba quieto, comenzaba a girar vertiginosamente cuando él lo cogía, marcando los puntos dónde había presencia de agua. Siguiendo pacientemente este itinerario, el hombre pudo saber —mejor intuir, porque no excavó— de dónde llegaba el agua que riega a Jericó: se trata de un río subterráneo, que proviene de las montañas de Galilea, desde el mismo monte Hermón, el que fertilizaba la «ciudad de las palmeras», como se llamaba esta ciudad en el Antiguo Testamento, ya que Jericó no aparece citada en este texto.

Tras el escrupuloso paseo —siempre bajo el atorrante sol de mediodía— por las ruinas del Jericó más antiguo —«ciudad de las palmeras», como se ha dicho, pues es del más remoto tiempo del Antiguo Testamento—, donde comprobamos la existencia de los distintos estratos culturales que se pueden ver junto a la célebre torre de vigilancia, de más de diez mil años de antigüedad, de gruesas paredes, troncocónicas y hueca, a la que se entraba por la parte de arriba, en la actualidad puerta cegada, una parte de la muralla más arcaica, de más de tres metros de grosor, etc., penetramos felizmente en el restaurante amplio y con aire acondicionado, en el que se nos prepara una comida típicamente árabe —un surtido de *mazza*, entremeses con aceitunas, puré de berenjena (*raba ghanush*) y verduras a la vinagreta, donde no podía faltar el *hummus*[18] y brochetas de cordero asado; y tras una tajada fresca de sandía roja, un *burma*[19] endulzado con miel— y cerveza fría, mucha cerveza. De café nada, es demasiado malo para quien le gusta el expreso corto y en pocillo en vez de vaso; como dice mi amigo Vicente Palacios, presidente de la asociación papirofléxica catalana, el café debe ser C de caliente, A de amargo, F de fuerte y E de escaso; yo soy de ésos, lo siento, prefiero pasar del brebaje tan aguado como allí, o en cualquier parte del mundo, excepto Italia y España.

---

18 Puré de garbanzos preparado con crema de sésamo, ajo y zumo de limón.
19 Cilindro de trigo tostado, relleno de pistacho y endulzado con miel.

La comida termina, llena de alegría y buen humor, con una parodia de enamoramiento «hispanoárabe» donde aparecen ramos de flores, anillos y un plato decorativo, todo bufo y lleno de la mejor, y más intencionada, tolerancia. Y escapo de refectorio hacia los adentros de complejo comercial, lleno de regalos y ofertas, sales de baño —NATURAL LUXURY BATH SALTS APPLE FRAGANT CONTAINS GENUINE DEAD SEA SALTS MINERALS. JERICHO. P. O. BOX 1538 CAESAREA 30600 ISRAEL—, productos de belleza del Mar Muerto, y no, y toda clase de chucherías. Los comerciantes estaban tan solos y tan aburridos que, simulando grandes dosis de amabilidad por su parte, se pusieron a vender dos por uno, y tres y cuatro por unidad, etc.; y mientras yo, bajo una fuente surtidor muy barroca, muy del gusto oriental, fumaba un *narguile*[20] de tabaco aromático que, haciendo tanto tiempo que abandoné el vicio, notaba que se me subía ligeramente a la cabeza; pero estaba bueno, eh, no nos engañemos.

Y un muchacho, más propiamente un niño, embutido en una astrosa *galibeya*,[21] se acercó a nosotros, a todo el que pilla, y nos ofrece, llevando una bandeja entre las manos, dátiles maduros, exquisitos —quizá hay alguno reseco, pero qué más da—, los que tomamos agradecidos, tal vez pensamos que busca la propina —*bahkish*—; pero no es así, nos obsequia por haber llegado hasta su pueblo, tan abandonado hace dos o tres años por los turistas; pero igualmente le doy la propina, y la agradece

Bajo la solana de las cuatro de la tarde, afuera, en la explanada de delante del centro comercial, un par de enjaezados camellos —dromedarios—, de caminar balanceante y patoso, aburridos, rumiaban sus hierbajos almacenados en su omaso, y de paso desgastaban sus enormes muelas amarillento-parduscas por el sarro acumulado. El camellero, a aquel que quería, le prestaba una *cuffía,* con su correspondiente *garda* negra,[22] y una chilaba[23] a listas con más mierda que

20 Pipa de agua.
21 Bata que llega hasta los pies y que no tiene cuello.
22 *Cuffía*: pañuelo amplio que los hombres se colocan en la cabeza y cae sobre los hombros y la espalda. Se sujeta a la frente y la sienes con un cordón negro, la garda.
23 Bata larga que llevan los hombres e incluye capucha.

palo de gallinero, con el fin de que la fotografía estuviese acorde con el paisaje.

Y bajo el sol, que en vez de cesar parece que aumentó en su furia, o su venganza, quién sabe, montamos en el automóvil y tratamos de salir del oasis Jericó, al que habíamos entrado con mucha facilidad y del cual no fue tan fácil marchar.

XI

QUMRÁN

Qumrán está junto a la playa del Mar Muerto.

… y el monasterio esenio a no más de cincuenta o sesenta metros del agua, para mí ponzoñosa, que para nada serviría a los adeptos de la secta dualista y purista que, para sobrevivir en su fe, necesitaban irremisiblemente en sus baños rituales, sus abluciones; para su subsistencia diaria, el líquido denso y negro, y salado, del gran lago, estéril de vida, en medio del desierto de Judá, era más un castigo que otra cosa. Había que recoger el agua que caía del cielo y almacenarla en cisternas; una enorme hemos visto, en las ruinas por supuesto, de una mayor extensión que el refectorio monacal.

Una carretera lateral, de segundo orden —y atravesando la 1 que une, hacia el oeste, Jerusalén con la costa, en las cercanías de Tel Aviv, y, por el este, alcanza, saltando por encima de la frontera jordana, a la propia capital Amman—, baja, casi en vertical, desde Jericó a Qumrán, mojándose en el Mar Muerto. Las ruinas, excavadas en los años cincuenta a raíz del hallazgo de los famosos «rollos del Mar Muerto»; muy importantes no sólo históricamente, si no también religiosa y culturalmente.

Los hallazgos arqueológicos demostraron que este territorio ya estaba habitado desde, al menos, el s. VIII a. C. Durante el reinado de Herodes —37 a. C. a 4 d. C.— parece que estuvo despoblado, aunque poco después fue cuando sobrevinieron a él los esenios, hasta que llegaron los romanos —66-70 d. C.— y los exterminaron, acabando también con los judíos rebeldes —135— que se escondieron en las cuevas de la montaña; y, desde entonces hasta ahora, el lugar ha estado abandonado. Con ello se convierte el asentamiento antiquísimo en el *kibbutz* más antiguo del mundo, ya que en él vivían los esenios en comunidad de bienes y en colectividad; y, además, practicaban el celibato, costumbre que luego heredarían los monjes cristianos.

Todo el acontecimiento de la recuperación histórica tuvo lugar cuando, en 1947, el pastor beduino Muhamad ed Dib, al lanzar una piedra a una cabra que se le desmandaba y se escondía dentro de una cueva, escuchó el sonido de algo frágil que se rompía dentro de la oquedad. Saltó, pues, curioso, dentro del recinto y se encontró con una vasija de barro rota y, en su interior, unos pergaminos. El beduino creyó que se encontraba ante un tesoro. No sabía lo que era, pero pensó ganarse algunos dólares con su venta. Por eso los rompió en varios trozos y se dirigió a una casa de antigüedades de Jerusalén para venderlos. Y, efectivamente, allí los vendió; algunos los comerció y otros se perdieron, pero la buena fortuna hizo que pasara por la tienda un profesor de la Universidad Hebrea y el anticuario se los mostrara. Al descubrir que estaban escritos en hebreo, el profesor compró uno de ellos y se lo pasó a un colega especialista en historia antigua de Israel. La sorpresa fue grande cuando, el arqueólogo Albright y su esposa, descubrieron que el pergamino en cuestión era muy antiguo y estaba escrito en hebreo clásico, no en moderno, y que su texto tenía un matiz intensamente religioso. Se intentó entonces comprar más pergaminos, pero tuvo que ser el Estado de Israel quien, sin reparar en tasas ni precio, fuera en su rescate. Fue entonces cuando la Universidad Hebrea, conjuntamente con la Escuela Bíblica de San Esteban de Jerusalén, representada por el padre dominico R. De Vaux, organizó una búsqueda sistemática en las cuevas que rodean el Wadi Qumrán (foto 14) —torrente de Qumrán— , donde se halló, prácticamente intacta, toda una biblioteca de carácter religioso, siendo el fraile quien relacionó aquellos documentos con los esenios; de este modo se pudo confirmar lo que Flavio Josefo ya había contado hace dos mil años.

«… a partir de los dieciséis años, quise tener experiencia de las diversas sectas de nuestra nación. Hay tres: la primera es la de los fariseos, la segunda, la de los saduceos, la tercera, la de los esenios.»[1]

Efectivamente, los dos primeros grupos religiosos tenían sus costumbres, sus diferencias peculiares, incluso sus prebendas peculiares, pero no llamaron la atención porque frecuentemente se citan en los textos bíblicos; al contrario de los esenios, quizá por vivir junto al Mar Muerto, no se mencionan jamás en los evangelios, aunque los estudiosos de la historia judía los conocía bien, como el historiador Flavio Josefo que, incluso, vivió con ellos durante un tiempo, y con los saduceos y con los fariseos, decidiéndose finalmente por integrarse en el último grupo, que presenta ciertos parecidos con la escuela griega del estoicismo.

Así pues, hay que considerar que el grupo humano que dio vida a Qumrán, durante más de siglo y medio, fue el esenio.

Los esenios vivían apartados de Jerusalén y estaban sujetos a la autoridad de una especie de sumo sacerdote, llamado Maestro de Justicia; practicaban comunidad de bienes, pobreza y celibato. Repartían su tiempo entre el trabajo personal, la oración, la meditación de los libros sagrados y el baño ritual. Estaban fuertemente jerarquizados y ejecutaban un sólido sistema penitencial de castigos que podían ir desde la privación del alimento hasta la expulsión. Su ideario religioso se asentaba sobre un principio estrictamente dualista; es decir, pensaban que el mundo se componía solamente de buenos y de malos: los buenos eran los hijos de la Luz y estaban destinados a la salvación, y que todo el resto de la Humanidad, incluyendo los paganos y también los judíos que no pertenecían a su secta, eran hijos de las tinieblas, hijos del diablo, los malos. Los esenios, los buenos, vivían en austeridad, y soberbia, y preparándose para cuando llegase el Mesías a su convento, para emprender una guerra, una batalla escatológica, la última batalla, la batalla de Harmagedón, para derrotar a los hijos de las tinieblas e implantar el reino del Mesías.

---

1 Flavio Josefo, *op. cit.*; pág. 9.

«Los esenios se complacen en enseñar que hay que entregarse a Dios en todas las cosas. Declaran también que las almas son inmortales y opinan que hay que luchar para obtener la recompensa de la justicia. Envían ofrendas al templo, pero no hacen allí sacrificios... son excelentes personas... ponen sus bienes en común y el rico no disfruta de su fortuna por encima del que no tiene absolutamente nada... no toman esposas y no adquieren esclavos... viven en común y cumplen los unos con los otros los oficios de siervo.»[2]

Estas ideas, básicamente, no variaban demasiado de las de los fariseos y saduceos, aunque éstos habían sufrido una radicalización de las costumbres religiosas del momento. A causa de esta actitud intolerable, se ha presentado el problema de saber si san Juan Bautista era o no esenio. En efecto, es el único personaje de la Biblia que se puede asemejar, por su radicalidad, a la doctrina de los individuos de esta secta; las coincidencias de éstos y el Precursor eran muy grandes.

Los esenios llaman la atención porque eran una de las sectas religiosas que existieron en el tiempo de Jesús; grupo desconocido y que era reconocido por lo austeridad de su vida y por lo trágico de su muerte, como veremos. Vivían en las cuevas del acantilado del torrente Qumrán. Si se han encontrado los documentos en las cavernas, seguramente es porque sabían que iban a morir. Los romanos estaban en Jericó, venían invadiendo todo el territorio y demasiado bien sabían ellos que no se salvarían. Por eso, como no querían que aquellos se apoderaran de sus libros sagrados, que éstos cayeran en sus manos impías, los escondieron en vasijas y a éstas las enterraron debajo de la tierra. Afortunadamente, el tremendo calor y la sequedad que reina en Qumrán, donde no hay nada de humedad, hizo posible la conservación de los manuscritos en buen estado. Han estado no menos de veinte siglos bajo tierra.

La relación que tienen los esenios con el cristianismo es casi nula. El amor que tiene Jesús a los pobres, a los ciegos, lisiados, miserables, etc., es completamente extraño para los adeptos de esta secta. Ellos no

2 Íbid.; pág. 45.

permitían que hubiera en su monasterio ningún cojo o hombre defectuoso, ni pecador, porque para ellos el hijo de la luz tenía que ser perfecto. Era una secta muy rígida. Sin embargo, y a pesar de todo esto, sí que tenían algunas costumbres que pudieran relacionarse con el cristianismo posterior. Por ejemplo el vivir en comunidad y el ser célibes; y los esenios eran así porque no hacia falta casarse, ni tener descendencia, porque la guerra era inminente, el Mesías vendría sin tardar. De hecho ponían siempre un plato de comida caliente en la mesa por si acaso llegaba durante la comida. En el rollo que trata de la guerra concebía la llegada del Mesías, la llegada de un caudillo mesiánico, que se pondría al frente de las tropas, echaría a los romanos del país e implantaría una teocracia religiosa.

Influyó esta secta en la aparición del monacato; y, siglos después, los cristianos se reunieron, al igual que los esenios, en comunidad que guardaban el celibato. Al vivir de su propio trabajo, aquel «ora et labora» de san Benito es una reminiscencia, o herencia, de ellos. Todo eso, de alguna manera, ha sido aceptado como originario de la vida esenia.

De todas formas, y por el contrario, ha habido estudiosos que han tratado de remontar el origen del cristianismo a la comunidad de Qumrán. Por inducción de Puente Ojea, el embajador de España en la Santa Sede en tiempo del gobierno socialista de Felipe González, se extendió la idea de que el cristianismo era una especie de copia de los esenios. Pero, si se compara ambos textos, se encuentran grandes diferencias: entre otras, Jesús estaba más cerca de los fariseos, pese a que discrepaba de ellos en puntos esenciales, y disentía de los esenios en que sólo ellos se iban a salvar y el resto de la Humanidad estaba destinado a la condenación eterna. De todos modos, los rollos del Mar Muerto, poco a poco, se han ido traduciendo, y conociendo su contenido, se ha visto que no son tan importantes como se pensaba en un principio. Han adquirido algo más de preclaridad porque se ha demostrado que no sólo son escritos originales de la secta, sino que también hay traducciones, copias de libros de la Biblia. Y es interesante porque se puede ver como ellos, los esenios, leían el Antiguo Testamento hace dos mil años. Parece ser que, entre todos los rollos hallados, el más importante es el libro del profeta Isaías, encontrado intacto, con sus 64 capítulos. Tiene tanto valor bíblico que el propio gobierno Israel le ha construido un museo, el llamado del Libro. Estas traducciones que de la Biblia se han hecho, se pueden comparar con las cristianas y las judías, y se ha visto que los copistas medievales eran muy escrupulosos a la hora de transcribir, porque copiaban exactamente, a pesar de que hay variantes del texto original.

Decían los esenios —Himno 4, 33— «la abundancia de sus favores hacia los hijos de su gracia» ; y los ángeles muy cerca de allí, en Belén cantaban: «Gloria a Dios en las alturas y paz en la tierra a los hombres de su gracia». Jesús dice: «amad a vuestros enemigos, bendecid a quienes os maldicen…;[3] los de Qumrán —Regla de la Comunidad 1, 4— «que amen a todos los que él ha escogido y odien a todos los que ha rechazado». Para los esenios tenía mucho valor la prioridad —Regla 6, 8: *cada hombre se sentará en su lugar…* el sacerdote primero, después los ancianos, etc.— y Jesús dijo que los primeros serán los últimos y los últimos los primeros;[4] la regla Mesiánica 2,5 de los esenios decía que ningún hombre impuro podrá entrar en la asamblea de Dios, ni enfermo en su carne, ni paralizado en sus manos o pies, cojo, ciego, sordo, con enfermedad de piel o viejo que no pueda mantenerse de pie en la congregación: ninguno podrá ocupar cargo alguno. Jesús invitó a los apóstoles que fueran por las plazas y calles, «y mete acá a los pobres, los mancos, y cojos y ciegos»;[5] etcétera.

Los esenios, por qué no decirlo, eran un grupo religioso francamente admirable. Lo que los perdía era ese dualismo terrible que ostentaban con soberbia, el que les hacía odiosos a mucha gente. Somos los privilegiados, los demás son carne de condenación, hijos de las tinieblas. De hecho, en el museo del Libro de Jerusalén, la única decoración que tienen es una cúpula, en forma de vasija blanca, y al lado, una pared negra: hijos de la Luz, esencia —blanco—; y el negro, el resto condenable. Por lo demás, todo es en ellos francamente admirable.

En Qumrán se ha encontrado en un cementerio unos cadáveres. Todos eran de varón, excepto cuatro; y una de las mujeres tenía las pier-

3 Mateo 5, 44.
4 Mateo 20, 16.
5 Lucas 14, 21.

nas abiertas, de lo que se deduce que murió al dar a luz. Ello hace pensar que los esenios, como secta masculina que era, no tuvieron inconveniente en que se les uniera alguna facción de gente simpatizante que estaban casados. Vivían fuera del monasterio, en sus alrededores y entraba en él para celebrar el día de la Pascua, la suya propia, porque habían roto con la tradición de la Pascua judía, la de Jerusalén, la de los peregrinos que acudían de todo Israel para celebrarla en la capital sacra.

Los esenios, no obstante, tuvieron gran influencia en la vida del mundo judío, pues al ser uno de los grupos disidentes de la religiosidad oficial, rompieron con el culto estatal a partir de las reformas de los macabeos. La cosa ocurrió así: los macabeos se hicieron con el poder después de echar a los griegos de su territorio, con lo que se rompió la dinastía de Aarón, la de los sacerdotes. Los reyes, a partir de entonces, se convirtieron también en sacerdotes, con lo cual se verificó una integración político-religiosa en un único personaje preeminente. Viendo el acaso, y comprobando que se había roto la pureza de la descendencia de Aarón, el Maestro de Justicia o sumo sacerdote de Jerusalén, rompió con el judaísmo oficial y fundó la secta de los esenios, como la de los puros, para que resplandeciera entre los hombres de las tinieblas. Entre éstos habían muchos sacerdotes, jerarquías religiosas del templo que ellos despreciaban, entre otras cosas, porque se les acusaba de colaboracionismo con los romanos y de ser personas ricas que trataban a los demás con altanería. Quizás en esta imputación también coincidía Jesús con ellos.

Los esenios desaparecieron en el año 70 d. C., asesinados por los romanos. Naturalmente, los que pudieron escaparon a la fortaleza de Masada, junto al Mar Muerto —donde se refugiaron también los rebeldes judíos, capitaneados por el judío Flavio Josefo—, también murieron, aunque un poco más tarde. Según cuenta Flavio Josefo, decidieron suicidarse antes que entregarse a las fuerzas romanas. Pero el que luego sería el historiador judío al servicio de los romanos, trató de «disuadirles del suicidio y les propone degollarse mutuamente según un orden decidido a suerte».[6] Quizá trucó la suerte, pues al final quedaron él y

6 Flavio Josefo, *op. cit.*; pág. 5.

un compañero, al que trató de convencer para que no se matara; y, por supuesto, él ni por asomo se inmoló. Lo que hizo fue entregarse a los romanos, prediciendo a Vespasiano que llegaría a ser emperador. Con estas y otras añagazas el judío, prisionero, va alcanzando prebendas hasta que, acabada la guerra y habiendo acertado en el pronostico que hizo al prócer romano, se le hizo ciudadano de Roma, ganando en riqueza y consideración y viviendo al lado del emperador como su consejero. Por ello hubo muchos judíos que lo consideraron, y lo consideran, un traidor.

Wadi Qumrán es un lugar agreste, tierra arcillosa y rocas quebradas por la acción del tiempo, panorama desolado en que se abre el suelo, profunda sima, serpenteante y tórrida, que crea un abismo de sol y tierra, y el cielo lo cubre todo, azul, y a punto de caer derretido. Y en la parte alta, la llanada de la mesetuela, el abismo atrae magnéticamente; y un poco más allá se encuentran las ruinas del monasterio y, con la pendiente suave, se alcanza el Mar Muerto, el tétrico, oscuro, de alargada costa que soporta la mínima rompiente de agua densa, espesa, que no se puede permitir ser brava, se conforma en su interior con llevar las sales, las breas, el humus que dicen es tan bueno para la piel; los antiguos egipcios ya lo importaban.

En las montañas monumentales, altas, terriblemente agrestes, rotas por la grieta seca que le faltó elasticidad para no desgajarse en precipicio y profundidad, las cuevas se determinan como huecos siniestros en lo más elevado. A pesar de ello, hay gente que trepa, camina bajo los más de cincuenta grados de temperatura ambiente, y alcanzan a sombrearse en ellas. Deben ser alpinistas, deportistas al menos, porque yo, con el calor y el esfuerzo de la escalada, me veo completamente inútil para realizar el camino pino. Este paisaje me recuerda a la Montaña Erótica de Sulawesi, magnifica y solemne, sólo que aquella pintada de verde y humedad; y esta, Qumrán, de ocre y con mucha sed, infinita sed...

... y para apagar la sed, el chiringuito mínimo y de techo enuralitizado, donde se servía bebida y algo más, nos acogía. Era el oasis artificial en medio del desierto; y, vigilado para que nadie escapase, por la línea del Mar Muerto, agua salada, es decir, nada que consuele el ansia de beber. Pero poco nos atendió. A tan sólo veinte metros de mí, un automóvil nuevo y flamante comenzó a arder espontáneamente. Una deflagración suave previó el acaso. Me acerqué todo lo que pude —insensato— mientras las gentes, pocas y además autóctonas del país, huía. Era un coche vacío y el humo que exhalaba lo llenaba todo. Llegó un jeep con soldados, sus armas nos miraron; éramos pocos, aguanté lo que pude y, al ver el cariz que tomaba todo aquello, salí corriendo hacia el cuatro por cuatro. Ya escapando del lugar, me dije que lo más seguro es que fuera un recalentamiento del motor. El coche estaba aparcado en un lugar inhabitual y solo. No sé, Jericó está cerca, y Ramallah y Nablus relativamente. Ese mismo día se había roto la tregua… bueno, me quedé con la intriga, no quería saber, había llegado a Tierra Santa por otros asuntos bien diferentes, conocer lo mas posible mis ancestros religiosos… así, pues, adiós Qumrán, no sé si nos volveremos a ver, de momento…

XII

CAMINO DE JERUSALÉN

Lo iniciaremos desde el Mar Muerto, donde nos encontramos.

«La parte comprendida entre estas dos cadenas se llama la Gran Llanura, que va desde la aldea de Ginnabris hasta Asfaltitis… está cortada en mitad por el Jordán y contiene dos lagos, el Asfaltitis y el lago de Tiberiades, cuyas propiedades naturales son opuestas; en efecto, el agua del primero es salada y estéril, la del segundo, dulce y fecunda».[1]

Naturalmente, Asfaltitis es el Mar Muerto, en palabras del historiador judío al servicio de los invasores romanos.

De todas formas se le conoce por otros nombres, dependiendo del origen del pueblo que lo bautizó. Mar Salado, con el clásico Muerto, aparece en las Sagradas Escrituras; como Asfaltite lo nombraban los griegos y los latinos; Almotanah y Bahar-Loth los árabes; y Ula-Degnisi los turcos.[2]

Bajo un calor y una insalubridad tan intensos que en pocos lugares del mundo se pueden encontrar igual, las gentes, los israelitas —y supongo que árabes también— acuden a bañarse, a «tomar el sol», a pasar un día, un rato de asueto, al Mar Muerto. Bañador, pecho al aire, toalla al suelo, mesas ensalitrinadas, sillas de plástico blanco, etc.; como el cualquier otra playa de la costa, a la que se va a refrescar el cuerpo, aquí se llega a martirizarlo; aunque todo es relativo —no, no sé por qué, por-

---

1 Flavio Josefo, op. cit.; pág. 24.
2 Chateaubriand, *op. cit.*; pág. 257.

que las condiciones que se dan no pueden ser más negativas— frente a los ambientes tórridos de los *khaimas,* asentados ya, a pesar del nomadismo, entre las dunas rocosas del desierto de Judá, o del Neguev. El calor se aguanta mejor a pecho descubierto, sin galibeyas ni tapujos. El aire debe llegar, aunque ardiente, algo más «suave» que el tórrido del interior del desierto. Los baños —edificación relativamente moderna de duchas, sanitarios y cabinas de cambio de ropa— están lleno de orines, orgánicos sólidos, tierra y sábulo, y agua hedionda que rebosa hasta el propio exterior, por lo que es prácticamente imposible no pisotearla, el hombre, la mujer o el niño en su afán de despojarse de la ropa para bañarse.

La playa del Mar Muerto de la parte israelí es mucho más cutre que la de la orilla jordana. Conozco las dos y doy fe. Al menos aquélla tenía unas instalaciones modernas y limpias —DEAD SEA *Spa* HOTEL— donde se puede paliar los desaguisados de las aguas pestilentes y sus residuos negros y pegajosos con una buena ducha de agua fría; y si es necesario, caliente. Aquí, en este lado, no hay nada que pueda ser tan sórdido. Hay que bajar cuatro niveles de arena, apelmazada y rojiza como la arcilla, para alcanzar, allá abajo, una escalera, prácticamente vertical, que te conduce directamente hasta dentro de un agua espesa, negruzca, demarcada por una hilera de pequeñas boyas, fuera de cuyos límites, como se lee en los anuncios, no se puede traspasar sino bajo la propia responsabilidad. AUTHORIZED SWIMMING ZONE LIMIT. WELCOME TO A PUBLIC AUTHORIZED SWIMMING ZONE. Por supuesto que no me he bañado (foto 15).

La parte jordana del Mar Muerto me inspiró, en mi melopea fantasmagórica, que «podría muy bien ser el infierno de los mares y llamarse, mejor, el Mar Maldito. Recuerda la visión mítica, la idea que tengo de la laguna Estigia, donde el viejo y espectral barquero Caronte cruzaba a la otra orilla a los muertos que le ofrecían un óbolo y mataba a golpes de su remo a los que no le daban nada; entrada vedada por el encadenado can Cerbero, tricéfalo y cola de serpiente viva, que con sus triples aullidos y mordeduras impedía a los vivos que entraran y a las sombras que salieran del averno»;[3] al menos, esa orilla guarda la

---

3 R. Benito Vidal, *op. cit.*; pág. 123.

solemnidad de un mito, tenebroso y tétrico, de grandiosidad, aunque sea negra, oscura. Pero es que ésta no presenta más que la vulgaridad más profunda que pueda tener una balsa de desechos químicos que para nada valen, sólo para hacer daño, o corroer; al menos así lo veo, o siento, lo intuye mi entendimiento. Ni un ápice de tenebrosidad para que vuele la imaginación, sólo vulgaridad, hueco de ordinariez para que chapotee lo más vil.

Me recuerda «este» Mar Muerto la playa antigua del Somorrostro catalán, aquel rincón cutre y desapacible de la playa de Barcelona que, por fortuna, se lo llevó la Olimpiada del 92.

«Las propiedades naturales del lago Asfaltitis vale la pena que las mencionemos. Su agua, como ya se ha dicho, es amarga y estéril, pero gracias a su ligereza hace subir a la superficie los objetos más pesados que se echan en ella, y es muy difícil llegar al fondo, aunque uno quiera.»[4] Queda en este momento la curiosa, asombrosa anécdota que protagonizó Vespasiano, que ordenó lanzar a sus aguas a personas que no sabían nadar con las manos atadas a la espalda; y todas sobrenadaron, como empujadas por una fuerza ascendente que llegaba del fondo.

El fango o brea tapiza la profundidad del Mar Muerto; lodo saludable para el cuerpo, según dicen y venden en todas las tiendas de alrededor, especialmente de Jericó. Ya los nabateos de Petra se lo vendían a los egipcios. Se camina sobre él sintiendo grima del pegajoso moco en el que se hunden las piernas hasta las rodillas, flema que pretende atrapar.

«… les cuesta mucho trabajo desprender este asfalto que, debido a su elasticidad, se pega a las barcas por medio de unos filamentos pegajosos, hasta que logran desprenderlo con sangre de la regla de las mujeres y con orines, únicos productos a los que no se resiste. Se utiliza no solamente para calafatear barcos, sino también como remedio medicinal, ya que entra en la composición de muchos productos farmacéuticos.»[5]

---

4 Flavio Josefo, *op. cit.*; pág. 25.
5 Íbid, págs. 25-26.

Las aguas del mar, ya a finales del siglo XVIII, fueron analizadas por Lavoisier, Macquer y Sage, quienes encontraron 44 libras y 6 onzas (cerca de 21 kg) de sal ordinaria y 38 libras y 10 onzas (cerca de 19 kg) de sal marina por quintal (100 kg). Más tarde, Gordon hizo la misma experiencia y halló que el peso especifico del agua de este mar era de 1.211 g/c.c., demostrando, con ayuda de reactivos, que contenía ácido sulfúrico y tenía en disolución: 3.920 % de cloruro cálcico, 10.246 % de cloruro de magnesio, 10.360 % de cloruro sódico y 0.054 % de sulfato cálcico Estas sustancias extrañas conforman aproximadamente una cuarta parte del peso del residuo desecado a 180° F, lo que significa, según Gordon, un 41 % de contenido en sales,[6] es decir, casi la mitad; por eso no es extraño que esta agua pueda sustentar el peso de objetos sólidos, incluso de mediano calibre.

Y por fin dejaremos el Mar Muerto y «subiremos» hasta Jerusalén. Es curioso que, cuando cualquier viajero que quiera llegar a la Ciudad Santa, se refiere siempre a este viaje como el ascenso a la ciudad —nunca como vamos, o llegaremos a, o alcanzaremos Jerusalén, etc.— y es que esta urbe se encuentra en la cumbre de la cordillera central de Israel, que va de norte a sur; y ya se venga del Mediterráneo como desde Jericó, siempre queda en lo alto; y la costumbre de los siglos —ya la tenían aquellos peregrinos que llegaban anualmente a Jerusalén para pasar en ella la Pascua— se ha hecho tradición, ley.

Desde estos territorios donde «David adquirió gran fama y, a su regreso, derrotó a 18.000 edomitas en el Valle de la Sal»,[7] la subida es más espectacular, pues estamos a 410 metros bajo el nivel del mar. Como Jerusalén se encuentra a 740 metros sobre el nivel del mar, vamos a subir casi 1.200 metros en una distancia que es menor a los 30 km. Se ve claro ahora la frase habitual en Israel, de «subir a Jerusalén». De hecho hay referencias, como la parábola del buen samaritano, que alude a ello diciendo: «bajaba de Jerusalén a Jericó…».

Ya metido en la ruta desértica de Judea y saliendo apenas del Mar Muerto, nos topamos con una colina repleta de material militar, rada-

6 Chateaubriand, *op. cit.*; págs. 256- 257.
7 II Samuel 8, 13.

res, casamatas, antenas, etc., aunque no se ven soldados por ninguna parte. Debe ser una de las fortificaciones que tiene esta parte fronteriza del mar, porque no hay que olvidar que a tan sólo 25 km se encuentra Jordania y sus baterías, también protegidas militarmente.

En los bares y restaurantes del Mar Muerto —luego me daré cuenta que igual pasa en el resto del país, sobre todo en las tiendas de Jerusalén—, cuando echan mano a un billete de dólar, o mejor a uno de euro, por los que tienen mayor preferencia, no vuelve a ver la luz; el cambio te lo dan en shekels —4 un dólar, y prácticamente igual con el euro— o en sus fracciones, o en monedas de dólar, que ningún banco israelí admite.

Y vamos ya por el desierto de Judá. En Judá el desierto no es de arena, es de piedra.

«En verano esta llanura está calcinada y el excesivo calor vuelve malsano el aire que la rodea: todo está seco excepto el Jordán.»[8]

Todo calcinado, sin nada de vegetación, piedra y tierra. Es Judea, un desierto. Este es el paisaje que piensan los occidentales que es Tierra Santa. Está en la zona comprendida entre Jericó y el sur, son las postrimerías septentrionales del Negev. Todo está seco. El río Jordán apenas si lleva agua porque la absorben para regar las zonas más ricas. Esta es la zona más desfavorecida de Israel. Palestina, según esta conformación geográfica, sería la franja comprendida en torno al valle del Jordán: centro de Samaria o Cisjordania, oasis de Jericó, y Belén y Hebrón al sur de Jerusalén; y luego, en el sur costero y remoto, la banda de Gaza, fronteriza con la península egipcia del Sinaí; un territorio sumamente estratégico donde se engendran las acusaciones israelitas de entrada de armas que, dicen, llegan de Egipto.

«Al salir de las planicies profundas, cuando entramos en los blancos terrenos calcáreos de Judea, un calor picante nos abruma…»[9]

El desierto de Judá es fantásticamente terrible, presenta ignominiosamente un panorama de desolación y de falta absoluta de vida. El Mar Muerto se arroja impúdicamente, y enseguida, a él. Así como al salir de él en la parte jordana el paisaje no era aflictivo, aquí en cua-

8 Flavio Josefo, *op. cit.*; pág. 24.
9 Pierre Loti, *op. cit.* (2); pág. 113.

dro yermo, de colinodunas y cielo envelado por la calima inexorable, se nos viene encima. Allá se salía a una carretera que discurre paralela al mar, resguardada por una formación montañosa, llena de verdor, con humedad, en las que se veía las fuentes de agua que manaban de las rocas altas, la «mujer de Loth» acompaña en todo momento, desde su altura, en fin, había algo de vida, aunque fuera aparente. Aquí, en el desierto de Judá, que hay que cruzar para llegar a Jerusalén, la vida está completamente muerta, o si se quiere moribunda, sólo se ven postes de electricidad, que no tienen más remedio que ir por ahí si se quiere iluminar los lugares más separados de la civilización.

«… un viajero compara este paisaje a gigantescas olas rocosas repentinamente inmovilizadas. Parece esto, en efecto, un océano petrificado, lleno de imponente grandiosidad en fuerza de consternación y tristeza.»[10]

Entre los montículos, los mogotes de tierra arenisca, paisaje amarillento y sucio, se ven, de vez en cuando, puestos de vigilancia. En otra de las cumbres —sabulosa y reseca, con alguna que otra calva de roca viva— aparece también una estación militar, con radares, antenas, sobre todo parabólicas, material óptico camuflado, etc.; eso debe ser la punta del iceberg, porque habría que ver la estructura construida bajo la tierra.

Se ven en el desierto tiendas de beduinos. Son tribus, al parecer, que viven aquí hace varios años. Habitan de la misma manera —aunque ahora han sustituido el camello por el automóvil para desplazarse—, con las mismas costumbres que cuando eran nómadas: en tiendas de campaña, *khaimas*, al cuidado de sus ganados, ordeñan sus cabras, hacen queso y lo van a vender a Jerusalén. Viven de una manera muy arcaica y precaria, son tribus que han decidido asentarse por estos alrededores y comienzan por construirse chabolas, casas mínimas que van sustituyendo a la *khaimas* clásicas de lona, pieles de rumiante, etcétera.

… y «a nuestra espalda se extienden cada vez más dilatadas las lejanías del Mar Muerto, con sus inmovilidades de pizarra y las montañas bituminosas de la Sodomítida…»[11]

10 Octavio Velasco de Real, *op. cit.*; pág. 158.
11 Pierre Loti, *op. cit.* (2); pág. 113.

Para entrar en Jerusalén hay que pasar un control —Check Point—
por medio del cual se sabe, en todo momento, quien entra en la ciudad.
Estos puestos suelen tener una garita casi envuelta con una red de camu-
flaje. Los soldados llevan casco, chaleco antibalas y armas; es personal
mucho más aguerrido que el que hemos visto en otros sitios.

Las matrículas de Palestina son verdes, las de Israel amarillas. Las
verdes no se ven nunca en Jerusalén, porque los controles, generalmente,
no las dejan pasar.

Al fin en la *ciudad de David*, corremos hacia el norte, ciudad judía
arriba y, de pronto, la New Gate, la Puerta de Jaffa; un paso adelante y
retrocedemos en el tiempo más de dos mil años.

XIII

JERUSALÉN I

Estamos entrando por uno de los barrios extremos de Jerusalén, dejando la ciudad vieja a la izquierda, sobre la cual relumbra la cúpula dorada —oro de metal y sol sobre el azul «Purísima» del cielo jerusalemí— de la mezquita de la Roca. Corremos, y subimos a lo más elevado de la ciudad; y a la izquierda de la avenida, elongación de la carretera, aparece, aún más alto, el monte Scopus, en donde se asienta la universidad Hebrea; y más aún hacia la izquierda, se dibuja, tímida, semiescondida, una torre puntiaguda, indicando el lugar del Monte de los Olivos. Este bulevar —Yafo— es la frontera entre los barrios árabe y judío; y por el único lugar que se podía pasar de uno al otro era un edificio bajito que, en la actualidad, ostenta la bandera de la ONU. De la ciudad judía a la derecha a la ciudad árabe a la izquierda; un osmotismo muy poco utilizado, incluso hoy en día, porque hay que reconocer que al menos, antiguamente —antigüedad contada de cien años, o menos, y no por miles como la tradición bíblica lo requeriría— nacía y morían personas, tanto árabes como judíos, sin haber atravesado nunca esta divisoria, clara y concreta, de dos culturas. Esta avenida va a dar justamente a las murallas de Jerusalén, cuya toda carga de monumentalidad, tradición y respeto, se nos ofrece gratuitamente; y nos abre —puerta de Jaffa, *New Gate*— el camino para llegar a nuestra residencia, Casa Nova, en pleno barrio cristiano, en un recoveco extraño en la urdimbre de callejuelas angostas y grisáceas colocadas a buen recaudo del sol, muy cerca del Patriarcado Latino de Jerusalén y de la plaza del Santo Sepulcro; bueno, en realidad, un lugar privilegiado donde vivimos —y los franciscanos— cerca de todo, en el mismo meollo de la tradición místico-cristiana más genuina y profunda que, naturalmente, se encierra dentro de las murallas, en la ciudad antigua. El este de la misma está ocupado más de la mitad por la explanada del Templo, en medio de la cual se alza la mezquita de la Roca; y también, ligeramente desplaza, la de Al Aqsa. Rodea a la explanada el barrio mahometano, ocupando el oeste el barrio cristiano y compartiendo el sur los barrios armenio y judío.

Aprovecho la privilegiada situación de la Casa Nova —residencia franciscana para peregrinos desde hace muchos años, verdadero hotel de tres estrellas, habitaciones con ducha, bien limpias, que se extienden a lo largo de los claustros de dos pisos; ambiente premonástico, muy agradable, donde una vez más encuentro la paz en Jerusalén, incluso en el refectorio frailuno donde se come una excelente, y abundante, comida excepcionalmente italiana, mediterránea— para dar una vuelta, un perderme por las callejas llenas de árabes y tiendas, todas vacías, con sus aburridos dueños hablando entre sí, y dándole brillo, quitándole el polvo a sus mercancías que, hoy por hoy, nadie compra, porque, aquí, a Jerusalén, a Israel en general, no llega nadie.

Y en mi periplo gozoso por la urbe santa, se me viene a la mente la estrofa de la canción, tantas veces entonada y tan pocas comprendida, sin sentido hasta llegar aquí. ¡Qué alegría cuando me dijeron vamos a la casa del Señor!; y es que es alegría lo que rebosa en mí. Ya sé que yo soy un viajero agradecido, pero es que estos espacios, estos rincones, esta PAZ me llena en abundancia. Aquí toda la espiritualidad íntima tiene un sentido especial, no diría yo tanto como intimista, porque aunque nace muy dentro del hombre, se desborda en satisfacción al darse cuenta de que se ha convertido en sujeto principal, participe activo, de unos hechos históricos extraordinarios; para los no creyentes, de unos acontecimientos excepcionales; de asentamiento consumado para la edificación de una religión, según los que creemos.

… y me doy cuenta, en mi paseo al atardecer, que Jerusalén siempre ha estado construida en piedra. De tal forma la cosa es así que, incluso hoy, en el siglo XXI, se construyen los edificios, como todos, con cemento, pero sobre éstos ha de haber un revestimiento de piedra, losas de piedra tallada que se adhieren a los muros, para dar la impresión, aunque no lo sea, de que la ciudad es compacta —«Jerusalén está fundada como una ciudad bien compacta», del cántico religioso—, y tiene, está mandado, tiene que dar la sensación de que todas las edificaciones están hechas con piedra, aunque muchas veces, sobre todo las más recientes, por dentro estén hechas con materiales más modernos: cristal o cemento armado. Ha de dar el efecto de que Jerusalén es de piedra y compacta, como se decía ya de ella en los tiempos bíblicos.

En la semipenumbra de mi habitación franciscana —sólo entra un rayo de luz desde lo alto de un deslunado lleno en su base por un pequeño jardín de verde abundante, frondoso, que refresca, aunque sólo sea psicológicamente, el ámbito, y con él el cántico puro de unas voces, pocas, femeninas, en trance espiritual de reverencia a su creencia cristiana; y no enciendo la luz artificial por no romper el encanto del momento— me hago la consideración, inconscientemente llena de elogio, que yo, que he viajado por muchos y diversos países exóticos —sudeste asiático, Indonesia, Sulawesi, Turquía, todo el Oriente Próximo, Egipto, América del Centro, etc.—, que he estado en el mejor hotel de Saigón —co-cliente del mismo con la propia princesa Ana de Inglaterra—, o en el Hanoi, de exquisitez gabacha, jamás se me ha ocurrido, ni para enjuagarme los dientes, usar el agua del grifo, sin embargo Israel te da tanta confianza que, a pesar que de seguro no sabes si la puedes o no puedes utilizar, ni haya habido nadie que te haya autorizado para beberla, ni dado una garantía, como ves una tecnología tan avanzada, un mantenimiento tan perfecto, unas mejorías tan grandes para todo el mundo, das por seguro que el agua tiene que ser potable y buena, y la utilizas como en tu propia casa y en tu propio país; si es que hasta en las garitas de los cuarteles tienen aire acondicionado los soldados, y ves la organización de las carreteras, con semáforos en los cruces de las mismas, con pasos para peatones, todo está tan bien ordenado, todo tan tecnificado, todo tan avanzado… En el propio comedor de la Casa Nova el agua que sirven en jarras de cristal, dos por mesa, es de seguro agua del grifo, como en excelente costumbre conventual.

Jerusalén es la ciudad, hoy existente, con más contenido religioso. A pesar de su historia turbulenta y larga, es la «ciudad de la paz»

—lo intuyo en mi periplo místico-satisfactorio, de ansia incontenible de poseerla, de que así sea—, como se interpreta el nombre *Salem*, con el que se denomina por primera vez en la Biblia.[1]

Su nombre actual es la traducción del término hebreo *Yerosalaim*, que procede del cananeo *Urusalim*, que significa «fundación de Salem». Salem era un dios que personificaba el crepúsculo vespertino y que tenía un santuario en la colina de Sión. El nombre de «Salem» es citado en los archivos reales de la Ebla, en Siria, desaparecida en el 2250 a. C.; en Egipto (s. XIX a. C.); en las cartas de Tell el-Amarna, Egipto (s. XIV a. C.); y en los registros asirios se la llamó *Urusilimmu*. En la primera aparición bíblica se dice que su rey, Melquisedec, fue contemporáneo de Abraham. Durante la ocupación de los jebuseos se la llamó *Jebús* (Jueces 19, 10-11), pero la tradición judía lo cambió por el de *Ciudad de David*, después de ser ocupada y convertida en capital por este rey (II Samuel 5, 6-7).

Y, a propósito de citas bíblicas, una ocurrencia bufa que salió, de no sé quien, a la luz en la cena de Casa Nova. Dicen que en el cielo no hay mujeres; y lo evidencia el pasaje bíblico del Apocalipsis, 8, 1, cuando dice «Cuando el cordero abrió el 7º sello, SE HIZO EN EL CIELO UN SILENCIO, COMO DE MEDIA HORA». Hay pensamientos, y deducciones, para todo. ¡Menos mal!

Y mientras tanto, el pesimismo del viajero de finales del s. XIX aventura su opinión sobre la ciudad santa y dice que «es Jerusalén, efectivamente, una visión incomparable, sepulcral: verdadera *cittá dolente*, verdadero trasunto de la pesadilla de Job: "¡Tierra oscura y cubierta por los vapores de la muerte; tierra de miserias y tinieblas, de donde está desterrado el orden, en la cual habitan las sombras y la muerte, el caos y el sempiterno horror!".»[2] ¡Qué empeño, digo yo, qué fijación tienen más que los escritores los viajeros de antaño, en espiar la gloria expandida de la espiritualidad humana bajo la óptica de pesimismo o muerte, de aludir siempre a lo tétrico de la muerte, enredada con las tinieblas y la pesadumbre, la falta de luz, cuando esta muerte es Muer-

1 Génesis 14, 18: «Melquisedec, rey de Salem, sacó pan y vino…».
2 Octavio Velasco del Real, *op. cit.*; pág. 159.

te que lleva a la vida, a la claridad, a la verdadera explosión lumínica en los espíritus creyentes, a la luminaria enceguecedora que baña a los hombres —a los que quieren, naturalmente— con un baño de esperanza, de esperanza de más luz, de más gozo; y es que la materialidad en su plenitud es sólo objeto de su consideración, son premisas en su silogismo, sin admitir ninguna variable espontánea, espiritual, que haga más humana, más benigna, la condición de esta vida, la existencia de otra.

La iglesia del Santo Sepulcro abre su puerta milenaria en una placita cuadrada, pequeña, cerrada —incluso, cuando cae la noche, los dos accesos: barrio mahometano-barrio cristiano, puertitas de poco calado, con cerradura y llave—, de quietud notable, de intenso sabor medieval, quizá del tiempo de los cruzados, tranquila, serena, con unas escaleras muy pinas que suben a un adosado junto al Gólgota, escalinata externa, cuadrada, muy íntima, grandiosamente solemne; y, para darle mucho más sabor, dos frailes ortodoxos griegos musitan sus experiencias, quizá sus espiritualidades, sentados sobre una de las bancadas de mármol incrustadas dentro de gigantesco muro del templo. Y nuestros pasos resuenan en eco cuando caminan sobre las grandes baldosas que forman el piso de ágora tan sugerente; quizás una plazuela, escondida entre muros escalados de Verona, plaza de Padua, o de Siena bajo la catedral, o la de atrás del templo de Minerva en Asís, o... todas ellas a imitación de la sosegada, remansada, del Santo Sepulcro, bendecida de derecha a izquierda, en contradicción con los católicos, por la mano alargada, pálida del *pope* ortodoxo griego.

... y a la entrada del templo, la placa de mármol ante la que los peregrinos —en la actualidad aparece uno muy de vez en cuando— se arrodillan y la besan con autentica devoción; losa donde, dice la tradición, que descansó el cuerpo del Crucificado antes de ser enterrado. Está partida por una grieta laterotransversal y dicen los entendidos, los que todo lo saben, que es la tercera sustitución que se hace por el deterioro de las otras.

«... había vuelto a hallar a Cristo, el Cristo del Evangelio, y con toda mi alma miserable me abismaba en Él, como esos peregrinos que, sobre las losas del Santo Sepulcro, prosternan todo un cuerpo ago-tado…»[3]

En el templo, genéricamente llamado del Santo Sepulcro, hay dos monumentos esenciales: el de la propia Tumba y el edificado sobre la roca del Gólgota. Y es lógico. Está el peñasco donde muere Jesús; y es sepultado en un huerto que está muy cerca. Entre ellos no habrá más de 20 o 30 metros de distancia. Son dos lugares al que acuden los pri-meros cristianos, cuando quieren dar culto a Jesús, convirtiéndose en lugar de peregrinación preeminente para todos los jerusalemíes y gen-te de todo el país. Hoy, naturalmente, son dos capillas de excelente gus-to oriental y llenas de intimidad. Mas siguiendo con el curso de la his-toria, viendo la permanente procesión de fieles cristianos que se acercaban al lugar, el emperador Adriano, en el año 120, decide elimi-nar todo recuerdo cristiano e, incluso, judío, y lo manda terraplenar, lo llena de escombros hasta la altura máxima del peñón que es el Calva-rio, hace una explanada y encima construye un templo dedicado a Júpi-ter, con lo que desaparece todo recuerdo cristiano.

«Durante la dominación de los Césares, la Judea se hizo pagana, de manera que en el Calvario había una estatua de Venus y en el San-to Sepulcro una de Júpiter…»[4]

Lo mismo hace el emperador con todas las sinagogas y con todos los lugares judíos y cristianos, el romano no distingue entre ellos. De esta forma, durante tres siglos, este lugar ha estado enterrado y con-vertido en emplazamiento pagano. Sin embargo, los cristianos no olvi-dan ese «lugar de oprobio» y visitan la «caverna de los tesoros» o gru-ta de Adán, bajo el Calvario, que los paganos utilizan para dar culto de Venus. Todo ello siguió así hasta que, en 320, santa Helena llega a Jeru-salén en peregrinación, se percata de la situación y manda construir tres basílicas: una encima del monte de los Olivos, otra en Belén y otra aquí, en los terrenos del Santo Sepulcro, desenterrando previamente los dos monumentos de la culminación de la Pasión de Cristo. Una iglesia en cuyo pórtico estaba el peñasco del calvario, al aire libre; lo único que

---

3 Pierre Loti, *op. cit.* (2); pág. 127.
4 Octavio Velasco del Real, *op. cit.*; pág. 209.

hizo es rodearlo de un patio con columnas y poner una cruz en todo lo alto. Luego construye la iglesia del Santo Sepulcro; y luego, en el lugar del Santo Sepulcro —la iglesia oriental siempre lo llama de la Resurrección, *Anástasis*— hace una pequeña iglesia circular con el techo al descubierto, como señal de que Jesús ha subido al cielo. Es decir, respeta los lugares, el peñón y el sepulcro, lo único que hace es protegerlos, respectivamente, con un patio y una especie de ermita con una abertura en el techo. Esta iglesia permanece así durante ocho siglos —del IV al XI—, en el que aparecen sobre Tierra Santa los Cruzados, que tienen otro modo muy distinto de pensar, es decir, cuando ven un sitio importante enseguida construyen sobre él una iglesia; era su manera de preservar el sitio. Descubren el Gólgota y lo que hacen es enfundarlo con una capilla, cuatro paredes y todo cerrado, una capilla arriba —hay que subir una escalera muy pina y de quince escalones muy altos para llegar a ella— y el peñasco desaparece. Sólo en su cumbre, en el punto más álgido, hay una cruz que indica que allí fue crucificado Jesús. Para ver la roca se han abierto en la parte de debajo de la capilla unas ventanas, protegidas por cristaleras, a través de las cuales se puede contemplar; testimonio que demuestra que, efectivamente, existe el peñón del Calvario. Una vez construidas las dos capillas, lo que hacen los Cruzados es edificar —s. XII— la inmensa mole eclesial que se contempla hoy en día, dentro de la cual se pierde toda la estética, toda la historia. Es de estilo románico y su fachada está compuesta por dos cuerpos superpuestos, separados por cornisas decoradas.

«En realidad hay aquí tres iglesias: la del Santo Sepulcro y las del Calvario y de la Invención de la Santa Cruz, unidas estas dos con la anterior por medio de escaleras.»[5]

«Bajase a la capilla de la *invención de la Cruz* o sea de *Santa Elena*, por una escalera que, como he dicho, se encuentra detrás del coro del Santo Sepulcro y consta de treinta peldaños. Creeríase a primera vista una bodega, si no estuviese tan profusamente iluminada y no se viese en ella, orando arrodillados, a los sacerdotes armenios.»[6]

5 Íbid.; pág. 164.
6 Íbid., pág. 173.

¿Y qué es del Sepulcro? Pues que queda destrozado, porque el califa Al-Hakem, en 1111, lo manda arrasar, lo hace desaparecer por completo, porque es la mejor manera de satisfacer su odio al cristianismo. Cuando esta noticia llega a Europa es cuando los reyes cristianos occidentales montan en cólera y organizan las Cruzadas, una reacción brutal por su parte, ya, pero es que la ofensa había sido también brutal. Ahora, lo que queda ahí del Sepulcro es nada en absoluto, está todo arrasado. Lo que hay hoy en día es una capillita para conmemorar el lugar, capillita, según algunos, de un gusto muy dudoso (foto 17), aunque yo tengo que decir que, para mí, es excelente, recóndita e íntima, que toda ella rezuma un toque de orientalismo espiritual, que es capaz de inspirar al más escéptico, de trasportarlo a otras dimensiones llenas de evocación mística.

«En el interior del edículo hay otro sepulcro de mármol, sobre el cual se dice misa, que cubre el espacio donde yació Jesús Crucificado. Este sagrado lugar está profusamente iluminado con lámparas y cirios cuyo humo escapa por algunas aberturas practicadas en la bóveda…»[7]

«La iglesia del Santo Sepulcro, compuesta de varias iglesias, edificada sobre un terreno desigual, iluminada por una multitud de lámparas, es singularmente misteriosa; reina en ella una oscuridad favorable para la piedad y el recogimiento.»[8]

La noche se echa encima. En la puerta del templo se reflexiona ya con las primeras sombras. En Israel —y siempre en relación con España— anochece más pronto; y, claro, el amanecer llega antes; cosas del Oriente Próximo y el obediente sol que no falla nunca; inexorable cita.

Aquí, en el Santo Sepulcro, todos los cristianos quieren tener su sitio —y reservado— para rezar; y cristianos son los católicos, los ortodoxos griegos, los etíopes, los coptos y los armenios. Tienen distintos ritos, pero todos quieren aquí tener su parte, y cada uno quiere tener un trocito de la iglesia, y los católicos tienen una capilla, y los armenios, otra, etc.; al final todos se ponen de acuerdo en este tira y afloja, en sus rivalidades, incluso, a veces, en sus intolerancias, nacidas casi siempre

---

7 Íbid.; pág. 164.
8 Chateaubriand, *op. cit.*; pág. 283.

de interpretaciones, rígidamente ortodoxas, más que de las leyes, los usos canónicos.

Haciendo un poco de historia, se verá que, en el siglo XIX, cuando llegan los turcos, naturalmente ellos son los que mandan, pero como guardan preferencia por los griegos ya que el sultán de Turquía domina a Grecia, les interesa tener mejores relaciones con ellos que con los católicos de Roma. Por eso, sin ninguna clase de ambages, entregan la custodia de la iglesia grande en general y en particular del Santo Sepulcro a los griegos ortodoxos. A las otras cuatro confesiones cristianas les dejan una capilla a cada uno y vale. Además establecen los horarios y los decretan de tal modo que nunca más se puedan variar. Unos horarios, statu quo, sistema de privilegios, pero inamovible; que las cosas se queden como están y que jamás se renueven. Si hay una escalera que se quede ésta para siempre, si las llaves la tiene una familia árabe —como así es efectivamente: desde el siglo XVI, en tiempos de Saladino, la comparten dos familias mahometanas; una con derecho a guardar la llave, la otra, a abrir la puerta— que se la quede, no se puede tocar nada. Cuando llega el dominio inglés se sigue respetando este statu quo, y lo mismo hace el gobierno de Israel, aquí toda la «legislación» tradicional es perdurable. Se tiene que realizar todo como en la época de los turcos; y ellos fijaron que no se puede tocar ni cambiar nada. Un caso peculiar al menos, e insólito, nos ilumina sobre el hermetismo de esta situación. Como se venía abajo la cúpula del techo del Santo Sepulcro, se tuvieron que reunir los jefes de cada una de estas comunidades para dirimir si el ofrecimiento hecho por un americano muy rico para su restauración, era aceptado. Después de muchas reuniones, y discusiones, y por fortuna, se pusieron de acuerdo y permitieron la reconstrucción. Otro. Durante el Jubileo del año 2000, les dijeron que el templo tenía que tener una salida de emergencia, como las leyes mandan que haya en todas las iglesias y lugares públicos del mundo. Con este fin se reunieron los cinco, no se pusieron de acuerdo y no hay puerta de emergencia alguna, porque, el lugar que se escogía para abrirla pertenecía a una u otra iglesia, y nadie quería que se le tocase su propiedad; además, este templo tiene todas las puertas tapiadas desde la época de los turcos.

La tumba del Señor ocupa el centro de la gran rotonda —anástasis constantiniana— de 21 metros de diámetro rodeada por pilastras y estípites que sustentan una galería con 18 arcos que acaban en una gran cúpula de 31 metros de altura. Es una capillita —en opinión de cualquiera, de desafortunado gusto; yo no opino igual— en cuyo interior hay una cámara y una recámara comunicadas por una abertura baja y muy estrecha. La primera la ocupa un relicario de mármol en forma de columna, que contiene un trozo de la losa de piedra que cerraba la entrada exterior al sepulcro. Se la llama «piedra del Ángel», por haberse sentado sobre ella el ángel en la mañana de la Pascua (Marcos 16, 5). La recámara corresponde a la propia y primitiva tumba o cámara mortuoria. Una angosta puerta —quizá hecha expresamente para que el peregrino que entra incline todo su cuerpo en gesto de reverencia y respeto— conduce a la cámara sepulcral, donde una losa oculta el banco donde fue depositado el cuerpo de Jesús. La actual conformación y ornamentación del templete es la que le dieron los griegos ortodoxos, quienes fueron los que la restauraron en 1810. Su interior respeta la distribución y las dimensiones originales de la auténtica, primitiva, tumba de Cristo.

El cielo se hace mucho más negro. La lámparas que allá arriba iluminan la plaza, llena de sombras y de rincones que invitan a una cierta nostalgia, al misterio sosegado y dulce, lanzan su haz macilento, e inane, de luz… y los *popes*, imperturbables, siguen su conversación queda.

Nos han dicho que se va a realizar de un momento a otro el cerrado ritual de la puerta del gran templo. Quedarán adentro, hasta el maitines —se cierra a las nueve de la noche, se abre a las cinco de la mañana— los cinco representantes de las diversas comunidades cristianas; y el devoto que desea pasar la noche aislado al pie del Santo Sepulcro. No podrán salir ni por una urgencia. Se cierra desde afuera y la llave queda en dominio del ostiario árabe. Surge de pronto el hombre, cargado con una rudimentaria y astrosa escalera sobre el hombro; es del templo. A sus espaldas los batientes, centenarios y enormes, giran sus goznes mohosos y chirriantes, hasta juntarse y ocluir el hueco. El hombre coloca sobre ellos su escalera y sube sus escaños hasta alcanzar el cerrojo que se encuentran en la tercera cuarta parte contando desde el suelo, y con la llave tremenda, vieja y quizá mil veces oxidada y otras mil oleada, da vuelta al cerrojo; aunque antes tuvo que colocar en su sitio la traviesa o tranca que garantiza su hermetismo. Luego desciende de la escalera, la toma y, a través del ventanillo que se abre en el batiente derecho de la puerta, la introduce en el interior, alguien la coge, la hace desaparecer y el ventanillo se cierra con un golpe seco. Con esto, pues, quedaron los orantes aislados del mundo. Es tan estricto este aislamiento que, en el caso que a alguno de dentro le diese un infarto, o cualquier tipo de colapso, se tendrían que reunir los cinco representantes y decidir por unanimidad si abren o no la puerta.

«La calma de todas las noches comienza a extenderse sobre el dédalo oscuro del Santo Sepulcro. Los vendedores de candelitas han desaparecido ya; es menester, pues, caminar, mirando dónde se pone el pie; a tientas, como los ciegos, para no tropezar en las gastadas losas, para no caer, en las bajadas, por los peldaños informes.»[9]

La luna, clara y limpia, de luz morena, vigila la plaza, y los callejones colindantes, y a los *popes*, y a nosotros, y al llavero árabe que desaparece dentro de una sombra que guarda quizá la puerta de su casa y, si nos pudiéramos elevar sobre el panorama urbano, a toda Jerusalén. Discurrimos nosotros, taconeando ruidosamente —el eco es quien manda en el silencio de la ciudad santa, en sus entresijos en reposo, en su vigilia lene— y llegamos —la noche invita al paseo, no al sueño; la cena ya casi está olvidada, pero el sopor, propio de un día agitado, no viene— hasta la Puerta de Jaffa; y, desde bajo el arco de su monumentalidad, observamos el tráfico, lleno de chiribitas de colores y con intensidades diversas que desciende hacia el sur, buscando quizá los arrabales de la gran ciudad, o el barrio judío, soslayando con intención la isla, frondosa y verde, moderna, del barrio privilegiado inglés donde se encuentra la mayoría de los edificios institucionales, oficiales de Israel.

… y, como en casi todos los lugares del mundo, el tráfico es intolerante, cruzo la calle Yafo por un semáforo y, como es amplia, me coge a la mitad y los coches me chorrean a claxonazos.

9 Pierre Loti, *op. cit.* (2); pág. 124.

XIV
JERUSALÉN II

«¡**G**etsemaní! ¡Después de tantos años de soñar que vendría a pasar en él una noche de soledad y recogimiento supremo, casi de oración!»;[1] y aquí estoy a plena luz del día, pero, eso sí, esperando un rato de oración, de reflexión, de empequeñecimiento místico ante tal grandiosidad…

«Para entrar en el huerto de Getsemaní, situado algunos pasos más lejos, en la vertiente del monte de los Olivos, es menester llamar a la puerta de un convento de franciscanos…»;[2] y lo hago con gusto, celosamente.

Al pie del monte de los Olivos, uno de los dos más carismáticos que tiene Jerusalén —el otro es el Scopus— se abre Getsemaní —*gat semane*, prensa de aceite en arameo—, el predio en donde se puede encontrar una parte de la historia cristiana, y no tiene por qué ser aciaga, descrita en el Nuevo Testamento, prácticamente el último capítulo de la vida, pública y humana, de Jesús de Nazaret.

En una parte de esta colina —Monteolivete— había un huerto, y ese huerto es lo que hoy se llama la basílica de Getsemaní, donde, con toda probabilidad, el Señor pasó las últimas horas de su vida antes de ser detenido. Ocupa el lugar donde Jesús «se apartó de sus discípulos como un tiro de piedra» (Lucas 22, 41).

1 Pierre Loti, *op. cit.*; pág. 122.
2 Íbid., pág. 91.

Huerto de Getsemaní

Getsemaní era, como se ha dicho, donde se hacía el aceite. Seguramente sería una almazara, porque allí se han encontrado restos de esa industria. Hay en un huerto adjunto a la basílica, unos olivos, según la tradición muy antiguos, árboles que, según los botánicos, son bimilenarios, que podrían haber sido testigos de la agonía del Señor. Claro que, en esto, no podemos estar muy seguros, no porque la ciencia lo desmienta —ya que los árboles podrían tener fácilmente dos o más siglos de antigüedad, porque, según visión ocular directa, se ven muy viejos— sino por la información que da Flavio Josefo, que parece ser definitiva. Cuenta el historiador judío que los romanos, para ver con claridad quien se escapaba de las murallas de Jerusalén, cuando la matanza y destrucción de la ciudad del año 70, para evitar que alguien se escondiese entre los árboles, para por la noche huir, etc., hicieron talar todos los árboles que rodeaban a la ciudad. Este dato, proporcionado por el historiador imparcial, hace pensar que igual que como todos los árboles —usados para construir una empalizada alrededor de Jerusalén para controlar que no escapase nadie— también serían cortados los olivos de junto a la basílica. Sin embargo, podrían éstos, los actuales, ser los retoños de aquellos viejos árboles talados. Ocho olivos, que conforman el huerto que los antiguos peregrinos de la Edad Media llamaban Jardín de Flores, verdadera profusión de rosas y pimpollos multicolores, que rodean a los añosos troncos que se retuercen en medio de unos arriates bien cuidado por los franciscanos, ahítos de verdor y savia benefactora.

«… llegamos al huerto y a la gruta de Getsemaní donde el Salvador sudó sangre… nuestro guía nos enseña unas manchas rojas que se ven en el suelo de la cueva…y en pos de tan gran superchería, el guardián se apresura en poner en manos del visitante una piedra cualquiera "arrancada de la gruta".»[3]

La iglesia está construida encima de la roca sobre la cual, dice la tradición antigua, pasó Jesús sus últimas horas. Tampoco se puede decir arqueológicamente que fuera justamente en esa roca precisamente, o en otra de veinte metros más allá o cincuenta más acá. Lo que si se sabe es que este huerto es donde Jesús solía ir, porque conocía al guarda, ya que era un lugar acotado de olivos, con una prensa de aceite, al que no se podía entrar si no se conocía al dueño; hombre, que al parecer favorecía a Jesús con su amistad, por la cual Él acudía allí para reunirse con sus discípulos. Judas, según el Nuevo Testamento, conocía el lugar, porque él es quien revela el sitio al sumo sacerdote para que, por la noche, le prendieran.

En el monte de los Olivos, Jesús enseñó muchas cosas, incluyendo la Oración del Padre, el Padre Nuestro.

La basílica actual es muy austera y fue construida en 1924 sobre los restos bizantinos y cruzados. El mosaico que luce en su fachada, representa a Cristo ofreciendo a su Padre sus sufrimientos y los del mundo.

Estamos presentes, realmente, en la Basílica de la Agonía. También se llama de las Naciones porque fue construida con las aportaciones de todo el mundo católico. Todo habla en ella de la Pasión de Cristo. Aquí siempre es Viernes Santo. Sus cúpulas son planas, las ventanas no tie-

---

3 Octavio Velasco del Real, *op. cit.*; págs. 184-185.

nen cristales porque han sido sustituidos por finas placas de alabastro, que apenumbran más el interior del templo, con el fin de crear un ambiente propicio para el recogimiento y la meditación. El pedestal del altar tiene la forma de un cáliz muy grande y se ubica tras un espacio cuadrado, de tres o cuatro metros de lado, que contiene en su interior una enorme roca. Está rodeado de unas zarzas de bronce entrecruzadas, que fueron donadas por los católicos australianos; ornamento en el que, y separados convenientemente en un espacio predeterminado, hay unos pajarillos de bronce junto a su copa; y en las esquinas unas gaviotas de tamaño natural, que acuden volando. Sobre este peñasco es donde se sitúa la oración de Cristo sudando sangre…

Bajo el sol, el calor que de él se desprende, bajo el cielo azul suave y uniforme, sin nubes, agua coloidal evaporada por los rayos del astro rey, los peregrinos gozan del fenomenal espectáculo, cuasi místico, que se desarrolla ante los ojos, contemplando la zona este de Jerusalén, la postal mítica, la del Templo y la Explanada; y el viajero, aún más profundamente, queda encandilado ante tanta solemnidad cargada de tanta historia sagrada y humana, y se le van las ganas de cruzar el Torrente Cedrón, aquel que separa el monte de los Olivos de la ciudad, como lo tenían que hacer todos los judíos, en tiempos herodianos, para pasar en ella la Pascua, llegando, en su periplo, de Jericó. Un poquito más, ruegan los peregrinos, inducidos solamente por el afán de satisfacer plenamente su intención mística y religiosa; un poquito más, suplícase a sí mismo —y se lo concede claro, porque sólo se debe a sí— el viajero porque le barbullan en su mente, su imaginación de acuario, las epopeyas, múltiples e históricas, que decidieron no sólo el destino de un pueblo, sino del mundo entero, los sucesos épico-religiosos que, engarzados con los de actitud civil, fueron decisivos para determinar un futuro, el futuro de la Humanidad.

En el deseo de alargar su gozo, todos —viajeros y peregrinos— se exponen a la voracidad de los habitantes del santo monte, que tratan de venderle algo, un recuerdo, un ramito de olivo, lo que sea, acosándolos de mala manera. En ello el viajero se percata de que la actitud de la mayoría de los vendedores de «algo», en sus ojos se ve la anormalidad, si se quiere retraso psíquico, en que se encuentran sumidos.

Se entera el viajero —siempre hay en los alrededores algún muchacho, u hombre, que se ofrece como guía o acompañante, que le avisa— de que estas gentes —si no todos, la mayoría— viven en promiscuidad, son hijos incluso de hermanos, etc.; y avisan porque puede haber alguna reacción violenta —pesada la hay siempre— ante una negativa o vaya a saber qué.

También se advierte de que el lugar está plagado de vendedores más despabilados que usan como tapadera de ambulantes para ejercer su verdadero oficio, que es el de carteristas. Tienen su técnica. Si la cartera se lleva en el bolsillo trasero del pantalón, no hay pega alguna. Pero como se lleve en el pecho, ya bien en una chaqueta, que no es muy probable o tiene que ser en invierno, o en el bolsillo del polo o niqui, la técnica es tan depurada como el acercarse a la víctima, caminar junto a él, desplegar un plano de Jerusalén o una tira de postales, con el fin de venderlas, y con una agilidad pasmosa, procurando que la mano derecha llegue al bolsillo, y a base de distraerlo con los papeles, el compinche se larga con el billetero, con los dólares o los euros.

De este truco tengo personal conocimiento porque, frente mismo de la basílica de la Agonía, fui sometido a la experiencia; un movimiento extraño puntual y un convencimiento de que aquella oferta era ficticia me salvaron de ser extorsionado; sin embargo, he de decir, que la culpa fue mía, nunca debí exponer mi cartera a la vista de estos descuideros. Por supuesto, a partir de ese momento, mi billetero jamás volvió a ver la luz jerusalemí y de sus aledaños.

… y a mis pies, desde lo alto, se veía el Torrente Cedrón, el que separa el monte de los Olivos de Jerusalén, uno de los valles que rodean la ciudad bíblica, el que ocupa su flanco este; los otros, el Tiropeon, se abría —porque hoy está tapado por edificios y escombros— en el oeste; y el Ben Hinom es el que une el oeste con el este, es el que junta los otros dos, formando, al final, uno solo, el Cedrón que desagua en el Mar Muerto.

En mitad de la muralla de Jerusalén está la Puerta Dorada, *Bab-el-Darahie*. Está tapiada por orden de los turcos a causa de una profecía, según las cual los cristianos han de apoderarse de El-Kuds entran-

Torrente Cedrón

do por esa puerta. Es la que la que comunicaba —la actual es del siglo XVI— el monte de los Olivos con el templo; por la que entraban los judíos que llegaban de Jericó, aquellos que pasaban la noche en el monte de los Olivos y que, lavados y arreglados, portando ramos de olivos, atravesaban el torrente Cedrón y subían al Templo. Llegaban cantando: «qué alegría cuando nos dijeron vamos a la casa del Señor», y los que les veían pasar les gritaban: «¡Hosana, bendito que el que viene en nombre del Señor!»; era el saludo de los habitantes de Jerusalén a los que llegaban de afuera. Por la Puerta Dorada entraría Jesús el domingo de Ramos. La Puerta Dorada está cerrada porque —según la creencia judía, que los musulmanes han recogido en sus leyes árabes, musulmanas— sólo se abrirá cuando entre el Mesías, está cerrada porque es exclusivamente para el Mesías, «abrirme las puertas del templo y entraré para dar gracias al Señor», es la puerta del Señor, los vencedores entrarán por ella, dice el salmo.

Sobre la Puerta Dorada existe una tradición muy antigua que expresa que, en el Juicio Final que tendrá lugar en el valle de Josafat, Torrente Cedrón, se abrirá la puerta, llegará Cristo y la traspasará; y tras Él todos los justos. Por eso alrededor de este lugar esta lleno de tumbas, de personas que quieren ser los primeros en entrar por ella, cuando llegue el momento de la Resurrección, para ser los primeros en entrar en el Cielo. Tan profunda es la creencia en esto, que judíos de todo el mundo desean ser sepultados aquí… esperando el día.

Lo de que la Puerta Dorada será abierta al final de los tiempos, se basa en el salmo 24, 7, que dice «Puertas, levantad vuestros dinteles, alzaos pontones antiguos, para que entre el rey de la Gloria».

La explanada del Templo —*Haram es Sherif* para los musulmanes—, ahora llena de árboles, cipreses de grueso tronco, era el Atrio de los Gentiles del Templo, donde estaba el pueblo, el lugar donde hoy en día se encuentra la mezquita de la Roca. Es un rectángulo de unos quinientos metros de largo por trescientos de ancho que dibuja perfectamente el perímetro del antiguo templo de Herodes. Todo lo que se ve hoy en la explanada pertenece a distintos períodos de la larga ocupación musulmana, que ha creado su propia teología y variadas leyendas para unir estrechamente su historia a ella. Por otra parte, los judíos han identificado este lugar con la colina Moria, en la que tuvo lugar el sacrificio de Isaac (Génesis 22, 1-19), para dignificar más el Templo. Ello les viene muy bien a los musulmanes, puesto que igual se ven descendientes de Abraham, en la persona de Ismael. Además, según sus tradiciones, Mahoma pasó por este lugar antes de ascender al cielo en su mula blanca.

Los judíos nunca suben a la explanada del Templo, por temor a caminar, sin saberlo, por el lugar del Sancta Sanctorum, cuya localización no está precisamente situada.

Se ha aludido brevemente a las tumbas judías que se ubican en terrenos del torrente Cedrón, aquéllas en las que esperan los hombres para ser los primeros en entrar en el Paraíso, en la segunda llegada de Cristo a la tierra. Pues bien, todas ellas componen un cementerio enorme, de seguro el mayor del mundo, cuyos sepulcros rodean toda la montaña de los Olivos. Tiene la entrada, o al menos nosotros hemos entrado en el camposanto, por la puerta que se abre en la pina carretera por la que se llega al mismo Jardín de las Flores franciscano, preámbulo de acceso a la Basílica de la Agonía. Las primeras tumbas que están junto a la puerta, nos dicen, es donde se han filmado las primeras escenas de la película *La Lista de Schindler*. Se ve claramente como ellas, las tumbas, están repletas de piedras, cada una conteniendo cientos, porque entre los judíos existe la costumbre de que cada familiar que llega a venerar al deudo, ha de dejar en reconocimiento una piedra sobre la lápida, equivalente a las flores para los occidentales, con la diferencia de que la flor se marchita y la piedra perdura, es la eternidad. También el viajero se da cuenta de que las lápidas —se graba en ella el nombre y una frase bíblica— son pequeñas, cual si se quisiese señalar que los judíos son pequeños, y es que el difunto no está debajo de ella, lo que se ve es sólo un cenotafio, un monumento funerario, el muerto integrado en la tierra. En túmulo tiene uno huecos en la parte más baja —mínimas hornacinas— para colocar las velas, las candelitas votivas. Todos los que están enterrados en este cementerio han pagado mucho dinero por ello; es un privilegio.

Las costumbres funerarias judías no son estrictamente judías sino judeocriastinas, la de aquellos cristianos que procedían del judaísmo. Ellas sugerían que al judío se le entierra lo más pronto posible, como los musulmanes, a poder ser el mismo día. Pero aquí no acaba todo, porque a la semana, los familiares se reúnen con el difunto, delante de su tumba, después lo vuelven a hacer a los treinta días y después al año. Al pasar el año, cuando solamente hay huesos en el féretro, se acostumbra a cogerlos y guardarlos en osarios. La tumba que se ha vaciado se utiliza para otro muerto. Visitamos la necrópolis, s. I al IV, de una iglesia franciscana, donde hay osarios de cristianos árabes y judíos que se hallaron cuando se hicieron excavaciones para la construcción del mismo. Con bastante frecuencia se dice que se encuentra algún osario, sobre todo de Jesús. Hace unos meses se propaló que en Jerusalén se había encontrado un osario en el que se grababa la siguiente inscripción: JESÚS BEN JOSEF. En fin, otra vez, ya se había encontrado definitivamente la cárcava de Jesús. Cada dos o tres meses hay una aparición de éstas, como si el «Jesús, hijo de José» fuera el único en todo Israel; esto es, permitidme la broma, como encontrar en España una tumba que anuncie a José García, o Pérez, o Martínez.

En fin, y siguiendo nuestro periplo por los derredores del Monte de los Olivos, he de manifestar antes que nada, que santa Helena, la augusta madre de Constantino, llegó a Tierra Santa y, al contemplar el estado tan deplorable en que se hallaban los lugares santos, mandó construir tres basílicas: la del santo Sepulcro, la de la Natividad de Belén, que no ha sido destruida y que sigue siendo prácticamente original, y otra que había en la cumbre del monte de los Olivos y que se llama Eleona —«sobre los olivos», en griego—, dedicada a la Ascensión del Señor.

Llegamos al lugar donde estaba la basílica de la Ascensión y sólo se ven unas columnas en medio de un campo lleno de árboles, dentro de cuatro paredes y sin techo; todo al aire libre. Parece ser que el tiempo destruyó la original, y que así permaneció mucho tiempo hasta que a principios del siglo XX, una señora francesa —Aurelie de Bossi, princesa de La Tour de Auverne, duquesa de Ouillon— quiso reconstruirla, aunque parece ser que la señora se murió y no hubo dinero más para acabarla. De todas formas ella la dedicó, como veremos, al Padre Nuestro, confundida por un error, incitado en el pasaje de Lucas —11, 2-4—, ya que no logra captar la intención bíblica de, al menos, esta parte de su evangelio, ya que la teología histórica no tiene orden temporal y no se pueden contar una cosa detrás de otra.

Aunque hay otra capilla que también se llamaba de la Ascensión —es una mezquita hoy en día—, carece de importancia porque en este reducto —Eleona— es donde, durante muchos siglos, se rememora la Ascensión del Señor. De todas formas se sabe que Cristo asciende a los cielos el mismo día de su resurrección y es de suponer que es desde el Santo Sepulcro que, relativamente, está lejos de aquí. Entonces, se podría preguntar dónde durmió Jesucristo el día de su resurrección, si ascendió desde aquí, pero la pregunta no vale, porque ascendió al cielo de inmediato, desde su tumba. La Ascensión a la que se refiere la Iglesia, es aquella que tuvo lugar cuarenta días después de la última de las apariciones que realizó. De todas formas, la última de sus manifestaciones, cuando ya está en el Cielo con su Padre, tiene lugar en el monte de los Olivos, no se sabe si fue aquí —en el lugar de la Eleona—, o allá, al en otro lado, de hecho la tradición la ha situado en esta parte y es donde santa Helena construyó la famosa basílica. Sea como fuere, los restos de este santuario del siglo IV se encuentran debajo del altar mayor, y son unos pedruscos en forma de cripta.

La princesa de La Tour Auverne, además de hacer construir la iglesia, hizo el convento adjunto, que sí terminó. De hecho, en él reside una comunidad de religiosas carmelitas.

En este templo se recuerdan dos hechos: la Ascensión del Señor a los Cielos y la enseñanza del Padre Nuestro. Por eso hay sobre los muros al aire libre, y alguno a cubierto, la oración «que nos enseñó el Señor» en muchos idiomas, más de ciento cincuenta, y se muestran como símbolo de la catolicidad de la Iglesia, cada uno en su idioma, todos alabando al Señor. Me topo curiosamente con el escrito en valenciano (foto 19), que me emociona al ser proveniente de mi patria chica, y veo el asturiano, el vasco, el catalán, etcétera.

El Padre Nuestro fue enseñado originalmente en arameo, no en hebreo, por eso está inscrito en una de las lápidas en su idioma original; y junto a él, en la misma losa, traducido al hebreo. Están en verso, porque las oraciones las enseñaban los rabinos en forma de poema, porque de esta forma se recuerdan, se memorizan mejor. A nosotros nos llegó en griego, es decir, en las traducciones que hicieron los evangelistas y de una manera diferente según la de Mateo o de Lucas (Mateo 18, 15-20 y Lucas 11, 2-4).

Dentro de la mínima parte techada de la basílica hay un monumento escultórico que pregona a la señora benefactora. AURELIE DE BOSSI, PRINCESA DE LA TOUR DE AUVERNE, DUQUESA DE OUILLON, EN HONOR A FRANCIA RESTITUYÓ AL CULTO CRISTIANO EL SANTUARIO VENERADO A NUESTRO SEÑOR JESUCRISTO, DESIGNADO DEL PADRENUESTRO, Y SE HIZO ERIGIR ESTE MONUMENTO POR SU PODER A CAMBIO DE LAS BENDICIONES EN LOS TIEMPOS QUE HAY DE LA ETERNIDAD.

Y otra inscripción que dice: EL CORAZÓN DEL BARÓN JOSEPH CHARLES AURELIE DE BOSSI ESTÁ DEPOSITADO EN LA URNA BAJO ESTE MAUSOLEO DE DOÑA MARIE JOSÉPHINE BOUL, NACIDA BARONESA DE BOSSI, PRINcesa de la Tour de Auverne, nacida el 14 de junio de 1800 y muerta en Florencia el 4 de mayo de 1889… en 1892, sus restos fueron trasladados el 22 de diciembre de 1957. El corazón del barón Joseph Charles Aurelie de Bossi está depositado en un sitio cerca de …

Bajando de Eleona, a media ladera del Olivete, por el camino principal, a la derecha, se encuentra la iglesia de Dominus Flebit —el Llanto del Señor; Lucas 19, 41—, la actual construida por Barluzzi en 1955 sobre el solar de un antiguo monasterio bizantino. Tiene la forma de una lágrima y se conserva un trozo de mosaico del pavimento con motivos de flora y fauna palestinos del siglo VII. El acierto que tiene esta iglesita es el gran ventanal tras el altar, que proporciona una maravillosa vista de Jerusalén. En el frontal del mismo aparece un símbolo empleado por Jesús —San Mateo 23, 37—, el de la gallina cobijando a sus polluelos. De todas formas, no existe un sitio tradicional seguro donde ubicar el llanto de Jesús a la vista de Jerusalén; y, desde luego, para contemplar la ciudad santa no hay otra localización mejor, puesto que a través del gran ventanal que Barluzzi construyó se muestra una magnifica, grandiosa panorámica de ella. No obstante, hay que decir que se sabe que, en el s. XII, había una capilla al norte del santuario franciscano actual, pero que en el siglo XIV estaba en ruinas y que sobre ellas se construyó una mezquita en honor de Jesús —*El-Maansuriyeh*, que significa «El Triunfador»—, pero también ha desaparecido. En las excavaciones que se hicieron en el lugar, entre los años 1953 y 1955, el franciscano P. Bagatti descubrió un cementerio judeocristiano, y entre los osarios hallados destaca un monograma constantiniano —círculo con una cruz—, llamado así por haberse difundido en la época de este emperador (322-337)

Bajando por este camino hacia el torrente Cedrón, a la derecha y casi al fondo, se encuentra el viajero con la Tumba de María; una iglesia ortodoxa cuya fachada es románica, obra de los Cruzados. Este templo perteneció durante siglos a los franciscanos, hasta que un día entraron en él los ortodoxos griegos portando escondidas porras y los expulsaron a golpes. Para llegar a él hay que bajar dos tramos de escaleras. Uno hasta la plazuela que sirve de pórtico de la iglesia de la Asunción; y otro, dentro de ella, muy profundo, al final del cual se encuentra el sepulcro donde reposó el cuerpo de la Virgen. Esta extrema hondura nos da idea de lo que ha subido, por avenidas y arrastres de lluvia, el torrente Cedrón en dos mil años, porque, en el siglo I, la entrada a la tumba estaba a la altura de aquél, en el mismo arranque de la carretera que sube hacia lo alto del monte de los Olivos.

«… hay una iglesia subterránea a la cual se baja por cincuenta escalones. Tiénese por el lugar donde fue enterrada la Virgen…»[4]

La fachada de la iglesia es cruzada. No así su interior que es cruciforme, que es la cripta de la primitiva iglesia bizantina de finales del siglo IV, de la época de Teodosio el Grande; iglesia que, durante más de mil años, se han disputado y arrebatado todas las religiones. Está regentada por sacerdotes greco-ortodoxos, lo que determina sus templos excesivamente barrocos e iluminados con gran profusión de lámparas.

También este es lugar de tradición, no histórico arqueológico, porque durante años se ha considerado que aquí está la gruta del sepulcro de la Virgen. Hay que advertir que en Éfeso hay una casa —*Meryem Ana Evi*, la casa de la Virgen— donde se dice que vivió María, junto al apóstol Juan, los últimos años de su vida.

[Esta casa está en lo alto de la colina de Coressos, en Turquía. A partir de las visiones de la monja alemana Katerina Emmerich, se comenzó a considerar a aquel sitio como el lugar donde la Virgen vivió sus últimos años al lado de Juan, el apóstol —la tumba de Juan se encuentra en la cripta del presbiterio, al pie del altar mayor, en la Éfeso moderna, junto al monte Ayasuluk—, pero, por iniciativa del papa Pablo VI, se llevaron a cabo unas excavaciones de aquellos terrenos y se encontraron ruinas de un pueblo del siglo I, pero de María ningún vestigio; aunque antes se preguntó por el lugar a los aldeanos más viejos que únicamente, aferrados a su tradición, dijeron sencillamente que «Nosotros subimos a ella (la colina Coressos), como siempre se ha hecho; y la respetamos, pues para nosotros es una colina sagrada».]

Por todo esto y por lo que apuntamos seguidamente, parece muy

4 Octavio Velasco del Real, *op. cit.*; pág. 185.

poco probable que esa tradición sea real, porque los apóstoles estuvieron en Jerusalén hasta que se celebró el concilio de ese nombre, y luego se marcharon. Ello fue en el año 47, cuando María debía tener sesenta años, edad que para aquella época era altísima, por lo que se considera poco probable que la Virgen saliera de Jerusalén, siendo lo más lógico que muriese allí. De todas formas, apoyan estas consideraciones la gran tradición que existe en las ciudades y pueblos mediterráneos por la celebración de la festividad de la Asunción, que representa la «festa major» de infinidad de pueblos de la región valenciana. El «misteri d'Elch», tan conocido en todos los lugares de España y en el mundo entero, representa a la Virgen de la Asunción yacente y muriendo en Jerusalén rodeada por los apóstoles.

«La autenticidad de este extraño santuario es muy discutible; hasta denegada está, formalmente, por el tercer Concilio general de Éfeso, en el año 341, que coloca, en Éfeso mismo, la tumba de la Virgen, al lado de la de san Juan, su hijo adoptivo».[5]

Toda esta zona formaba parte del Huerto de Getsemaní, un olivar, y unas instalaciones de almazara, que trasformaba las aceitunas en aceite. En esta gruta se ha encontrado una prensa de aceite muy arcaica, aunque útil, que se exhibe en el vestíbulo de la misma. La máquina consiste en una especie de palanca de madera, brazo largo en el cual se le colocaban unas piedras o pesas para ejerciera presión sobre las aceitunas recolectadas y sometidas al proceso de extracción. Con las mismas piedras se sacaba desde el aceite más puro, el que se utilizaba para el culto del templo, hasta el más burdo usado en perfumería y jabonería, pasando por el de consumo humano. Sólo se tenía que colocar las pesas sucesivamente junto al fulcro de la palanca, en medio de ella o en el extremo para conseguir las tres calidades.

Esta es la presentación de la cueva y su aprovechamiento en tiempos herodianos y anteriores, hasta la llegada a ella de Jesús. Hasta aquí historia, y a partir de aquí comienza la tradición, que expresa que en la gruta es donde Jesús pasó con sus discípulos la última noche. Él esta-

5 Pierre Loti, *op. cit.* (2); pág. 88.

ba en los olivos luchando con su amargura, mientras sus discípulos posiblemente estarían resguardados del frío —en la Pascua, meses febrero o marzo suele hacer frío en Israel— y durmiendo. Y esta es la cueva —Gruta de la Traición— donde salió Jesús al encuentro de sus apresadores. El mensaje bíblico habla de un tiro de piedra —Lucas 22, 41— y efectivamente, por la cercanía de la Agonía a la Traición, unos cien metros, pudo ser verdad.

La gruta ha sido restaurada en lo posible como en su aspecto original —una cueva profunda, dentro de la cual parece que se ha improvisado una capilla; tanto el techo como los laterales son de roca viva— y dentro ella muestra unas inscripciones que se datan en el siglo XII.

«… la gruta llamada de "la Agonía" —convertida hoy en capilla con bóveda de roca— que, desde el siglo XIV, está considerada como el lugar de las agonías de Cristo, pero que, según una primitiva tradición indiscutible, es el refugio en que la noche de la Pasión dormitaron los apóstoles»;[6] por eso, según esta última creencia, ahora se la llama la «Gruta de la Traición», donde Jesús fue entregado por Judas.

En la explanada, en el lugar donde se supone que estuvo el Sancta Sanctorum del Templo, se erige, majestuosa, solemne, magnifica, la mezquita de la Roca o de Omar, *Qubbert es Sakhra*. No se sabe por qué se llama de Omar, porque fue construida por el califa Abd el-Malik (688-691). Sin embargo hay que apuntar, por si acaso, que el califa Omar fue el trigésimo sucesor de Mahoma y que se apoderó de Jerusalén, después de tenerla asediada durante cuatro meses. Igualmente Palestina y Egipto se vieron sometidas bajo su yugo inflexible, de vencedor.[7]

Es la mezquita más antigua y el ejemplar más representativo del Islam, con mezcla de arte persa y bizantino, ya que sus arquitectos fueron cristianos. Parece ser que se inspiraron en el Anástasis del siglo IV, que cubría la tumba de Cristo, y en la iglesia de la Ascensión —s. V— en el monte de los Olivos. La base es un octógono regular inscrito en un circulo de 54 m de diámetro, teniendo su cúpula una altura de 34 m y un diámetro de 22.5 m. Muchos de los elementos que la componen

6 Íbid.; pág. 90.
7 Chateaubriand, *op. cit.*; págs. 299-300.

proceden de otras iglesias cristianas, por ejemplo las columnas, de ahí su diversidad, incluso, en tamaño. Más tarde los turcos se llevaron el mármol del pavimento de la Natividad de Belén.

«La mezquita, de octogonal contorno, está sostenida interiormente por dos órdenes concéntricas de columnas: octogonal, también, la primera; circular la segunda, soportando la cúpula magnífica.»[8]

En el centro de la mezquita se encuentra la roca, la cumbre del monte Moria y supuesto altar de los holocaustos de Salomón.

«Sobre esta misma roca del monte Moria construyó Salomón su templo, en cuyo emplazamiento se ve hoy en día la mezquita de Omar, que tiene en árabe el nombre de *Cubbet es-Sakrah,* o cúpula de la piedra, cuya piedra simbólica guarda relación con ciertas tradiciones místicas y antiguas profecías.»[9]

La leyenda árabe sitúa en ella la ascensión de Mahoma, en su viaje ultraterreno —según su propio sueño— a la grupa de su caballo Burak; algunos hablan de una mula blanca. Mahoma está en La Meca, y tiene una visión que le lleva a Jerusalén, y aterriza con su caballo en el lugar de esta mezquita, de ahí sube al cielo, lee el Corán sagrado, baja a la Tierra en Jerusalén y va de nuevo a La Meca; todo ello en lo que tarda una copa de vino en derramarse. Qué hay detrás de esta leyenda, qué se esconde, la misma historia de otros profetas. Moisés recibe la tradición de las manos de Dios, Jesús, que es un profeta para los musulmanes, también recibe la tradición directamente de Dios, cómo Mahoma, padre de la religión única y verdadera, no va a tener una revelación de Dios.

Siguiendo la leyenda, se dice que la roca quiso seguir a Mahoma en su ascensión, pero el ángel Gabriel la detuvo, quedando en ella la huella de su mano. Debajo de la roca hay una gruta —pozo de las ánimas—, probable restos de la morada del jebuseo Areuna (II Samuel 24, 17), a quien David compró la colina para edificar el Templo. En la balaustrada de madera que protege la roca, hay un relicario de plata que contiene, según dicen, un pelo de la barba de Mahoma. A la llegada de

8 Íbid.; pág. 59.
9 Schuré, Éduard; *op. cit.*; pág. 49.

los cruzados se convirtió en templo cristiano —Templum Domini— y se edificó sobre la roca el altar mayor. También edificaron fuera de la mezquita un baptisterio, que se conserva intacto, con su pila bautismal muy cercana a la entrada oeste. A la llegada de Saladino, éste la restituye a su culto original y en 1994 es el propio rey Hussein de Jordania quien la restaura definitivamente, recubriendo su cúpula con 80 kg de oro de 24 quilates, justificando con esta prolija acción la intención de que la cúpula de oro proclame luminosamente la presencia del Islam en la Ciudad Santa.

Desde que Ariel Sharon entró en la explanada de la mezquita , ésta quedó cerrada al público, como represalia. Fue una ofensa tan grande para los palestinos como el 11 de setiembre para los norteamericanos. Dos años ha llevado clausurada, pero ahora, según leo en *La Vanguardia* del día 22 de agosto, parece que ha abierto de nuevo sus puertas a los turistas.

«Cerca de la mezquita hay una cisterna en la que mana el agua de la fuente Scellée, que era donde los turcos hacían sus abluciones antes de orar. Algunos viejos olivos poco frondosos derraman su sombra sobre los dos atrios».[10]

Imagen onírica, crucial y real, la que nos trae a la memoria, en plena mística simbólica, la tradición que considera que la «roca» o piedra de la Mezquita es la que dio origen a la Tierra; asegurando igualmente que el agujero, que aparece en ella, es aquel por donde salió el agua que inundó la Tierra.

---

10 Chateaubriand, *op. cit.*; págs. 326-327.

XV

JERUSALÉN III

Estamos, tenemos enfrente mismo nuestro a Jerusalén, la postal más divulgada por el resto del mundo: la inmensa muralla que muestra la Puerta Dorada, cerrada a cal y canto, por la que se asoman las picudas copas de los cipreses, la cúpula de oro de la mezquita de la Roca y la mínima, y gris, de la de Al Aqsa; y tras este primer plano el bosque terrible, caotizado, de edificios ancestrales que hieren, con sus picudos campanarios, sus minaretes, el cielo azul, en estos días de verano al menos, suave y más que de acuarela apastelado, porque no presenta ni el más mínimo síntoma de rotura por las aguas, sin siquiera albergar una nubecilla que rompa su cromatismo uniforme. Entre este panorama de antigüedad, capaz de transportarnos a los tiempos de lucha y convulsión, se entremezclan —hay que aclarar, sin embargo, que allá en los aledaños del horizonte—, rompiendo la visión mágica, de encantamiento, la frescura en contradicción de los innumerables años que los soportan, unos edificios modernos, altos, prismas gigantescos con infinidad de ventanitas que son precisamente el contrapunto que nos recuerda en qué siglo vivimos. He ahí la ciudad, Jerusalén, la que se ve desde el monte de los Olivos, porque no es sólo la que podemos contemplar: hay más ciudad de Jerusalén, escondida para el observador monteolivetano, mucho mayor. Cuando vayamos camino de Belén se verá esta parte oculta y descomunal, que ayuda a que Jerusalén se la considere como una ciudad desmesurada, que posee muchas más casas que están fuera del horizonte. Si se pudiera trazar una línea imaginaria tipo horizonte sobre la cumbre del monte sobre el que se asienta la ciudad, la vertiente del este sería la parte de los árabes, y la otra ladera —la oculta desde el monte de los Olivos, y que es mucho más grande que aquella— sería la de los judíos. En el más que concepto ansia de propiedad de esta montaña es donde reside la discusión atávica, milenaria, entre las dos razas. Veamos. Los terrenos de la vertiente oeste —es una ciudad totalmente igual que cualquier otra europea o americana— nadie los discute, no hay ningún problema porque es una urbe nueva, construida por los judíos para ellos; y se acabó. El problema surge en la ciudad vieja, la antigua Jerusalén, y es la que desean apropiarse tanto judíos, cristianos como palestinos. Para los judíos lo más importante del mundo son los terrenos que hay debajo la mezquita de la Roca, es decir, el lugar donde estaba el templo de Jerusalén, el que guardaba el Santo de los Santos, ese lugar donde el judío, al verlo profanado por la estatua de Zeus de Adriano o por la mezquita musulmana, desgarra sus sentimientos, metafóricamente sus carnes; algo semejante que ocurriría al mundo católico cristiano si el Vaticano fuese arrasado y colocado en su lugar una mezquita; hay que comprenderlo.

Se ve el monte de los Olivos separado de la ciudad por el torrente Cedrón, y el cementerio árabe junto a la muralla y el judío en la falda del Monteolivete. En la parte de atrás de la explanada del templo está el muro Occidental o del Llanto; y tras él asoma, a la derecha, una torre de aguja junto a una cupulita negra que es la iglesia luterana de Cristo Redentor, pudiéndose descubrir, muy cercanas a ésta, dos cúpulas más: la gris y pequeña la del Calvario; la otra, la grande, la de la basílica del Santo Sepulcro. Algo más alejada, y a la derecha, se levanta enhiesta la torre espigada del convento franciscano de El Salvador.

Mirando hacia la derecha de la panorámica se ve un edificio alargado, el que a su izquierda muestra un minarete. Es la fortaleza Antonia, un imponente fortín romano formado por cuatro torres simétricas con un patio central, el llamado «lithóstroto» — «lugar empedrado» en griego—, el sitio donde fue juzgado Jesús.

Al sur de la muralla se encuentra el pequeño cerro de Ofel, asentamiento de la Jerusalén jebusea, la más primitiva, la que se convirtiera más tarde en la capital del reino de David. Hoy lo ocupan una serie

de restos arqueológicos y residuos de excavaciones. Detrás se ve la iglesia de San Pedro in Gallicantu, que se distingue porque tiene una cúpula baja de color gris azulada, destacando en lo alto la iglesia benedictina de la Dormición de Monte Sión. A la izquierda de ella se alza un
minarete que señala el lugar del Cenáculo, convertido, como veremos,
en mezquita hace muchos años. Toda esta parte de la Jerusalén antigua
está rodeada por el valle de la Gehenna.

Visto desde lo alto del monte se podría itinerar la Vía Dolorosa,
la ruta del Vía Crucis, que es el camino que va desde la Torre Antonia
hasta el Calvario, determinado por la cúpula pequeña ya citada. No se
puede pasar por estas calles, porque las auténticas, las que pisó Jesús
camino del Calvario, se encuentran a cuatro metros por debajo de ellas.
Todos aquellos caminos, la ciudad entera, quedó destruida en el año 70
por Tito. Por tanto, las calles de la Jerusalén herodiana permanecen
selladas, aplastadas por las actuales. Esta destrucción corresponde a
la profecía de Jesús, que dice que «no quedará piedra sobre piedra»;
predicción que, en realidad, no se cumplió del todo, porque quedan de
ella unos cuantos pedruscos que forman el Muro de las Lamentaciones:
un trocito muy mínimo de lo que fue el Templo de Jerusalén. Desde las
murallas herodianas hasta las actuales ha habido otras dos barbacanas;
la tercera es la de los turcos.

Toda la ciudad, como se ha dicho, fue destruida en el año 70 d. C.
El general Tito, desde el monte de los Olivos y con Flavio Josefo tomando nota del momento histórico, contempló la devastación de la ciudad. Conforme avanzaban los romanos en su empeño demoledor, los
pobres y desgraciados judíos se iban retirando, refugiándose, arrinco-
nándose en el interior del Templo, puesto que las legiones romanas
seguían inexorablemente avanzando y matando. Por ese motivo, los
que quedaron, después del gran exterminio, se refugiaron en el Santo de los Santos, lugar para ellos invulnerable. Se dice que allí, el día
6 o 9 de agosto, según los calendarios, a las tres de la tarde tuvo lugar
el último sacrificio vespertino. Las gentes —que estuvieron asediadas
durante meses, sitiadas, que pasaron tantas calamidades y hambre, hasta el punto que incluso llegaron a comer sus propios cadáveres— se
rindieron. Flavio Josefo, en su *Historia de la guerra de los judíos*,[1] lo

17. La baja entrada
de la capilla
del Santo Sepulcro.

18. Las tumbas de Zacarías, Santiago y Absalón.

19 . Un mural donde se encuentran los padrenuestro en cada uno en los idiomas, incluso el valenciano (foto 16).

20. Mosaico central de la iglesia benedictina de la Dormición.

21. Soldados y funcionarios vigilan el Muro de las Lamentaciones.

22. Los invitados al *Bar-Mitzva* ríen y cantan, desbordan alegría.

23. El lugar exacto donde fue levantada la cruz para la crucifixión de Cristo.

24. Super ortodoxos, con sus abrigos negros.

25. Pintada o graffiti sobre el muro que da a la Manger Square (Belén).

26. Estrella de plata, en el suelo, donde los peregrinos doblan su rodilla…

27. Única entrada
a la iglesia
de la Natividad.

28. Galería de arte con el frente lleno de grabados y dibujos multicolores.

29. … y una no menos
enorme Menorah.

30. Panorámica desde el Quarter Café (Jerusalén).

31. Una magnífica fuente con cuatro pilastras.

32. Zoco árabe de Jerusalén.

La Vía Dolorosa

cuenta en Roma, quizá para congraciarse con sus nuevos amos, los romanos; y, como es natural, un judío romanizado se pone siempre al lado de éstos, menos cuando habla de enclaves geográficos que no le comprometen. No hay que olvidar que Tito lo prohijó y lo convirtió en su ayuda de cámara, gabela obtenida gracias al vaticinio que le hizo —para halagarle, no porque fuese un visionario— que sería emperador; y, efectivamente, a la muerte de Vespasiano, la X Legión Romana lo proclamó. Como curiosidad, diré que para este historiador judío, Jesús apenas si tuvo importancia, solamente le dedicó unas líneas en las que le reconoce como un profeta, que hizo cosas prodigiosas. Para él es mucho más importante Juan el Bautista.

1 Esta obra está resumida en la ya mencionada *Flavio Josefo*. Véase nota 5 de pág. 24.

El Cenáculo, situado en la panorámica en el monte Sión —zona de las casas nobles—, en tiempos de Jesús estaba dentro de las murallas. En la actualidad no es así, porque la murallas turcas no coinciden con las herodianas, y lo han dejado afuera. Debido al diseño de aquéllas no es difícil, pues, encontrarse con abundancia de lugares que estaban antes fuera y que ahora han quedado dentro; por ejemplo, el Santo Sepulcro, pues Jesús muere, como todos los ajusticiados, fuera de la ciudad, donde generalmente se levantan los cadalsos.

Como última visión de la panorámica de Jerusalén, hay que fijarse en una iglesia que se alza entre el valle y el monte de los Olivos, con cúpulas doradas y «en cebolla», que es un convento de monjas ortodoxas griegas.

También, desde la atalaya natural, se ve el lugar que ocupaba el Alto Comisario del ejército inglés, aquel en el que se instalan a su llegada a Israel en el año 1920; y donde permanecen hasta la llegada de los israelitas desde el Éxodo, que es cuando le colocan una bomba y lo destruyen. Ante tan bárbara protesta, los ingleses se dan cuenta de que nada tienen que hacer allí y una semanas después deciden irse, embarcan sus tropas y abandonan el gobierno; al día siguiente comienza la guerra árabe-israelí.

… y el Templo.

Siempre que se hable del Templo hay que ubicarlo en el lugar donde está la mezquita de la Roca; ésta llegó más tarde, éste estaba desde el tiempo de Salomón.

El Templo estaba recubierto, el del Antiguo Testamento, por gruesas láminas de oro, de forma que, al amanecer, los rayos del sol se reflejaban con tanta fuerza a su derredor que los que lo contemplaban tenían que bajar su mirada, cerrar los ojos. La parte que no estaba dorada era de un mármol blanquísimo, de forma que, desde lejos, se la veía como una montaña de nieve. Su cima estaba erizada de púas de oro para que no se posaran las aves y evitar sus excremento. Su base era cuadrada, pero en sus ángulos habían unos salientes en forma de cuerno. Sólo se accedía a él por la parte sur, por medio de una rampa muy suave. En su construcción no se usó el hierro, ni siquiera lo podía rozar este metal. El templo y el altar estaban separados por una balaustrada que separaba al pueblo de los sacerdotes. A la vez que la ciudad estaba prohibida para los hombres atacados de gonorrea y a los leprosos, el santuario estaba prohibido a las mujeres durante sus reglas, e incluso fuera de este proceso biológico no se les permitían traspasar los límites fijados. Los hombres, incluidos los sacerdotes, que no estaban purificados tampoco eran admitidos.[2]

En la confluencia de la muralla este, la más vistosa, con la sur, y en la parte más alta, se encuentra el Pináculo del templo, donde se sitúa el episodio bíblico de una de las tentaciones de Jesús.[3] Está junto a la cúpula negra, la de la mezquita de Al Aqsa, de la que hablaremos. El Pináculo era elevadísimo, tendría casi 70 m de altura. No obstante, hoy en día, como ha subido muchísimo el nivel debido a los escombros del templo cuando su destrucción, su altura es menor; además la muralla, en tiempos de Herodes, era mucho más alta, con lo cual, se calcula que el pináculo podría tener entonces la altura de una casa de 17 pisos. Parece ser que el propio Flavio Josefo dijo de él, que un árabe visto desde arriba parecía un gusano.

En el «Sancta Sanctorum» del templo sólo podía entrar el sumo sacerdote. Recóndita sala oculta por un cortinaje, aquel que se rasgó de abajo arriba cuando murió Jesús.[4] El que entrara en él, aunque fuera un solo momento, era reo de muerte. Por eso, cuando accedía el sumo sacerdote nadie podía entrar detrás suyo y se le ataba a la cintura una cuerda para poder tirar del cuerpo y sacarlo —si acaso se ponía enfermo o le daba un ataque, o colapso— sin tener que hollar tal lugar sacratísimo.

«La parte más interior tenía veinte codos; estaba separada de la parte exterior también por una cortina; no contenía absolutamente nada, pero su entrada estaba prohibida absolutamente a todos, era inviolable y oculta a las miradas. Era llamada el Santo de los Santos.»[5]

«… el templo magnífico concluido en 999 por Salomón, fue reedificado después de los 70 años del cautiverio de Babilonia por Josué y Zorobabel, reconstruyéndolo por entero Herodes Ascalonita, en cuya

---

2 Flavio Josefo, *op. cit.*; pág. 32.
3 Mateo 4, 5.
4 Mateo 27, 51.
5 Flavio Josefo, *op. cit.*; pág. 31.

obra empleó 11.000 operarios que trabajaron durante nueve años, siendo entonces cuando los judíos desmontaron y terraplenaron la montaña inmediata al valle de Josafat, formando la explanada actual. A la entrada de Tito, este emperador no dejó piedra sobre piedra del templo actual.»[6]

El santuario, templo santo, estaba en el centro y se llegaba a él subiendo doce escalones. Su primer portalón no tenía puertas y simbolizaba la inmensidad del cielo abierto a todos: su frontón estaba recubierto de oro, así como el muro que lo rodeaba. Estaba coronado por viñas de oro de las que pendían racimos del tamaño de un hombre. Tenía unas puertas de oro, ante las cuales estaba colgando una cortina. Era un tejido babilonio, tejido de color grana y cárdeno, de lino y púrpura; materiales que guardaban el simbolismo de aludir la grana al fuego, el lino a la tierra, el cárdeno al aire y la púrpura al mar. El tejido representaba un mapa completo del cielo, en el que faltaba los signos del zodíaco.[7]

El valle de Josafat, ya aludido alguna vez en esta obra, es el que ocupa los terrenos comprendidos entre la muralla este del Templo y el monte de los Olivos, partido por el torrente Cedrón y donde se extienden, como también se ha insinuado ya, los cementerios árabes, a pie de la muralla, y el cristiano, en la falda del Monteolivete (foto 16).

Valle de Josafat es, por etimología, el «valle del Juicio», porque según la creencia legendaria de los judíos, el Juicio Final tendrá lugar en este lugar, por estar a la altura del Santo de los Santos. Será, por ello, el lugar más adecuado para reunir a todos los pueblos: los justos subirán de la Jerusalén terrestre a la celestial y los condenados serán arrojados al torrente Gihón, en el valle de la Gehenna, en el límite sur de la Jerusalén herodiana.

El valle de la Gehenna —*Wadi el-Rababi* en árabe; que significa «infierno» en siriaco— es el lugar donde, metafóricamente, se baja al abismo, al *seol*; y es precisamente este el lugar fatídico, porque ya de por sí y por tradición bíblica, tiene mala fama, abominable. La Gehenna era el lugar de la perdición, porque sobre ella se echaban los des-

6 Octavio Velasco del Real, *op. cit.*; pág. 199.
7 Flavio Josefo, *op. cit.*; pág. 31.

perdicios de la ciudad, era el basurero oficial, el estercolero, que siempre estaba ardiendo, como se siempre se hace con estos desechos para hacerlos desaparecer. Por ello el fuego es el símbolo del infierno, el lugar de la eternas llamas. Allí estaba el *seol* y los condenados, era la parte peor y más indigna de Jerusalén. Pero por qué se eligió ese lugar como lugar del infierno, por qué era un lugar maldito la Gehenna. Al parecer, en tiempos de Acab, el rey que se casó con Jezabel, el que en el Monte Carmelo lucha contra Elías, edificó en ese lugar un templo a Molok, uno de sus dioses paganos; santuario que tenía permanentemente encendida una hoguera en donde se arrojaba sin compasión a los niños de poca edad, víctimas propiciatorias al dios. Por eso resultaba gravemente nefasto, para los israelitas, el reinado de Acab y Jezabel. Así que, cuando murió el rey Acab, los judíos lo primero que hicieron fue derribar este templo maldito y convertirlo en un estercolero, cuya basura estaba constantemente ardiendo para eliminarla, lo que hizo que el pueblo viera en él la imagen viva y terrestre del infierno. Es el lugar donde, según la tradición neotestamentaria, murió Judas, tras la traición.

«… cruzamos el torrente Gihón, que se desliza por el fondo del valle de Ben Hinnon, y llegamos a la Haceldama o *Campo de la sangre* o *el Alfarero*. Según la tradición, en este lugar estaba situado el terreno que con los treinta dineros o siclos devueltos por Judas compró Caifás para destinarlo a cementerio de los extranjeros. Y cementerio fue (cementerio de cruzados). El lugar es terriblemente árido, y sólo para necrópolis podría ser utilizado. Aún se ven los restos del *pudridero* de los soldados de la cruz…»[8]

En contra de esta tenebrosidad, lobreguez de escenario vital humano, renace la esperanza en el valle de Josafat —cuyo nombre tiene bastante probabilidad de representar el pasaje que se refiere al rey judío Josafat, a quien el espíritu de Yahvé habló—,[9] el lugar reservado especialmente, como hemos dicho, para juzgar a la Humanidad, según la tradición judeocristiana. Por eso Jesús, que pertenece, como

---

8 Octavio Velasco del Real, *op. cit.*; págs. 177-178.
9 II Crónicas 20, 15.

judío, al mundo cultural hebreo, no duda en situarlo aquí, cuando quiere representar este gran juicio final de remisión, en esa parábola del bien y del mal.[10]

El valle de Josafat es el lugar donde Dios separará; y es Jesús quien añade a esta tradición el criterio para hacer esta separación; criterio que no será ni siquiera judío. «Porque tuve hambre y me disteis de comer; tuve sed, y me disteis de beber; tuve frío, y me vestisteis, etc. Y llegará un musulmán o un budista, a quien dirá: «No te conocía de nada, pero fuiste bueno»; y llegarán muchos cristianos, a quienes dirá: «No me vestisteis, no me disteis de comer...»... el criterio será el del amor.

La parábola a la que se ha aludido se ambienta en este lugar, el «valle del Juicio», de Josafat, y si en éste ha de tener lugar el juicio de los justos, hay mucha gente que quiere ser enterrada aquí. Por eso el cementerio es enorme, pero no de ahora sino de todos los tiempos, ya que los de aquí creen, están en primera fila para entrar en el Reino de Dios. Los hay de América, de la otra parte del mundo, que pagan lo que sea para que se les sepulte aquí.

«El valle de Josafat se denomina aún en la Escritura el *Valle de Savé, Valle del Rey, Valle de Melquisedec*. En este valle buscó el rey de Sodoma a Abraham para felicitarle por la victoria alcanzada sobre los cinco reyes. Moloch y Belfegor recibieron adoración en este mismo valle, que más adelante tomó el nombre de *Josafat*, porque el rey así llamado hizo construir en él su sepulcro. Este valle parece ha servido siempre de cementerio de Jerusalén, pues se encuentran en él los monumentos más remotos y de los tiempos más modernos. Los judíos van a morir en él desde las cuatro partes del mundo, y un extranjero les vende a precio de oro un puñado de tierra para cubrir los restos en el campo de sus antepasados.»[11]

«... Jerusalén con la silueta del monte Moria y la mezquita de Omar. A sus pies se divisa la estrecha garganta del valle de Josafat, sembrado de tumbas judías, a cuyo extremo se ven los olivos de Getsemaní como puntitos negros.»[12]

---

10 Mateo 25.
11 Chateaubriand, *op. cit.*; pág. 190.
12 Éduard Schuré, *op. cit.*, pág. 107.

Como bien se ha dicho, el valle de Josafat guarda monumentos funerarios por doquier, y muy antiguos. Entre éstos nos hemos de referir a las tumbas de Zacarías, Santiago y Absalón (foto 18). Las tres están prácticamente juntas. En la de Absalón, hijo mayor de David, se había erigido un monumento en el Valle del Rey —se cree que el Cedrón, en el valle de Josafat—; no tenía hijos y así pensaban perpetuar su nombre.[12] Hoy aún existe, con ese mismo nombre, a la orilla del camino. Y a la derecha, más al sur, tan sólo a cincuenta metros, se halla la tumba de Santiago, un hipogeo judío de estilo dórico tallado en roca, que es, en realidad, una tumba familiar. Más al sur se halla la tumba de Zacarías, el último de los profetas menores, un monumento monolítico con grabados alusivos al difunto.

«Llegamos a los pies mismos de estos grandes mausoleos llamados tumbas de Absalón, de Josafat y de Santiago. No sé qué es lo que existe en su forma, en su color, en todo su aspecto, tan extrañamente triste, acentuado aún más por la tarde: de ellos, sin duda, dimana, más que de los miles de sepulturas pequeñas y semejantes diseminadas sobre la hierba, la inmensa tristeza de este valle del Juicio Final.»[13]

«Tres monumentos, los sepulcros de Zacarías, de Absalón y Josafat, descuellan en este campo de destrucción. Al ver la profunda tristeza de Jerusalén, de la que no se eleva ningún humo, donde no resuena el más leve rumor al observar la monótona soledad de sus montañas, no pobladas por ningún ser viviente; al advertir el pavoroso desorden de aquellos sepulcros destrozados, rotos y entreabiertos, podría decirse que la ronca trompeta del juicio ha resonado ya y que los muertos van a levantarse de las estremecidas tumbas en el lóbrego valle de Josafat.»[14]

«... esta parte de Jerusalén es ya lúgubre, conviértese en un lugar de casi religioso espanto durante la noche, cuando se pasea por él, solo, y se siente cernerse todo el horror de este gran nombre legendario: ¡El Valle de Josafat!»[15]

---

12 II Samuel 18, 18.
13 Pierre Loti, *op. cit.* (2), pág. 93.
14 Chateaubriand, *op. cit.*, pág. 291.
15 Pierre Loti, *op. cit.* (2); pág. 126.

«Valle de la muerte, tierra henchida de huesos y cenizas de hombres, templo silencioso de la nada, en el que el mismo alarido de trompetas apocalípticas no se verá libre de congelarse y de morir…»[16]

Desdichado espectáculo, y recuerdo de tristeza y tenebrosidad del lugar, del enorme valle de Josafat, que nos dan estos viajeros adelantados a nuestro tiempo. Si no fuera porque yo lo he pisoteado, he caminado por sus veredas, sendas y carretera, podría, incluso, caer en la depresión oscura, por no decir negra, del pesimismo inestable que proporciona, o puede, toda actitud necrofóbica; excesivamente exagerada, diría intensamente supersticiosa e, incluso, diabólica, con la que parece que se quiera cebar en el paradigma muerte-submundo, espíritus malignos y con ganas de dañar. Qué dirían, pues, de los parajes y cultos profundamente funerarios, animistas, que se desarrollan con intensidad religiosa al norte de la isla de Sulawesi, en la etnia llamada de Tana Toraja, de las que yo escribí, en un viaje de ensueño y sosiego, «… sobre extrañas tradiciones; sobre muerte, mucha muerte, oscura muerte que brilla, muerte de colores, llena de campanillas, sonora, de golpes secos de gong… muerte que confiere alegría, amor a una impalpable idea, a una creencia, a una cultura tradicional, principal, hecha de hombres y de dioses…».[17]

He visto, visitado el valle de Josafat, y no he encontrado por ninguna parte la tristeza y la lobreguez, el espanto, campo santo, tierra santa, donde descansan los cuerpos en espera de penetrar en la Jerusalén celestial; quizás aguardan siglos pero al final entrarán, porque el valle sólo es el preámbulo, la sala de espera de los hombres que tienen fe, y no hay por qué aterrorizar —palabras tristeza, triste, horror, lóbrego, silencio, espanto, Apocalipsis, pavor, estremecimiento, soledad, muertos que se alzan— a aquel que viene de visita, haciendo del lugar la «noche de los muertos vivientes», con zombies que se levantan de sus tumbas, etc.; el Valle de Josafat no es más que un cementerio que, como muchos occidentales, europeos, mediterráneos, guarda alegría, la alegría deslumbrante, la luz restallante que se abrirá sobre él cuando lle-

---

16 Íbid.; pág. 144.
17 R. Benito Vidal, *Sulawesi: el misterio de las casas-barco*, Abraxas, Barcelona, 2001; pág. 204.

gue la hora. No hay que asustar a nadie, caramba, porque los difuntos no tienen malas intenciones, ni siquiera están torturados por sus pecados o por una muerte violenta. Cosas de novelistas de cerebros mal amoblados, cuyos escritos destilan amargura, quizá porque en el ejercicio del odio, el que odia es el que más sufre; y se les nota.

Y adentrándonos más en el Valle, siguiendo el torrente Cedrón, antes de llegar a Siloé, se encuentra la tumba de la Hija del Faraón, monolítica en forma de cripta egipcia; y un poco más abajo, la fuente de María, con una escalera que permite bajar al manantial bastante profundo.[18] Todavía hoy sigue el curso el agua por el túnel excavado en tiempos del rey Ezequías.

Y de nuevo nos asomamos a la explanada del templo y junto quedamos a la mezquita de cúpula gris, la llamada de Al Aqsa, «la Lejana», que mide la distancia en relación con La Meca. Se alza sobre el espacio que ocupaba la basílica de Herodes en la parte meridional de la gran explanada. Parece que su origen se debe al califa Omar que, en el año 638, construyó un lugar de oración, porque la de la Roca no es más que un monumento conmemorativo. Más tarde, en 711, el califa al-Walid la sustituyó por una construcción más noble y sólida. Esta mezquita sufrió las consecuencias de terremotos y para paliar el daño el califa Zahir, en 1022, la subsanó y decoró con mosaicos la cúpula por el interior. Al llegar los Cruzados fue restaurada nuevamente y convertida en un palacio hasta el año 1128, que fue cedida a los caballeros de la Orden del Temple, y ciento sesenta años después, con la conquista de Saladino, éste la vuelve a restaurar y la devuelve a su culto original.

La mezquita de Al Aqsa tenía en la antigüedad 280 columnas distribuidas en 14 filas, delante del principio de la escalera que desciende hasta la puerta doble de la construcción herodiana. Desde ella se puede ver el Pináculo del Templo y tiene un pequeño estanque —*El Kas*— donde los musulmanes se purifican y hacen sus abluciones antes de la oración.

16 II Reyes 20, 20: «El resto de la historia de Ezequías, todas sus hazañas, y como construyó la piscina y el acueducto para la traída de aguas a la ciudad...».

Y, bajo el sol del mediodía —las doce de sol caen como losas de mármol, incluso si quieres, blanquísimas y esmaltadas de flores— tomamos, buscando la sombra —y algunas veces sí que se encuentra por fortuna—, Alla Ed Din, Taquiya en su prolongación y hasta la plaza del Santo Sepulcro, para alcanzar, bajo los toldos del zoco árabe, a través de la calle de san Francisco, Casa Nova St., donde, fresco y en penumbra, nos espera nuestro albergue; la buena y sana comida, atractiva cocina italiana.

XVI
JERUSALÉN IV

Yhora es de visitar Hakiria, el centro de la ciudad gubernativa, donde destaca el Keneset, el Parlamento de Israel, y otros muchos edificios institucionales, de la administración, de la economía y de la cultura hebrea, como el banco de Israel, varios ministerios, la Corte Suprema, la Universidad Hebrea, la Torre Keneset, la principal de las sinagogas, los museos del Libro y de Israel, el Jardín Botánico y los mejores hoteles de la ciudad.

Frente al Parlamento —edificio construido por los arquitectos Joseph Klarwein y Dov Karmi, acabado en 1966 y dotado con magníficos murales de Marc Chagall— se encuentra la *Menorah,* candelabro de siete brazos, gigantesco monumento, obra de Beno Elkan, regalado, en 1956, por el parlamento inglés con motivo de la constitución del Estado de Israel. A propósito de este gran candelabro hay que añadir, como curiosidad, que Israel ha pedido a la Iglesia que indague sobre el paradero de la «menorah» de oro que las tropas de Vespasiano y Tito se llevaron a Roma, cuando destruyeron el templo en el año 70. Desgraciadamente nada se sabe de él, si bien está representado en el Arco de Tito, en el Foro Romano.

Este enclave jerusalemí, indudablemente de factura moderna —mano de los ingleses, durante su dominación; se ve claro—, es un lugar muy vigilado. Hay que dejar las bolsas y los macutos en el coche y llevar encima el pasaporte, porque hay muchas probabilidades de que lo pidan; incluso no se sabe si se puede usar la máquina de fotografiar; cuanto menos cosas vean menos tendrán que registrar, en tiempos anteriores se podía gozar de estas ventajas; y eso que somos lo únicos extranjeros que permanecemos en el parterre, en medio del cual se alza en gran candelabro. Hay, por no mentir, un grupo de jóvenes escoltas o algo parecido, del país, de seguro de otros enclaves alejados de Jerusalén, vigilados por un guía y por uno de esos jóvenes paisanos que llevan terciado un mosquetón, y que, seguramente, el gobierno pone a su disposición para la seguridad.

Hemos salido de la ciudad «dentro murallas» y tomado la calle Yafo y pasando por la Torre de Jerusalén, por la calle Ben Yehuda —barrio judío— conectamos con Sderot Hanasi, Ben Zvi y, en esta gran vía que separa Hakiria del barrio judío, alcanzamos casi Sderot Hayim Hazaz y bajamos prácticamente a las puertas del Keneset.

Es domingo y todo está abierto, porque es el primer día de la semana. El consulado americano queda a la izquierda, porque la embajada está en Tel Aviv. En nuestro periplo hemos cruzado la avenida de King George V, el rey inglés bajo cuyo mandato llegó el dominio inglés a Israel.

La *Menorah* y la *Hanuká*.

El símbolo de Israel[1] es la Menorah, el candelabro de siete brazos. Sin embargo, y curiosamente, se ven en muchas tiendas otro tipo de candelabro que tiene nueve brazos, que entonces se llama Hanuká. La menorah era el candelabro que ardía día y noche en la presencia del Señor en el Templo de Jerusalén. El Sancta Sanctorum —habitáculo vacío, como se sabe— estaba cerrado, incluso su vista, por una gran cortina; lo separaba del resto del templo. Delante suyo había un candelabro que tenía siete brazos, en cada uno de los cuales ardía una lámpara de aceite permanentemente en honor del Señor. Simbolizaba la presencia constante del pueblo de Israel ante Dios. Los sacerdotes se encargaban de entrar por la mañana y a mediodía para cambiar o sumi-

---

1 Según Éxodo 25, 31-40, Yahvé, entre otras cosas, ordena a Moisés: «Harás un candelabro de oro todo puro de él, su base y su tallo trabajado a cincel, su cálices, sus capullos, sus flores arrancando de él... harás para él 7 lámparas que pondrás sobre el candelabro de forma que luzcan hacia adelante, con sus espabiladeras y platillo, todo de oro puro. Un talento de oro puro se empleará para hacer el candelabro y todos sus accesorios. Lo harás según el modelo que se te ha mostrado en la montaña.»

nistrar el aceite necesario para que se pasara el día y la noche ardiendo. La Menorah es también el escudo de Israel y se ve mucho en Jerusalén, ya que, incluso, aparece en la carta de embarque de los vuelos y en los pasaportes.

En las tiendas y en algunos edificios, por ejemplo encima de todas las sinagogas, se ve el candelabro de nueve brazos, con nueve luces. Es la Hanuká. Ella hace referencia a la purificación del templo que hizo Judas Macabeo. En el siglo II a. C.., el rey griego destruyó el templo de Jerusalén, el de Salomón, y colocó en el Santo de los Santos una estatua de Zeus. Ello fue la desolación para los judíos, algo terrible, ya que no podían soportar la humillación que significaba que el lugar del Santísimo lo ocupara una estatua pagana, la de Zeus. Ello provocó tal indignación entre el pueblo judío, que Judas Macabeo y su padre Matatías, a la cabeza del pueblo macabeo, se alzaron contra los griegos, venciéndolos y echándolos del país. Cuando Judas Macabeo entró triunfante en el Templo, lo que vio le causó gran desolación: los griegos habían saqueado sus dependencias, destrozado las estatuas y no encontró ninguna vasija con aceite puro para la ofrenda perpetua que mandaba su religión. El concepto de pureza que tenía la ley de Moisés era superlativo y el guerrero se dio cuenta de que todo lo que le rodeaba estaba impuro, incluso el aceite, porque lo habían tocado personas impuras, manos de gentiles, y por eso no servía para el culto. La tradición judía dice que Judas Macabeo encontró, al fin, una vasija, una sola, con aceite puro que no había sido manipulada por los griegos, pero con el aceite de una sola vasija no podía arder los siete brazos durante una semana que duró la expiación del templo. Cuentan los rabinos, en su tradición sobre la Hanuká, que milagrosamente esta vasija de aceite fue suficiente para que estuviera ardiendo durante siete días sin consumirse. Como duró ocho días la dedicación del templo —fueron ocho lo que duró la expulsión de los griegos—, cada día se encendía una y la novena era la que servía para prender las otras, por lo que ésta está, para distinguirla, fuera de la alineación.

Hay una tradición, o fiesta tradicional judía, en la cual se ponen, por Navidad, velitas encendidas en las ventanas, lo cual hace creer en adornos navideños, sin pensar que los judíos no festejan la Navidad. Lo que hacen es celebrar la «fiesta de las luces», la fiesta del Hanuká. La conmemoración tiene una duración de ocho días, de sábado a sábado, y en esos días la familia se reúnen en grandes banquetes para conmemorar la dedicación al templo. El primer día se enciende una vela, el segundo, la segunda luz, el tercero, la tercera, y así sucesivamente. La Hanuká significa la fiesta de la dedicación del templo por Judas Macabeo, la fiesta nacional por la que los judíos expulsaron a los griegos del Israel.

En nuestro periplo, pasamos por la Gran Sinagoga judía, casi al final de la Keren Hayesod, en la isla verde que se forma entre la Derech Aza y Heichal Shlomo, a poco de la Residencia del Presidente, frente a la cual, a orillas de la carretera de asfalto, se instalan unas tiendas de campaña, ocupada por gente que parece que protesta por algo. Se ve a la policía a caballo patrullando la calle, y vigilando los aledaños del edificio. Los cuadrúpedos llevan una protección ante los ojos, la máscara trasparente antidisturbios, igual que la que usan los hombres.

El edificio religioso hebreo, la Gran Sinagoga, tiene en todo lo alto una «Hanuká», y en él reside la sede del Gran Rabinato de Jerusalén, una especie de palacio arzobispal. Como hay dos comunidades judías también allí habitan los dos rabinos: el Gran Rabino askenazi —judíos europeos— y el Gran Rabino sefardita —judíos españoles. Junto a la sinagoga hay un edificio con una imagen de la Inmaculada, siendo uno de los pocos sitios en Jerusalén donde hay símbolos cristianos.

Entramos, estamos, en el barrio residencial, auténtica, y preciosa, maravilla que data de la época de la colonización inglesa: casitas pequeñas y chalets con amplios jardines a su alrededor.

Los revestimientos de las paredes de las calles de Jerusalén son de piedra, como ya he dicho, y cuando se refleja en ellas el sol le da a las casas un reverbero dorado precioso.

El Parlamento, Keneset, es un edificio rectangular que apoya sus basamentos sobre una colina cubierta de césped de color fresco y pulido como un corindón verdoso. A su alrededor se extiende un gran valle, donde las edificios se construyen con rapidez y de una manera muy occidentalizada; no resultan ser muy expresivos —altos o bajos, sin ornamentación, adocenados y vulgares, útiles solamente— para lo único que se les exige, y con urgencia: contener a la gran cantidad de emigrantes que llegan de todas las partes del mundo; edificios típicos de una ciudad que se expande rápidamente.

En la fresca serenidad del comedor de Casa Nova —antes hemos pasado por el Patriarcado Latino de Jerusalén, no muy lejos de la hospedería franciscana; y hemos tenido el primer, breve encuentro, con monseñor Kamal, palestino de nacimiento, obispo auxiliar del Patriarca y excelentísimo, y excelsísimo, comunicador de gentes e intelectuales, que verdaderamente me impactó por su agudeza, su alegría, su simpatía y su profunda inteligencia, que mal sabe ocultar; nos volveremos a ver, con mayor tiempo por delante; por fortuna, habla habitualmente italiano y se esfuerza, con admirable fortuna, con el español— y ante un plato de farfalle de colores, admirablemente ensalsado, un bueno y grueso filete de «maiale» asado, «insalata» fresca a discreción —«lettuga», «pomodoro» a trozos y «cipolla», «molto bene condire»— y una buena jarra de agua jerusalemí —«grifus habemus»— con derecho a pedir más cuando se acabe, conocemos a la «padovesa» Silvana, una italiana menuda, de inteligencia en los ojos y energía y fuerza desbordante en su actitud. Es química y ha recorrido toda el África en ayuda de las naciones pobres. En su empeño por prestar auxilio, montó un laboratorio farmacéutico mientras trabajaba en Botswana como representante de Akza International; pero tiene que regresar a Lisboa, se le muere una hija, y el marido igual, de repente, en el Mar Muerto, debido a una embolia cerebral. Se queda sola, pero llena de ánimo; me confiesa que no es creyente, y que ha venido a Israel con la esperanza de encontrar paz; y la ha encontrado, me vuelve a confesar, en Jerusalén; coincide conmigo: Tierra Santa de la paz, del sosiego de los hombres, y mujeres, de buena voluntad; y veo que quedan atrás todos esos viajeros intelectuales, quizá timoratos, quizá con mala «suerte», que sólo se toparon en su vida —más en Jerusalén— con la tristeza; todo es congoja ante sus ojos en estos lugares de esperanza, y de luz, aunque no lo quisieran, o no lo supieran ver así, pero quizá la oscuridad, el pesimismo anidaban en ellos o en quienes se resisten a aceptar lo evidente, o quizás es el miedo que actúa… en fin. Pero, mientras tanto, Silvana encuentra «algo» en Jerusalén, en los Santos Lugares, que la consuela

y hace vivir; sigue sin ser creyente, pero encuentra la paz… por eso, me
dice al postre, ante una roja y fresca, jugosa, enorme tajada de «coco-
mero» de Jericó, que se va de nuevo a África —incluso ha aprendido
braile para ayudar a los ciegos—: su obsesión de trabajar para los demás,
los desvalidos, la sociedad desprotegida y subdesarrollada, no ha muerto con su familia en ella… qué suerte, por ser tan generosa, claro, con
los otros, la Humanidad; y sigue sin ser creyente, quizás un día, me
dice… hemos conocido, además, otros amigos, italianos y un español,
y una tarde de estas monseñor Kamal ha prometido venir a vernos a
la Casa Nova; después de comer, a la hora del café, que yo no tomo porque no encuentro el que se acomoda a mi gusto, pero es igual, espero
con ansia el momento.

XVII
AIN KAREM

Fuente del Viñedo.

Un precioso lugar, que pronto se ha de convertir en un barrio de Jerusalén, ya que se encuentra más o menos a seis kilómetros del centro de ciudad, caminando hacia el sur. Tiene una extensión semejante a la de París, aunque su población es mucho menor... naturalmente. Desde el año 1961 pertenece al municipio de Jerusalén y hasta el año 1948 toda su población era árabe mahometana y cristiana. Es el lugar donde la tradición ha venido recordando dos hechos bíblicos: la Visitación de María a su prima Santa Isabel y el nacimiento de Juan el Bautista.

Muy cerca de Ain Karem, hacia el oeste, se encuentra el monte de Herzi, dedicado al padre del sionismo, Teodoro Herzl, y donde se enterraron los próceres de la patria como Skolov, Leví Eskhol, Moshe Dayan, Golda Meyer e Isaac Rabin, teniendo muy cerca el cementerio militar donde reposan los muertos de todas las guerras sostenidas en Israel.

Sobre la tradicional casa de Zacarías, surgió en la antigüedad un lugar de reunión de la comunidad primitiva judeo-cristiana. Luego, en siglo VI, se levantó allí una iglesia, que los cruzados más tarde restaurarían. Al hacerse cargo del lugar los franciscanos en el siglo XVII, lo rescatan de manos de los musulmanes que, casi en dos cientos años, lo estuvieron utilizando como cuadra de caballos. Esta iglesia estaba bajo la custodia de los franciscanos españoles; por eso está decorada con azulejos valencianos de Manises. Pero el ministro Fernández Ordóñez se desentendió del lugar y lo entregó en manos de los franciscanos franceses. Un padre franciscano mexicano nos muestra el templo y un proyecto de museo, en el que la mayoría de las piezas a exponer son de origen español. El templo, que actualmente se encuentra en un estado de urgente restauración, consta de tres naves. En la extremidad de la nave septentrional, una escalera conduce a la gruta, excavada en la roca como la de Nazaret. Es, según la tradición, la casa de Zacarías e Isabel, donde nació y vivió Juan el Bautista. En el patio que circunda a la iglesia se encuentra el canto del «Benedictus» en distintos idiomas. «Bendito sea el Señor, Dios de Israel, porque visitó y rescato a su pueblo, y suscitó una fuerza de salud para nosotros en la casa de David, su siervo, etc.»; es lo que llaman el Cántico de Zacarías y se encuentra en el evangelio de Lucas, capitulo I. En realidad, es un himno al Jesucristo cristiano, un himno de un judío convertido al cristianismo, en el que se canta al Dios de Israel. Un canto, de origen claramente judío, judeocristiano, en el que se honra el que el Señor ha redimido a su pueblo, que Jesucristo ha llegado al mundo. En una de sus estrofas —Y tú, ¡oh niño!, profeta del Altísimo serás llamado…— se refiere a Juan el Bautista.

En este templo se ha encontrado restos del culto pagano que debió haber: una estatua mutilada de la diosa Venus de mármol blanquísimo. Esta puede ser una prueba de la existencia anterior de un culto cristiano en recuerdo del nacimiento del Bautista.

En la época, lo sabemos por Flavio Josefo, Juan fue una figura más relevante que la propia de Jesús; tanto que merece en su historia muchas más líneas y detalles el Precursor que el propio Redentor.

«… Juan apodado el bautista. Este era, en efecto, un hombre de bien que Herodes había hecho asesinar. Exhortaba a los judíos a practicar la virtud, a actuar con justicia los unos con los otros, y con piedad para con Dios, para estar unidos por el bautismo. Porque así seguramente es como el bautismo resultaría agradable a Dios, si servía no ya para hacerse absorber de ciertos pecados, sino para purificar el cuerpo, después de que el alma hubiera quedado purificada por la justicia. Como todos los judíos se reunieran, sumamente exaltados al escuchar las palabras de Juan, Herodes tuvo miedo de que aquella fuerza de persuasión los incitase a la revuelta; todos parecían estar de acuerdo para hacer cualquier cosa por consejo de aquel hombre. Por eso creyó preferible adelantarse a los acontecimientos y suprimirlo antes de que surgiese algún conflicto por parte de Juan en vez de encontrarse él mismo en apuros si se produjera aquella revuelta y no pudiera hacer ya nada entonces. Víctima de las sospechas de Herodes, Juan fue enviado preso a la fortaleza de Maqueronte de la que antes hablé, y allí fue matado. Los judíos opinaban que el ejército había quedado destruido para vengarlo: Dios había querido castigar a Herodes».[1] Luego la muerte de Juan, visto por un contemporáneo, no fue el «premio» que le dio a Salomé por sus «gracias» y belleza, sino sólo y simplemente una cuestión de conveniencia política.

Y de Jesús, el mismo historiador dice escuetamente: «Jesús, un hombre excepcional, ya que llevaba a cabo cosas prodigiosas. Maestro de personas que estaba totalmente dispuestas a prestar buena acogidas a la doctrina y la buena ley, conquistó muchas personas entre los judíos e incluso entre los helenos. Cuando al ser denunciado por nuestros notables, Pilatos le condenó a la cruz, los que le habían dado su afecto al principio no dejarlo de amarlo, ya que se les había aparecido al tercer día, viviendo de nuevo, tal como habían declarado los divinos profetas, así como otras mil maravillas a propósito de él. Todavía en nuestros días no se ha secado el linaje de los que por su causa de él reciben el nombre de cristianos».[2] Se extrañaba, sin darle importancia al personaje, que aquellos adeptos a su «ideas» no hubiesen pasado todavía, pues esperaba que no iban a ser tan perdurables.

La iglesia de San Juan Bautista está dentro de la ciudad y, afuera, la Basílica de la Visitación. Menuda cuesta hay que subir, a la casi sombra vespertina de los árboles que rodean el camino altozanado que va ganando altura. Lo hube de hacer en dos etapas porque la respiración,

1 Flavio Josefo, *op. cit.*; págs. 50-51.
2 Íbid.; pág. 51.

en el semicamino, quedó cortada —bueno, casi— de raíz; unos largos minutos de respiro y el ahogo quedó cancelado, otro esfuerzo más y arriba, y entrar en el amplio anteclaustro al que se penetra por una verja de hierro forjado y artístico. Se ven por el camino, y en los transversales, y en el mismo pueblo, burros, pollinos, y carretas tiradas por jacos viejos y asnos testarudos, empecinados en llevar a buen fin su desconsiderada labor. Los judíos hacían el viaje desde Jerusalén —120 km— en una semana, de cualquier forma, lo único sistemático es que la última parada la tenían que hacer en Jericó. Por tanto María, para visitar a su prima, tuvo que realizar este recorrido igual que cualquier otra persona.

La iglesia está dedicada a la Visitación de la Virgen a su prima santa Isabel. No es la más bonita porque más lo es la de la Anunciación de Nazaret.

«En aquello tiempos levantándose María fue con prisa a la montaña, a una ciudad de Judá… y saludó a Elisabeth.»[3]

El patio está limpio y lleno de flores; y se levanta junto a la verja de hierro forjado, a la derecha, un conjunto escultórico bellísimo, y en bronce oscurecido, de líneas actuales y modernas, que representa a María e Isabel en el momento de su encuentro bíblico. El muro de la derecha está materialmente cubierto por el «Magníficat» escrito en numerosos idiomas. «Y dijo María: Engrandece mi alma al Señor y se alegra mi espíritu en Dios, mi salvador, porque puso los ojos en la pequeñez de su esclava, etc.». En el pórtico está la fuente de la Virgen, de agua no potable, pero que recuerda las veces que la María iría a ella a recoger agua en los tres meses que estuvo con su prima hasta que nació el niño.

Ante este hecho de la visita de María a sus familiares, surge una pregunta que encierra el sentimiento de por qué existen para un mismo hecho —Juan era hijo de Isabel y Zacarías, y vivía en casa de sus padres— dos iglesias en Ain Karem: una en honor de san Juan y otra en el de la Virgen. Con certeza no se sabe por qué, pero lo más seguro debe ser porque los cristianos primitivos quisieron separar ambos acon-

3 Lucas 1, 39-40.

tecimientos, ya que lo lógico es que si María va a visitar a su prima es que se quede en casa de Juan, pues esa es su casa, la de sus padres, donde él vive. En realidad todos éstos son monumentos conmemorativos de hechos, sin que se pueda exigir certeza alguna a lo que es pura tradición. La arcaica comunidad cristiana construye por separado las dos iglesias, la de la Visitación y la de Juan el Bautista. No hay certeza alguna sobre la razón de esta actitud. Ahora lo que sí se sabe de verdad, es que esta iglesia fue destruida por la invasión de los árabes y reconstruida por los cruzados. Hacen un nuevo templo, que no es éste, y todo el convento donde están los franciscanos ahora. Por qué hubo que construir uno nuevo, porque aquél, en el siglo IV, fue destruido por los árabes y convertido en un muladar, con lo que, poco a poco, ante este hecho indigno, se fue perdiendo el culto de los cristianos y tuvieron que edificar otra iglesia para tener un lugar de culto. Sea como fuere, el caso es que en el siglo pasado, durante la dominación inglesa, se construye, a principios del siglo XX, una preciosa iglesia.

En este lugar hay dos iglesias superpuestas. Son obra del arquitecto Barluzzi y fueron decoradas por Vagarini. Por el claustro se penetra en la cripta, en la que sus frescos representan a María e Isabel en su encuentro y Zacarías ofreciendo incienso en el Templo, y a Isabel escondiendo al niño para hurtarlo de la muerte decretada por Herodes. A la izquierda del claustro hay una escalera que da acceso a la iglesia superior, construida sobre los cimiento del templo cruzado. En sus muros hay una verdadera lección de mariología, toda la doctrina de la Virgen María que se nos muestra en los evangelios.

En el altar principal está la imagen de María y el padre custodio de Tierra Santa que le entrega una maqueta de la iglesia a la Virgen, el patriarca de Jerusalén a la izquierda que presencia la ceremonia y en un anacronismo, San Francisco de Asís, que con un árbol lleno de pajaritos asiste a la celebración. Es la consagración a la Virgen María de esta iglesia. En un cuadro que hay abajo se escenifica el primero de los tres piropos que hay en los evangelios para la Virgen: «Me llamarán dichosa todas las generaciones». En el segundo fresco está el segundo de ellos: «Feliz el vientre que te llevó y los pechos que te alimentaron». Una mujer que lleva a un niño en la mano, lo dedica a la Madre de Jesús.

Jesús mira a un endemoniado —el demonio está entre los dos brazos del joven que tiene una enfermedad, que en aquellos tiempos se creía que era una posesión demoníaca— y lo cura. La mujer mira, sorprendida, al Niño y grítale: «¡Viva la Madre que te parió!», y Jesús le contesta que lo importante no es ser la Madre del Señor, sino cumplir la voluntad de Dios. Y el tercer piropo lo dirige Isabel a su prima, diciéndole: «Bendita tú entre todas las mujeres».

En el muro de la derecha se muestran cinco frescos en los que se representa el concilio de Éfeso, en el que se dirimió si María era la Madre de Dios —Dios es el ingénito, el increpado, no tiene madre, madre solamente la tienen los dioses de las mitologías griega y romana, etc. donde se juntan un dios y una diosa y nace un héroe— y que, después de una larga y agria diatriba entre Nestorio y Cirilo de Alejandría, se le aplicó, iglesia primitiva, el apelativo de Theotocos, madre de Dios, frente a la postura nestoriana de Cristotocos, madre de Cristo, que perdió. María refugio nuestro, Salvadora de los que esperan en Ti. Bajo la capa amplísima de la Virgen se refugian los hombres y las mujeres de todas las razas y regiones del mundo; incluso el autor aparece entre la multitud llevando una pajarita. En el centro María mediadora, nuestro refugio, Abogada nuestra, la intercesora; por eso, el artista, en medio de un paisaje típicamente de la Toscana italiana representa las bodas de Caná. María socorro de los cristianos en la batalla de Lepanto y Duns Escoto defendiendo la Inmaculada Concepción de la Virgen, disputa que duró siglos, y en cual, aunque la iglesia no tomó partido, surgió una devoción «tradicional» por ello, hasta que en el siglo XIX se alcanzó un consenso general entre las partes divergentes y fue declarado el dogma.

Toda esta conmemoración ornamental y pictórica hacen de la iglesia de la Visitación la más resplandeciente de Tierra Santa.

Estando ya en la parte oeste de Jerusalén, sus aledaños occidentales —hemos tenido que tomar la calle Jafa, cruzar la King George V Av., y después de recorrer casi toda la avenida Herzl, tomando la desviación a la derecha bajar hacia Ain Karem—, ya poco hemos tenido que recorrer hasta llegar al Holyland, el hotel donde existe la maqueta del Jerusalén antiguo, donde se encuentra reproducida al detalle la urbe herodiana; casi en el extremo suroeste, saliéndose, de la isla frondosa y verde, obra de los ingleses durante su mandato gubernamental.

Al descender en Eliyahu Golomb, donde comienza la callejuela casi privada del establecimiento hotelero, nos topamos —es sábado— con un grupo de judíos ortodoxos que visten como se vestía en los guetos europeos durante los siglos XVI, XVII y XVIII: sombrero de copa negro, pantalones bombachos, sandalias, chaqueta levita que les llega por debajo de las rodillas, y un cíngulo a la cintura, con una lazada deshilachada que les sale por debajo del levitón. Debe tener una significación que ignoro cuál es. Las mujeres que les acompañan visten también de negro —algunas veces se permiten una blusa gris o blanca a rayas negras o grises, como toda concesión a la coquetería— con una redecilla que les recoge el pelo. También nos cruzamos con un grupo de soldados —muchachos y muchachas— que van bastante «irregularmente» uniformados, aunque nunca les falta el arma, que llevan, como ya se ha insistido en ello, a la funerala: apuntando al suelo y colgada del hombro. Por lo demás, quizá permitiéndose una concesión que de seguro en sus acuartelamientos no se lo toleran ni ellos y se lo otorgan sus mandos, llevan las camisas abiertas —hace mucho calor y eso que la tarde-noche se está echando encima— mostrando las aún incipientes pelambreras de su pecho. En vez de gorro militar, algunos/as llevan gorras de béisbol, van sudorosos, mal afeitados, unos con botas reglamentarias, otros no, algunos van de paisano, sin ninguna clase de prenda militar, pero todos con armas. De seguro que no están de servicio, se han reunido un grupo para, con el mayor de los patriotismos, ir a ver la maqueta de Jerusalén, cuando más bien podían estar en otro tipo de divertimento más «juvenil» y de la época: discoteca, bares o parque de atracciones. Pero bueno, el espíritu de estos chicos es así de sólido, y solidario con sus tradiciones, y eso es de encomiar.

La maqueta de la Jerusalén del siglo I d. C. —obra admirablemente realizada en cuatro años, de 1962 a 1966) y por iniciativa de Mr. Hans Kroch, bajo la dirección del profesor Michael Avi-Yonah, de la Universidad Hebrea de Jerusalén, y llevada físicamente a cabo por el escultor Rewin Scheffler— respeta las noticias que proporcionan la Misná, Tosephta, el Talmud, Yosef Ben Matatías —nombre judío de Flavio

Josefo— y el Nuevo Testamento; teniendo en cuenta también los últimos datos obtenidos en recientes excavaciones. Es la maqueta de la Jerusalén de tiempos de Jesucristo, inmediatamente antes de su destrucción. A pesar de todo, hay historiadores y arqueólogos judíos que discuten la autenticidad de algunas de estas localizaciones en palacios, casas, fortificaciones.

La escala de la maqueta es de 1: 50.

Hay que pagar una entrada, más bien alta, para poder pasar a verla.

Un poco de historia. Después de que Salomón, hijo de David —1003 a. C..— construyera el Primer Templo, que los babilonios destruyeron en el 586 a. C.., —y que el persa Ciro permitiera a los judíos que construyeran el Segundo Templo— sobrevino en Jerusalén un período de notable expansión: llegó a tener una superficie de 60 ha y más de 300.000 habitantes. Durante este período bonancible, la ciudad se definió con características que, diría, todavía hoy conserva, características de gran ciudad. Pero en el año 66 d. C. sobrevino la revuelta contra los romanos, siendo en el 70 cuando Tito incendió el Templo, destruyó la urbe y mató a sus habitantes. A los judíos se les prohibió entrar en Jerusalén y ésta se convirtió en una población cerrada, provincial.

La maqueta, como ya se ha insinuado, representa la época dorada de Jerusalén, en vísperas de la Revuelta del 66. Entonces tenía unos 70.000 habitantes y una extensión de 180 ha, que es lo mismo que decir que tenía el doble de lo que hoy es la Ciudad Vieja, «intro murallas».

Salimos del hotel Holyland, atardeciendo, hacía oscuro. Todo es más tétrico en el ambiente, incluso los pasos resuenan bajo las enormes copas de los gigantescos árboles que crecen en medio del césped, verdín extraño en un ambiente profundamente caluroso y húmedo; hay un cierto misterio bajo la noche que se acerca a pasos agigantados, estamos, geográficamente hablando, demasiado al este, para nuestra costumbre de hispanos. Es sábado, como he dicho, y el bar cutre, que debería atender a los clientes del maquetario, está cerrado. Claro, sólo nosotros y un grupo de muchachos militares, o militarizados, que gastan su tiempo joven en enraizar sus espíritus a su tierra. La máquina automática de refrescos no funciona, ni incluso a golpes; pero eso sí, traga los shekels. Las mesillas de plástico blanco, así como las sillas, están agrietadas y astilladas. Se nota que poco cuidado tienen con el servicio. Y nos sentamos, porque están bajo amplias sombrillas de plástico descolorido, quizá con alguna propaganda de refrescos o vaya a saber de qué, para resguardarnos de los últimos rayos —ardientes, ígneos, bochornosos— del sol, que pretende persistentemente, en medio del azul del cielo que pasará por gris, que pasará por negro, esconderse tras las montañas. Al fin, tras no soportar la aridez del lugar, su solitariedad, sitos entre muros de cementos, nos echamos a la calle —vía encaracolada y estrecha serpiente de asfalto; y perdonen el tópico— que discurre entre dos altos acotados de tela metálica; dentro de aquel que queda a nuestra derecha, se ve un monumento oxidado y extraño, que más parece una enorme y peculiar prensa para metales acerados que un artilugio para extraer el orujo de la aceituna o la vid, como parece que es, si hacemos relativo caso al cartelón que, en el justo punto que se une este camino con la carretera, o avenida principal, parece expresar; pero, claro, nosotros sabemos tan poco de este idioma, aunque se intercalen algunos términos en inglés…

XVIII

JERUSALÉN V

La franja del monte Sión es una zona donde, actualmente, están ubicadas interesantes edificaciones, que pueden ser vistas desde cualquier parte de Jerusalén.

Monte Sión es la colina sudoccidental de Jerusalén, a 780 metros sobre el nivel del mar, y que limita al oeste con la Gehenna y al este con el Tiropeón. En ella estuvo la primitiva fortaleza jebusea —primeros y genuinos habitantes de lo que luego sería Jerusalén— que luego, cuando David la conquistó, se llamó Ciudad de David. Al construirse el Templo e instalada en él el Arca de la Alianza, se comenzó a llamar Sión a la colina que lo contenía, el nuevo habitáculo de Yahvé; aunque, más tarde, se comenzó a llamar Sión a la ciudad, al Templo y a sus habitantes, a cada uno de ellos por separados o globalizados. Es el lugar donde Dios se revela, donde el Mesías Rey reinará.[1]

Estamos en el Monte Sión. Es donde se encuentra el Cenáculo, la iglesia de la Dormición, el Cenáculo franciscano, los restos arqueológicos armenios y la tumba de David. Hoy en día el monte Sión se encuentra fuera de las murallas de la ciudad Vieja, mientras que en el tiempo de Jesús estaba incluido dentro de ellas. En ese sentido la barbacana se ha corrido hacia el norte. Se encuentra en este predio la famosísima puerta de Sión, que todavía guarda, se pueden ver, los impactos de la guerra de los Seis Días. Jerusalén estaba dividida en dos partes, la del

---

1 Isaías 62, 11 y Salmo 110, 2, respectivamente.

este era de los árabes y la oeste de los judíos. Los judíos por tanto no podían entrar en el templo de Jerusalén, en el Muro de las Lamentaciones, lugar que ellos jamás llamaban así, sino Santo Lugar. Vamos por el entramado de calles estrechas y retorcidas, y un niño, quizá muchacho, hebreo, nos pregunta de esa forma —¿Holyland?— su localización. Por eso los paracaidistas judíos, durante la guerra de los Seis Días, descendieron directamente sobre Monte Sión, cayeron en el mismo lugar que nosotros ocupamos en este momento, mientras la aviación israelí ametrallaba a la Legión Árabe, jordana, que defendía la ciudad por esta parte. De esta manera, Moshe Dayan tuvo la ocasión de entrar triunfalmente en este lugar, al frente de sus tropas, a través de la Puerta de Sión, y bajó, como triunfo supremo, al Muro de las Lamentaciones; foto que recorrió el mundo entero, colocando su mano —parche en el ojo— sobre el Muro. Este fue un hecho insólito, grandemente esperado, verdadera epopeya entre los judíos, porque durante mucho tiempo no habían podido ni siquiera acercarse al Muro de las Lamentaciones, desde el tiempo de la dominación árabe, años y años.

En Monte Sión los recuerdos cristianos, naturalmente, están en torno al Cenáculo, y su historia del origen de la Iglesia, como se verá, y la de la Dormición de María. En el lugar exacto del Cenáculo, por lo menos durante muchos siglos así se ha recordado, no se ha podido celebrar misa, ni culto alguno, sólo se puede visitar; convenio, como se explicará, entre las tres grandes religiones monoteístas que rigen en Jerusalén.

De todas maneras, para comprender bien todo el relato que se ha de hacer en el interior de Jerusalén, conviene decir que la ciudad Antigua se encuentra dentro de un muro —murallas— de 12 metros de altura y de 400 años de antigüedad, que fue construido por Solimán el Magnífico. Hoy en día, la totalidad de almenas, torres, caminos de centinelas y espléndidos jardines y parques que se extienden en sus bases, muestran una exótica belleza; y de noche, las murallas quedan iluminadas por una luz dorada que hace soñar en otros tiempos más evocadores y románticos. Tiene ocho puertas, pero las más importantes son las de Damasco y Jafa.

La ciudad Antigua se divide en cinco departamentos que ocupan el barrio cristiano, el armenio, el musulmán, el judío y el monte Moria, sobre el que se asienta el Templo. Al noreste los musulmanes, al noroeste los cristianos, al sudoeste los armenios, los judíos al sureste, tapados plenamente por el Templo que ocupa casi toda la zona oriental de la vieja ciudad amurallada.

De todas formas, y como generalmente se dicen de todas las localizaciones sagradas que caminan paralelas junto a los hechos bíblicos notables, no se encuentran en ellas los suficiente indicios arqueológicos para asegurar que sean los puntos exactos donde se escribiera la historia sagrada e, incluso podríamos decir, ni la civil. Por eso hay autores, viajeros que llegaron a este país hace más de cien años que advierten que «…Omar-el-Sakara; el monte Sión, ocupado por el convento de los armenios y la tumba de David, pero sólo con la historia en la mano y con ojos de duda pueden la mayor parte de estos sitios ser asignados con cierta precisión… ninguna piedra lleva su fecha en su forma ni en su color: todo está hecho polvo, o todo es moderno».[2]

Caminando por el barrio, monte Sión, se da cuenta el viajero que hay multitud de casas que tienen dentro un jardín, un huerto previo, frondoso y verde, incluso con un pozo o una fuente arcaica, que es preámbulo de la vivienda. Traspasas una puerta con la intención de gozar de una vivienda, o una iglesia, o una sacristía, y te das de narices con un magnifico jardín, abundante en floresta verde y flores de colores, en rincones umbríos donde se esconde el rosal o las buganvillas en flor, las alteas de grandes y efímero cálices, campánulas blancas estriadas en hilos magenta, las fuertes y cortas matas, ásperas, de geranios multicolores, resistentes en climas duros, el chorro sonoro, tintineante del agua trasparente que riega los arriates magníficamente cultivados.

Aquí, en este jardín, es donde de nuevo el presidente papirofléxico —coleccionista de curiosidades históricas, e insólitas, a veces increíbles, y, a veces de relativo interés, para un viajero pragmático que va directo al meollo de las cosas, a su esencia— me contó, después de hacer un larguísimo preámbulo en el que se incluyó desde latinajos a remontes desde Pilatos al rey Carlos I de Inglaterra, que Carlos es el rey de

---

2 Octavio Velasco del Real, *op. cit.*; pág. 166.

los nombres, porque está formado por la C de caridad, reina de las virtudes; la A de águila, reina de las aves; la R de rosa, reina de las flores;
la L de león, rey de los animales; la O de oro, rey de los metales y la S
de sol, rey de los astros. Todos los nombres de varón, me dijo, llevan
alguna de estas letras, excepto Medín y Quintín. Y qué, me dije. Menos
mal que, para arreglar el asunto, me contó un «excelente» chiste, que
anegó mi estado «receptivo»: por qué los judíos tienen la nariz tan
larga, porque el respirar es gratis. Cosas banales, para interrumpir la
tensión de la investigación histórico-eclesial.

Cerca de la Tumba de David —lugar del que no se tiene la certeza de que sea el lugar de reposo de este rey, aunque hace más de tres
mil años que lo trasmite la tradición—, más cerca de la Puerta de Jafa
que de la de Sión, se encuentran, hay unas escaleras que conduce al
Cenáculo, lugar donde Jesús celebró la última cena.

Es una sala tosca, sita en un primer piso, que en tiempos de la dominación árabe se convirtió en mezquita. Cuando la creación del Estado
de Israel, se construyó abajo, en la planta, una sinagoga y una escuela
para niños. Esta ubicación cerrada se ha convertido en un lugar muy
disputado para todos: los judíos porque consideran que es la verdadera tumba del rey David, los árabes porque era, y es, una mezquita, y los
cristianos porque desearían ansiosamente tener aquel sitio donde, tradicionalmente, se instituyó la Eucaristía. Debido a esta apetencia casi
fanática por parte de las tres religiones, se ha decidido que en ella, la
sala conocida como «el cenáculo», no se pueden celebrar ninguno de
los tres cultos.

El Cenáculo era el lugar de reunión de los primitivos cristianos.
Fue en la segunda mitad del siglo IV cuando éstos trasformaron la pequeña iglesia —que en obispo Epifanio (s. IV) halló arrasada, excepto una
pequeña habitación que tomó para el culto— en una basílica que llamaron «Santa Sión» y «Madre de todas las Iglesias». Es el sitio donde, según una antigua tradición judía, María siguió viviendo, su casa;
era un poco como la catedral —madre de todas las iglesias— de los cristianos de aquellos tiempos bíblicos, que, por cierto, había poquísimos;
y la Virgen, también según la tradición jerusalemí, muere allí, en la Casa
de la Iglesia Cristiana —Domus Eclesiae—, y es enterrada, como tan-

tos otros judíos, en el torrente Cedrón, donde comenzaba por occidente el valle de Josafat.

A la derecha de la actual sacristía de la iglesia franciscana, hay un edificio antiguo, muy antiguo, gótico, en el que, durante muchísimos siglos, se ha celebrado la Eucaristía y que se consideraba el lugar donde había estado el Cenáculo de Jesús. Pero durante los siglos XI y XII, imperando Maimónides, se entra en superlativa confusión, se dice que es en este lugar donde se encuentra la Tumba del Rey David, y desde ese momento ya no se puede celebrar la Eucaristía, porque era un lugar sagrado para los judíos. Entonces no les cupo a los franciscanos hacer otra cosa que comprar un edificio, el que queda a la izquierda del Cenáculo, pagando por él un precio muy alto. Y construyen en él una capillita, de manera que, cuando llegan los peregrinos católicos y deseen celebrar la Misa, lo pueden hacer al lado mismo del Cenáculo.

Allí era, en esta nueva iglesia, el lugar de la reunión de la comunidad cristiana primitiva. Es donde se acogían las familias cristianas, donde se agrupaban para celebrar el memorando de la Eucaristía. Gracias, pues, a ese contacto, el lugar fue adquiriendo vasta importancia. La casa se hizo más grande porque en número de adeptos lo requería. Como en los siglos II y III todavía se estaba bajo el imperio pagano, surgieron las catacumbas como escape y defensa de los perseguidos. Recordemos que en el año 115, Adriano destruye el Calvario y acosa a los cristianos. Por eso se esconden, lo tienen que hacer para no ser vendidos como esclavos o asesinados. Eso hace que acudan a la «Santa Sión»; y llegan a ella porque para su mentalidad, el Templo de Jerusalén ya se ha destruido, carece de importancia, han dejado de ser judíos y son cristianos, judeocristianos, pero judíos, y el lugar santo para ellos es el lugar donde Jesús celebró la Eucaristía, donde Jesús se despide, con una cena, de sus discípulos. Lo llaman, como se ha iterado repetidas veces, «Sancta Sión». Y esta zona no es Sión, Sión es sólo el Templo, la ciudad de debajo de la colina, la ciudad de David; pero ellos, los primitivos cristianos, con Jerusalén destruida, comienzan a llamar Sión «a su zona», y se queda el barrio, el lugar, con ese nombre para siempre: Sión. Por eso, cuando se le dice a un taxista que lleve al viajero al Cenáculo, no comprenden muy bien de que se habla, porque ellos conocen el lugar como Sión, aunque no lo sea bíblicamente.

La iglesia de «Sancta Sión» sufrió varias destrucciones y sus pertinentes restauraciones; fue convenientemente reconstruida por los cruzados en el siglo XII y rebautizada como «Santa María del Monte Sión».

Esta «Domus Eclesiae» —Casa de la Iglesia— se va desarrollando poco a poco y cuando los cristianos consiguen la libertad, en el año 211, son reconocidos como religión por Constantino, convirtiéndose en la catedral de los judeocristianos, aunque se desconoce el punto exacto dónde estuvo.

En este lugar los franciscanos, que eran los custodios de Tierra Santa por orden del papa Clemente VI, y con la ayuda del rey de Nápoles, edifican el convento de franciscanos en el siglo XIII, el que todavía existe, aunque mistificado con el adosado de casas judías, pero en los que aún se ven las celdas y el claustro. Era una iglesia grande de tres naves. De ellas, la del centro, la ocupaban los fieles cuando acudían para realizar la Eucaristía y en la de la derecha se hizo una capilla llamada del Cenáculo, que aún hoy en día se puede ver; y en la de la izquierda, hay un recuerdo de la Dormición de María. Después de la demolición de 1219, ordenada por Al Hakem, solamente quedó en pie la capilla medieval del Cenáculo, con la conmemorativa Tumba de David debajo; y esta capilla del Cenáculo se convierte en mezquita, para mayor humillación de los cristianos. Cuando se llega al siglo XX, los franciscanos solicitan que se les devuelva la capilla del Cenáculo, porque consideraban que era suya, ya que la construyeron, cosa a la que no pueden acceder los árabes porque es una mezquita; y, efectivamente, al entrar en ella, se ve un *mimbar* adosado a uno de sus muros, indicando la dirección de La Meca. Cuando llegan los ingleses se topan con este problema y no se atreven a cambiar la voluntad de los musulmanes, no vaya a ser que provoquen un conflicto. De modo que a los franciscanos no se les permite volver a su convento, ni a su capilla, que, por otra parte, no tienen ninguna garantía de que sea la autentica de la Cena. Por eso estos frailes, como he dicho, compran los terrenos de junto a la capilla y edifican otra para celebrar la Misa para cuando lo requieran los peregrinos.

Un repaso a los acontecimientos bíblicos de los que fueron testigos las paredes de esta sala-templo-mezquita, nos llevan a deducir que Jesús, sabiendo que iba a morir, quiere despedirse de sus discípulos y quiere hacerlo con una cena, la cena pascual, ritual, como veremos, de los judíos. En estas cenas el protagonista de la primera parte de ella es un niño, un niño pequeño que pregunta al abuelo, al rabino, a quien preside la ceremonia: ¿por qué esta noche no nos vamos a la cama?, ¿por qué esta noche estamos velando, comemos panes ácimos, no fermentados?, ¿por qué esta noche comemos cordero?, etc. Es la persona más joven de la cena quien da ocasión al que preside, al abuelo, al de mayor dignidad, para que explique el porqué de este rito: cuando éramos esclavos en Egipto, nuestros padres estaban oprimidos, el Señor nos libró con mano fuerte, etc. ; y en esa misma cena, que es buena y larga, se va contando la historia de Israel. Luego el padre de familia, el abuelo, el rabino, coge el pan y lo parte y lo va repartiendo a los presentes. Es la bendición de Dios que va en ese pan. Después del pan se come el cordero pascual, asado a fuego, y se pasa una copa; la tercera es de la que beben todos, pronunciando antes una bendición —Bendito sea Señor por este vino, que es fruto de la tierra y del trabajo del hombre— y luego se canta. La Ceremonia dura dos o tres horas. Esta cena pascual la celebran todos los judíos de la Tierra, en cualquier rincón, por recóndito que sea, del universo, donde haya un hebreo.

Lo que hace Jesús, en esta cena pascual con sus discípulos, cuando coge el pan, en vez de decir «bendito seas, Señor, por este pan», dice «este es mi Cuerpo», que mañana va a ser roto como este pan que parto; más que una obra teatral, está representando su muerte en ese pan que se rompe. Con el vino —tercera copa— hace lo mismo; el vino se mezcla con un poco de agua, porque los judíos siempre toman el vino con un poco de agua; el vino tinto es más simbólico que el blanco, que es como se hace.

Y hablando de costumbres religiosas judías, creo que es oportuno mostrar la forma que tienen los rabinos, los padres de familia, los abuelos, de enseñar a los niños judíos su teología. Es en forma de cántico o sonsonete monótono, pero harto efectivo. Se le pregunta, y siempre en el mismo orden, «quién conoce quien es uno»: «Uno es Dios todopoderoso». «¿Quién conoce lo que es Dos» : «Dos son las Tablas de la Ley. Uno es Dios Todopoderoso». ¿Quién conoce que es tres?: «Tres son los patriarcas, Abraham, Isaac y Jacob. Dos son las Tablas de la Ley. Uno es Dios todopoderoso». «¿Quién conoce que es cuatro»: «Cuatro son los grandes patriarcas de Israel. Tres son los patriarcas Abraham, Isaac y Jacob. Dos las Tablas de la Ley. Uno es Dios todopoderoso»… y así se sigue hasta alcanzar la pregunta trece o catorce, con lo cual los niños ya han repetido muchas veces el dogma fundamental del judaísmo.

Retomando el hilo histórico-arqueológico, avanzamos en el recorrido por el monte Sión y tomamos, saliendo del Cenáculo —tras transitar de vuelta el pequeño tramo de corredor al aire libre y la pequeña estancia vacía, donde se encuentra la escalera que nos lleva a la planta de la calle, junto a la puerta de la sinagoga en el que se detecta movimiento festivo, pues se está, como todos los martes, celebrando el rito solemne de la «presentación del niño en el templo»—, a la izquierda, y allí nos topamos con una serena, inmóvil plazuela de tintes medievales, donde se abre la iglesia de la Dormición de María, regentada por los padres benedictinos alemanes; abadía de la Dormición, donde la tradición sitúa la muerte de la Virgen. El lugar es conmemorativo y sólo se pretende en él recordar y celebrar el tránsito de María de este al otro mundo. Puede creerse, sin embargo, que la casa, sede de la primera comunidad cristiana y donde presumiblemente vivió la Virgen, no está lejos de aquí, a un paso del Cenáculo, pero es posible que viviera en él, precisamente en él; en todo caso, a pocos metros de aquí. Como se ha repetido varias veces, no voy a repetir nada sobre la vida de los últimos años de María y la muerte, sino que este lugar fue ya conmemorado por los primitivos cristianos como tal, y por los cruzados; y añadir que, en 1898, los católicos alemanes, con la intervención del emperador Guillermo II, pudieron conseguir el terreno donde levantaron la abadía benedictina y su iglesia, e inaugurarla el 10 de abril de 1910.

Ya se ha dicho que en la gran basílica que se construyó en el siglo XII, había una nave central, una a la derecha donde estaba el Cenáculo y la de la izquierda que recordaba la Dormición de María. Este es precisamente el lugar donde los benedictinos compraron el solar, las ruinas que quedaron tras la demolición de Al Hakem e hicieron la espléndida iglesia, recogida y con el sello teutón determinativo, que la distingue perfectamente de las latinas y que, hoy en día, es considerada como la iglesia nacional alemana en Jerusalén.

Esta es una magnífica iglesia dedicada a la Virgen María en el misterio de la Dormición, que ya es hora que digamos que es como los orientales denominan a lo que los occidentales llamamos Asunción. La iglesia es de estilo gótico. Posee, en el suelo, un mosaico central de, además de tener, una excelente belleza y colorido, guarda un misterio (foto 20), quizás un esoterismo profundo, un simbolismo acendrado que intriga al viajero que, en su búsqueda de los temas muvianos, arcaicos hasta el origen del mundo, quizás antes, cuenta el tiempo para poder estudiarlos, por si conlleva en él algún mensaje trascendente, con respecto a la formación cultural de los pueblos, lo que resultaría un dato más, que acrecentara el acervo de testimonios muvianos que enriquecieran su permanente tesis sobre un único origen universal de las culturas.

La cripta de esta iglesia es abierta. Salvando las distancias, sobre todo de tamaño, es semejante a la de la Anunciación de Nazaret. Es muy sobria, sólo tiene una imagen yacente de la Virgen, rodeada por una serie de hornacinas donde están las mujeres más importantes de la historia de Israel. Con ello, parece que se quiere representar a María como la culminación de las mujeres de Israel.

Y entablamos amistad, en la abadía de la Dormición, con un joven fraile benedictino, de exquisito y amable carácter, alemán y con su convento en Alemania, que ha llegado de vacaciones, con su madre, a Jerusalén. Habla también italiano —lo sé porque nos confundió con ítalos de Roma, y así se nos dirigió— pero, sorprendentemente, nos habla en un español, bastante correcto para su origen, que aprendió, a decir verdad perfectamente, en el mismísimo Valladolid.

Y nos volvemos, no está muy lejos, a la Casa Nova, a su penumbra y su reposo. Día de resplandor lumínico, de gafas de sol y de párpados arrugados, nos conforta el fresco y la semisombra, orlada, a través de las ventanas que da al deslunado frondoso, por el verde, la tersura, la ternura si se quiere, de las plantas, que además nos acompañan en nuestro deambular por el claustro, en la imperturbabilidad del refectorio.

Comemos con Jack, el norteamericano arqueólogo de Mississippi River, un tipo muy interesante, que no habla italiano ni español, sólo inglés, y nos balbuceamos a dúo porque su acento, sus expresiones casi siempre se me escapan; y para él, yo debo ser para una especie de espantapájaros sonoro que ríe, y habla, sin apenas abrir la boca… poco que sé y pronunciado al estilo de los manuales clásicos, bonita combinación; pero, a pesar de todo, le entiendo que es del estado de Connecticut y, quizá por decir algo, que allí tienen la ciudad más antigua del país, que se llama Nachez —lo escribe, porque si no…— y que se fundó en 1560; naturalmente el nombre es francés, los antepioneros. Pese a que me dice que, ahora no, pero en ciertas épocas del año trabaja en un yacimiento arqueológico israelí en los alrededores de Jericó, en un emplazamiento junto a una fuente, e, incluso, en alguna especie de baño ritual antiguo, como aquel que vimos que tenían los esenios, es un creyente profundo, uno de los grandes que llegan a Tierra Santa en solitario, según nos cuenta tanto Paolo Bossi, italiano de la Padania, y el mismo Ernesto, un interesante, y quizá conflictivo, español de Huesca; cosa que no ha expresado ante nosotros. Jack debe tener algo menos de cincuenta años y deduzco que su labor arqueológica, la que realiza en Israel, no es más que una excusa para volver una y otra vez, creo que lleva ya tres o cuatro, a la «tierra de Jesús».

A la hora del café, —en el fondo de la gran sala de visitas se abre la cafetería pequeña, pero coqueta, digna de una residencia de oficiales del cualquier ejército del mundo, quizás el mejor, por más carismático y colonial, el británico, que hemos visto tanto en Sudáfrica como en la India— llega, como había prometido, el vicepatriarca latino de Jerusalén, con quien, sentados en uno de los cuatro o seis tresillos que ocupaba la estancia para invitados, mantenemos un interesantes conversación, a la sombra de un humeante café, que yo no tomé porque a mí los recuelos, los cafés aguados, aquellos que no se sometan al vapor exprés de las máquinas de presión, no me gustan. Se habla de todo, y más que de política, de la situación caótica. El hombre importante —inteligentísimo, alto y llenos de la solemnidad sencilla que da la seguridad, una mente clara y una inteligencia viva— es palestino. Expresa su dolor por lo que está pasando su pueblo, dice que es una cruz que

tiene que soportar y no se sabe cuándo acabará, llora por el terrorismo
que les enseñaron los judíos cuando llegaron del Éxodo, para asentarse en territorios palestinos, que parece que todos los palestinos, que
la paz no se pacta entre amigos, sino entre rivales, yo qué sé cuantas
cosas más, ah sí, que sueñan con la constitución de un Estado palestino para dentro de tres años —eso andan diciendo hace muchos años—,
aunque ello se demora más y más, que tratan cortésmente con los jefes
políticos de Israel, que somos 160.000 cristianos, muy pocos, que la
relación con España depende del cónsul que haya en ese momento, que
sólo hay unos 400 frailes franciscanos, que en los últimos veinticinco
años no se ha ordenado ninguno que sea español... pero, al fin, toda
tensión se relajó, se arregló, una sonrisa de solidaridad, una oración,
cada una la suya, para que todo se acabe, que no haya nadie ofendido,
un ruego a la Virgen de Palestina, que conocí a través de monseñor
Kamal, que flexibilice a los hombres, un afectuoso estrechón de manos...
y la bafarada del calor de las cuatro y media de la tarde, bocanada casi
sólida de sol y agua coloidal, que oxida las articulaciones, que me dio
en pleno rostro al abrir el portalón, fumarada que me hizo huir hasta la
profundidad borrosa, no tenebrosa, de la habitación, celda 116.

XIX
JERUSALÉN VI

Bajando la colina del barrio judío
—escapando por la puerta este de la plaza del santo Sepulcro, recorriendo a la inversa, podríamos decir, el último recorrido de la Vía Dolorosa, desviando hacia el Cardo Romano, entrando en la plaza del rey
David y recorriendo el último tramo de la calle Hashalshelet— va a
dar el viajero con el Muro de las Lamentaciones, el *Ha-Kotel Ha-Ma'a-
ravi*, muro enorme, resto que quedó en pie del antiguo templo de Jerusalén, y que se llama así porque los judíos tradicionalmente acudían a
él para lamentarse de la pérdida del Templo. Cosa curiosa es el hecho
de que por la noche y a primeras de horas de la mañana esté cubierto de
una buena capa de rocío, que la tradición interpreta como el llanto del
Muro en concordia con el de los dolidos suplicantes, gimientes.

Durante casi dos mil años, todos los judíos, ya fuesen los que vivían aquí como los dispersos en la Diáspora, han estado lamentando
el extravío del Templo y rezado insistentemente, pidiendo perdón por
sus pecados, para que Dios devolviese Jerusalén al pueblo elegido. En
una fecha memorable para ellos —14 de junio de 1967, día del *Sha-
vuot*—,[1] los israelitas iniciaron por primera vez su regreso al Muro,
acudiendo unas doscientas cincuenta mil personas, desde el monte
Sión, para reabsorber en su cultura mística aquel símbolo de Israel y
asumir su pasado de esperanza. Al principio el espacio era tan peque-

---

1 O Pentecostés. Coincidía con el comienzo de la siega y se celebra siete semanas después
de la Fiesta de la Pascua.

ño que, realmente, pocas personas podían acceder a él al mismo tiempo, pero, después de la Guerra de los Seis Días, se construyó una plaza muy amplia, en la que se puede acoger a decenas de miles de personas. Ello debido a que se llevaron a cabo obras, el muro, de 28 por 18 metros, ha podido —gracias a una excavaciones arqueológicas, las que han sacado a la luz parte de las gradas del segundo templo— ser elevado unos dos metros más.

La parte sur del Muro está reservado para los arqueólogos, ya que allí se depositan numerosos vestigios del mismo, pertenecientes a varios períodos. En la parte norte del muro dedicada a la oración, la hierba crece entre los intersticios de los diversos bloques con que está hecho, y en su parte inferior, hasta donde llega un hombre con el brazo levantado, abundan los trozos de papel donde se escriben plegarias. Los judíos ortodoxos severos nunca faltan en el panorama místico, rezando, cantando, balanceándose. Ante el Muro los hombres deben llevar la cabeza cubierta; y las mujeres —que tienen un lugar reservado para ellas, entre el de los hombres, al que tienen prohibido entrar, y el de los arqueólogos— deben llevar falda larga y cubrirse los hombros y cabeza con un chal. Hay todos los días servicios religiosos según la tradición ortodoxa y durante el «sabbath» no se pueden hacer fotografías, ni siquiera fumar dentro del recinto.

El Muro de las Lamentaciones es una parte mínima, salvaguardada de la destrucción del Templo, de la parte occidental de la muralla del mismo.

Durante el camino hacia él —del Llanto o de las Lamentaciones— el viajero se encuentra a niños judíos, como todos e, incluso, vestidos a la occidental, pero que llevan indefectiblemente la *kippas*. De seguro que no llegan a los ocho años. Por eso sus padres como todos los padres, —ortodoxos super— que vigilan sus juegos, como cualquier otro padre, bajo el tórrido sol de las doce del mediodía jerusalemí, osan quitarse la chaqueta-levita y, por supuesto, el tocado negro.

Las calles por las que atravesamos —taconeamos con eco que retumbaría si no se desmoronara fundido por la temperatura de crisol de oro líquido en casi goterones pegajosos— son tortuosas, pero encantadoras, incluso sus extrañas sombras, si las buscas, alivian. Se pasa bajo

puentes, arcadas, que bien se podría decir que son góticas —gótico rudi-
mentario, arcaico o primario, que, a veces, está mistificado con otro tipo
de arco bastardo, lleno de hierbajos secos, que rompe la simetría, arque-
ría que además tiene que soportar alguno que otro, incluso, uno sobre
otro, arquitrabe de refuerzo—, y en el peregrinaje se cruza con algunas
tiendas, sobre todo de comida, marisquerías, bares y cafeterías de muy
gusto oriental, llenas de cachivaches más o menos útiles, pero…

Para entrar en el Muro de las Lamentaciones, sito abajo, hay que
descender una escalera solemne, medieval, quizás obra de los cruzados,
hay que pasar bajo un detector de metales, puente electrónico digno
del mejor aeropuerto del mundo, por donde deben pasar —cinta trans-
portadora y espía visual del interior de las valijas— las mochilas y los
bultos de manos; y los individuos al paso, desprovistos de llaves, telé-
fonos móviles o cualquier otro objeto inocentemente detectable; y
con el pasaporte en la mano, por si acaso. Soldados y funcionarios vigilan el cumplimiento de la norma (foto 21) y hay mujeres preparadas por
si hay que registrar convenientemente a alguna congénere. Al salir de
la explanada del Muro no hay ningún inconveniente. Todo en pro de
la seguridad propia y de los viajeros, lo que agradecemos, al menos, los
viajeros.

En el Muro de las Lamentaciones hay una verdadera fiesta, es la
fiesta de la iniciación de los niños —Bar-Mitzva— en el acto religioso
judío, el mismo que tuvo lugar cuando rememoramos la vida de Jesús,
y aludimos a su presentación en el templo, especie de momento vital en
que el niño pasa a ser hombre. Con ese motivo reina en el lugar, y en
sus inmediaciones —las comparsas de personas que acompañan al cha-
val, engalanado con sus mejores vestidos, así como los invitados, ríen y
cantan, desbordan alegría (foto 22) que, supongo, debe ser sincera; seguramente es esta una fiesta comparable, al menos a efectos externos, a la
de un niño occidental católico en el día de la primera Comunión—
mucho alborozo, regocijo y gozo. Incluso he visto, y no es que sea un
hecho excepcional, llevar instrumentos musicales que acompañen estos
cánticos, que indudablemente no son religiosos, sobre todo guitarras
españolas que, por cierto, saben tocar maravillosamente bien; lo he visto y, en un aparte, lejos de la fiesta ya terminada, desgranar unos acor-

des de la más pura música flamenca española; bueno, que en realidad
no solamente es española.

En el recinto de hombres, los padres, hermanos, tíos, familiares del
niño y quizás amigos, lo rodean en séquito, y le ayudan a llevar la urna
cilíndrica que contiene, dicen y ya hablaré más despacio de esto en la
quietud de la sinagoga, los escritos del Talmud.[2] Para cumplir el *bar-
mitzva,* el muchacho abraza la tremenda arqueta, casi no puede con ella
por sus dimensiones, y se le tiene que ayudar. El acompañamiento no
deja de cantar, recita versículos en voz alta, se entrecruza con otra comitiva que celebra lo mismo, se saludan, hay educación y respeto entre
ellos. El Muro de las Lamentaciones está repleto de hombres, de super
ortodoxos, con abrigos negros hasta los pies (foto 24), los que rezan
con la frente pegada a la pared santa, los que se sientan en una mesilla
y estudian la Torá;[3] y las mujeres, desde su reservado, lanzan carame-
los a los niños —quizás alguno duela en la cabeza o en la cara— y lanzan, en son de alborozo y alegría desmedida, los agudos gritos gutura-
les que realizan convulsionando la lengua con movimientos rápidos y
gritos nerviosamente modulados; y dan palmas, con cadencia, de alegría, de satisfacción…

A la entrada al recinto de hombres hay dos judíos con una caja llena de *kippas*, negros, vulgares si se quiere, que tímidamente, como si
temieran ofender, ofrecen a los extranjeros, a quien quiera, para que no
penetren en el lugar sagrado sin ello, como está mandado. Yo, lo confieso, entré y permanecí bastante tiempo sin el solideo y nadie me llamó la atención, pese a que me introduje hasta los más recónditos rincones del lugar, entre los hebreos más ortodoxos e intolerantes; y nadie
me recriminó, ni siquiera una indicación tenue, para que cumpliera con
la ley. Aunque he de decir, en mi descargo, que en el momento me di
cuenta de que existía dicho puesto de *kippas*, me acerqué y le solicité
uno, que me dieron de inmediato, acompañado de una sonrisa y un gesto de bondad digno de la mayor admiración; nunca jamás he visto un

---

2 Recopilación de la tradición, doctrinas, ceremonias de los judíos, estimado como la misma
ley Mosaica.
3 La Ley, el Pentateuco.

gesto de mayor dulzura, si se quiere y aunque resulte la palabra un poco cursi. Por eso, al abandonar el Muro de las Lamentaciones, me acerqué a ellos, esos dos admirables judíos, y me despedí de ellos, devolviéndoles el tocado ritual por si lo necesitaban para otro, gesto que me agradecieron con una encantadora sonrisa y una inclinación de cabeza; el estrechón de mano se lo di, y con mucho gusto.

Me llama la atención que uno de los festejantes, que no pertenece, por cierto, a ninguna familia que celebra el *bar-mitzva*, pues va en solitario, lleve un cuerno enorme, de cabra o qué se yo, largo y retorcido, de casi un metro —si se desenrollara haría al menos dos— y que hace sonar a base de soplar con fuerza .

Fuera ya del recinto del Muro, pero adjunto a él, hay unos baños públicos, enormes y limpísimos, pese a que la gente, los hombres, no dejan de entrar constantemente, a oleadas. Para darse cuenta de lo enormes que son, sólo diré que los lavabos que hay para lavarse las manos suman catorce; la gente, los judíos, al menos aquí, es muy considerada y tiene un alto grado de civismo.

Ante la grandiosidad, magnanimidad del lugar, ante el carismático y archifamosísimo Muro de las Lamentaciones, tan apetecible para viajeros y turistas, aunque con un carácter más místico, como la Puerta del Tesoro del Faraón de Petra, no puedo más que meditar —como lo hacen los doctores de la ley, esos que ahí mismo estoy contemplando, esos que, tan embebidos están en sus pensamientos, que ni reparan en mí— que el hebreo más que una etnia es una religión. Por eso todos los del mundo, los que ni siquiera nacieron en Israel, los de la Diáspora, han estado siempre unidos por los signos de la tradición de su tierra, de sus ancestros, de sus padres, por los signos de su religión. Y ya, dentro de Israel y en los tiempos actuales, ha surgido, o lo está surgiendo, un nuevo hebreo, joven, laico, un Israel laico, el *tzabarim*, «higo chumbo»;[4] teórico en el gobierno, pero que avanza en el pueblo, influido por el laicismo que cada vez más impera en el mundo, que se inclina más hacia lo étnico que a lo religioso: hecho imparable, que puede quizá ser la

4 Judío nacido ya en Israel (de *Nueva Revista* nº 84, Madrid, Nov.-Dic. 2002.

solución del problema del país, el camino de la unión de los dos pueblos «condenados» a convivir: el árabe y el judío.

«El fondo de esta plaza [Muro de las Lamentaciones], rodeada
de muros sombríos, está cerrado, aplastado por una formidable construcción salomónica, que es un fragmento del recinto del templo, todo
él de bloques monstruosos y semejantes. Hombres con largas túnicas
de velludo, agitados por una especie de balanceo general, como los osos
de las jaulas, aparecen ante nosotros, vistos de espaldas, dando cara a
ese vestigio gigantesco, ululando frente a estas piedras y murmurando
una especie de melopea temblequeante. Uno de ellos, que debe ser algún
maestro de canto o algún rabino, parece dirigir confusamente este coro
plañidero.»[5]

Y recitan:

— «¡Por haber sido destruido el Templo! — grita el rabino.

—¡Yacemos solitarios y lloramos! —responde el concurso.

—¡Por haber sido derrumbadas nuestras murallas!

—¡Yacemos solitarios y lloramos!

—¡Por nuestra majestad pasada! ¡Por nuestros grandes hombres
muertos!...

—¡Yacemos solitarios y lloramos!»[6]

«Viejas ropas de velludo, viejas guedejas grises, viejas manos levantadas para maldecir, están allí, fielmente: son los ancianos de Israel, que
pronto se irán a fecundar las hierbas del valle de Josafat... las cabezas
temblorosas y las barbas blancas están en mayoría entre los plañide-
ros del "Muro de las Lamentaciones", es porque desde todos los rincones del mundo por el que Israel está disperso, acuden aquí sus hijos
cuando sospechan su fin cercano, con objeto de poder ser enterrados
en el santo valle de Josafat... para cantar las lamentaciones de su profeta», aunque «ante este "Muro de las Lamentaciones" el misterio de
las profecías se presenta más sorprende y más inexplicable.».[7]

---

5 Pierre Loti, *op. cit.* (2); pág. 95.
6 Íbid.; pág. 97.
7 Íbid., págs. 97 y 134. Fragmentos escogidos.

Como vimos ya, debajo del cenáculo hay una sinagoga, donde se ve movimiento festivo, de alborozo, porque hoy es el día señalado para que los niños cumplan el rito del *bar-mitzva,* hagan su presentación en el templo. Salen de aquí, y de otras sinagogas, y quizá también directamente de sus casas, y acuden al Muro donde desarrollarán, bajo la dirección de un rabino, ricamente ataviado con sus vestiduras rituales, el ceremonial de iniciación a la vida como hombre, al menos con responsabilidad religiosa. Los chiquillos van vestidos con trajes especiales, nuevos, de estreno; y las niñas, que los acompañan, con grandes lazos blancos de raso, vestidos de organdí. Es día de fiesta en la familia. Los infantes llevan todos la *kippas* puesta, sujeta a sus cabellos por una pinza u horquilla. Todos los varones que le acompañan lo mismo: vestidos de «sabbath» y con el solideo en el cráneo. Todos cantan, en el camino hacia el Muro, y alguno, incluso, baila; y miran a la gente que les ve pasar en comitiva, con orgullo. Hoy mismo habrá un nuevo judío, creyente, en la comunidad, tradición hebrea; y no paran de cantar y dar gritos de júbilo…

… y nos alejamos del Muro de la Lamentaciones. Eso no quiere decir que no nos tengamos que apartar, en la estrechas calles del Jerusalén Antiguo, para dejar pasar a algún cortejo religioso.

Nos adentramos en el barrio judío por Tari Bab Al-Sisil St. y girando en ángulo recto a la altura de la calle Habad —frontera con el barrio armenio— derivamos calle abajo hasta detenernos en la plazuela, tras la cual, y a bajo nivel, se encuentran las Sinagogas Sefarditas, ese complejo religioso judío formado por tres de ellas enlazadas por sendas puertas de comunicación. En la plazuela —*little square* rodeada por una verja de tubo oxidado que sólo deja libre para entrar y salir de ella, una abertura de más o menos un metro de anchura— admiro la habilidad de unos pintores que la están remozando; y digo que admiro su trabajo, porque lo están haciendo, en vez de con un pincel o brocha, como cualquiera del mundo, con un calcetín; lo enfundan en su mano, a modo de mitón, lo empapan con la pintura y la extienden sobre el cilindro de hierro previamente desoxidado a base de rasqueta. Con ello consiguen la uniformidad de la capa y que no hayan chorritones de pintura ni en el suelo ni sobre el objeto que pintan. Sonrío, ciertamente ladino, y me digo, quizá con un poco de sorna —pero con admiración, que se entienda bien, no con burla ni de la más considerada y leve—, y me digo por lo más bajo, quizá sólo en mi pensamiento, que esto sí que es propiamente el dar una mano de pintura.

Después de observar mucho me doy cuenta —no se olvide que estoy en medio de una plaza— que también los niños, hijos seguro de padres super ortodoxos, llevan la cabeza rapada, excepto las patillas que, como tirabuzones, caen al lado de sus sienes.

Dentro de la sinagoga se habla, aunque para entrar ha habido que cubrirse la cabeza; si no, no se entra. Como no disponía de una *kippas,* me ha bastado encasquetarme el sombrero «burberrys», contra el sol y contra el agua, para cumplir el precepto. Allí descubro, en el frontal del templo judío, el lugar donde se guarda el rollo de la Torá. Es un receptáculo cilíndrico, grande, grueso, exteriormente muy bien ornamentado, bellamente acabado, y que contiene en su interior la ley judaica, los rollos de la ley. Los judíos tienen, igual que los cristianos, los cinco libros bíblicos que conforman el Pentateuco: Génesis, Éxodo, Levítico, Números y Deuteronomio, y es en la Torá donde se acogen todos ellos. Luego pasamos de sinagoga a sinagoga, templos que van disminuyendo en tamaño: de la grande se pasa a otra más pequeña, y de esta a otra menor llena de estrados, como cátedra universitaria; y me llama la atención, me viene a mi memoria el bíblico ritual de la *shemá*, en aquel párrafo que dice «...lo pondrás en la jamba de tu puerta», al contemplar en cada una de ellas los pergaminos escritos con los versículos 4 al 9 del capítulo 6 del Deuteronomio, transcrito ya en el capítulo 1 de esta obra.

Al anochecer, después de la cena —en Israel ya se sabe que más o menos a las seis cae la noche oscura, sin luna en cualquiera de los rincones escondidos de la ciudad «intro murallas», con una luna tímida en los espacios más abiertos, como en la parte moderna de Jerusalén, en las colinas del sur— nos acercamos hacia las inmediaciones de Belén, sin entrar en él, a unos grandes almacenes de regalos y objetos típicos del país, con la intención de comprar alguna cosa que sirviera de recuerdo de nuestra estancia; ofrenda que hacer a los allegados, más que como recuerdos propios —que esos los llevamos marcados a fuego en nuestro corazón, en nuestra memoria, en nuestra inteligencia— como testi-

monios de que nos hemos acordado de la familia, de los amigos; y el
comercio lo han abierto adrede para nosotros y algunos pocos más, porque dicen que es un lugar de garantía, donde el típico fraude turístico
—fenómeno que ocurre en todas las partes del mundo que he visitado;
y aquí igual, como no podría ser de otro modo— es imposible. Atraído por ello, por la necesidad que tiene todo hombre, incluido el viajero, y no digamos el turista, de comprar, nos aventuramos en hacer la
excursión, por, otra parte, corta, y a costa de que en el Check Point
de Belén ser registrados minuciosamente hasta por debajo de los asien-
tos del coche, con linternas enormes encendidas apuntando a todos lo
lugares por ocultos que estuvieran y manejadas por unos soldados, jóvenes y fornidos, con chalecos antibalas, magnificante equipados y ter-
ciando su fusil ametrallador sobre su hombro. Como, parece ser, que
hemos demostrado que somos hombres de bien, más bien peregrinos
que sólo nos interesan las cosas de nuestro Dios, no tuvimos ningún
inconveniente para salir de Jerusalén y atisbar Belén. Sin embargo, al
apearnos del cuatro por cuatro, una nube de vendedores callejeros nos
asedian insistentemente para que les compremos rosarios diversos, una
especie de colgantes extraños, que querían hacernos pasar como de plata y una ingente cantidad de pulseras —siete, ocho o diez anillas de distinta anchura para sólo un brazo— que parecían recubiertas de nácar,
vaya a saber, aunque, juro, que estaba muy imitadas.

Menorahs esmaltadas, platos con símbolos israelitas, varias, muchas,
cruces de Jerusalén —la llamada cruz de los franciscanos—, mínimas
porque son de oro de 18 quilates; y nos quieren hacer cargar con figura talladas en madera de olivo: patriarcas, santos, belenes —la Virgen
San José, el Niño, la mula y el buey— y hasta camellos de patas y jibas
entrecortadas, que al fin se vinieron con nosotros a Barcelona… qué se
le va a hacer.

A la vuelta, no demasiado tarde, antes de las once de la noche seguro, porque la Casa Nova cerraba a esas horas, me encontré en el vestíbulo de la misma con Ernesto, el muchacho parlanchín y franco, español de Zaragoza, ¿o era de Huesca?, quizá no, porque no me habló de
los vinos de Somontano, y por experiencia sé que los oscenses en cuanto pueden hacen propaganda de este caldo —por cierto, magnifico—,

pero lo mismo da. Nos sentamos en uno de los divanes de la recepción, pues no teníamos sueño, y me contó que había llegado un día más tarde a Jerusalén porque fue retenido en Madrid por causa de un interrogatorio, y como es un muchacho muy decidido, de los de mochila al hombro, que había estado ya siete u ocho veces en Tierra Santa, quizás esa insistencia, y el viajar solo, fue la causa de su retención en el aeropuerto madrileño. Se dedicaba a hacer un poco de trabajo de historiador en Jerusalén; y, luego, me habló algo del *prete* de los Hermanos de San Juan de Dios, en el hospital que tienen en Milán, de Paolo Bossi… en fin, amigos que había dejado desperdigados en Israel, amigos que esperaban nuestra visita en sus dominios italianos, todos del norte.

Y la noche, la madrugada del día siguiente, se nos vino encima… y no bebimos nada de alcohol; yo ni siquiera café, porque el que se hace en Israel no me gusta, ya lo he dicho.

XX
JERUSALÉN VII

Estamos, absortos, contemplando el Templo de Jerusalén, por su parte norte. Hemos entrado a la ciudad vieja por la Puerta de los Leones. La fortaleza Antonia esta pegada al templo, en esta orientación geográfica. Al excavar en donde se suponía que estaba el fortín, se encontró el magnifico empedrado y los restos de la Antonia, con lo que se confirmó que se había encontrado el sitio donde Jesús fue juzgado. Pero la emoción del hallazgo duró poco tiempo, porque, incluso, los arqueólogos saben que el pavimento de esas ruinas —la verdad hay que decirla por mucho que duela— no es el auténtico de la época herodiana sino el de la Aelia Capitolina, la nueva Jerusalén, edificada encima de aquella que Tito destruyó en los años 70.

La fortaleza Antonia estaba situada en el ángulo formado por dos columnatas del patio primero el templo, en el lugar donde hoy se encuentra la Madrasa Malakiya, escuela musulmana. Estaba construida por una roca y rodeada por precipicios por todas partes. Parece que la roca estaba cubierta por losas pulidas y brillantes, no por motivos decorativos, sino más bien para que los probables asaltantes resbalasen en su escalada y hacerla inexpugnable. Dentro estaba la Antonia de casi 18 metros de altura, no envidiando su interior la confortabilidad de todo un palacio: estipitarios, baños, patios amplios para la formaciones militares, etc.; por su utilitarismo —tenía de todo— más bien parecía una ciudad y por su ornato un verdadero palacio. La fortaleza Antonia la formaban un conjunto de cuatro torres, tres de las cuales tenían 22 metros de altura, y la del ángulo sudeste más de 30. Tenía una relación directa con el templo por medio de unas escaleras y sus soldados vigilaban de día y de noche el exterior de ambos monumentos, para evitar cualquier asalto. El templo era la fortaleza que vigilaba la ciudad, y la Antonia la que lo hacía con el templo, de modo que sus soldados aseguraban la salvaguardia de las tres.

Para abastecer de agua la fortaleza había una piscina —Sunion, que aún se conserva—, donde se la recogía para meterla en la torre y abrevar a los caballos, lavarse, guisar, etcétera.

En la fortaleza Antonia estaban los romanos, pero en el año 67, en la rebelión de los elotas, se asaltó la torre y, crueles como eran estos sicarios, mataron a la pequeña guarnición de romanos que la defendían. Quedó pues este hito de poder en manos de los agresivos elotas, como dueños y señores del lugar. Pero el emperador Vespasiano, residente en ese momento en Cesarea del Mar, organizó una expedición de castigo y reconquista, y llegó al mando de la X Legión Romana, decidido a domeñar a los rebeldes. Pretendieron entrar por el torrente Cedrón, pero como no pudieron por allí hacer pasar las pesadas máquinas de guerra, decidieron entrar por el norte, donde hoy está la iglesia cruzada de Santa Ana; y para arrebatar el Templo a los intrusos se vieron obligados a destruir la Fortaleza Antonia. Con unos arietes abrieron una brecha en los muros, camino expedito para el asalto romano, y se apoderaron de la explanada del templo. Los judíos que defendían la fortaleza se refugiaron, como se ha dicho ya, en el «Sancta Sanctorum», en su interior sacrosanto y ahí mismo —aunque los judíos pensaban que por ser prohibido el lugar no osarían entrar— los mataron a todos y hollaron el recinto sin ninguna clase de reparos, entronizando en él una estatua del dios Zeus.

Y siguiendo nuestro itinerario, calle Sha'ar Ha arayot arriba, casi en su comienzo, tocando la Lion's Gate, en la vertiente derecha se encuentra la iglesia de Santa Ana. Está junto a la Piscina Probática o Betesda, cuyos restos profundos se pueden ver casi intactos a su izquierda; y donde la tradición dice que Jesús sanó a un hombre que estaba treinta y ocho años tullido, acusándole además de violar, trabajando, el día del sábado, el «Sabbath». Fue construida por los templarios en un estilo románico-cruzado, y es uno de los poquísimos templos que, con la dominación árabe, no se destruyeron. Saladino, como hombre inteligente y gran caudillo, de inmediato se dio cuenta de que el recinto religioso gozaba de una sonoridad excepcional, por lo que decidió no destruirlo, aunque, eso sí, convertirlo en mezquita y usarlo para impartir en él lecciones del Corán. Más tarde, cuando llegaron los franceses a finales del siglo XIX, el sultán se lo regalo a los cristianos como presente. Esta iglesia de santa Ana es la única cristiana del mundo que luce en su frontera principal unos versículos del Corán. Este párrafo, sagrado para los mahometanos, que se añadió cuando sirvió como mezquita, confiriéndole la labor de una madrasa. Luego, cuando fue devuelto el templo, los receptores, por supuesto cristianos, tuvieron el buen gusto de no quitarlo de la fachada y ahí quedó, convirtiéndose por ello en una singularidad histórica y arquitectónica muy apreciada.

Desde 1856 pertenece al estado francés, quien ha encomendado su custodia a los Padres Blancos. Es la mejor, de la época y de su estilo, conservada de toda Palestina.

A la puerta de entrada de la iglesia, a la izquierda, junto al muro donde se abre la sacristía de la misma, hay un cartel en que se ve un revolver cruzado —o tachado— por un aspa roja, que determina mudamente —NO FIRE ARMS PLEASE— la prohibición de entrar en la casa de Dios desprovistos de armas; por lo menos en ésta.

La iglesia de Santa Ana, particularmente hermosa, fue levantada, en el siglo XII, en honor del lugar donde la tradición apócrifa, que tiene sus raíces en el Protoevangelio de Santiago, asegura que nació María, madre de Jesús e hija de santa Ana y san Joaquín. No hay datos que confirmen la veracidad de este evento. Recuérdese que hay otra antigua tradición que sitúa este lugar en Galilea; casa aquélla en que, como hemos visto, parece estar mucho más firmemente demostrado, sobre todo arqueológicamente, de que es la auténtica casa de la Virgen.

Todo el misterio de la dedicación de esta iglesia a Santa Ana y, por mor, a la Virgen, su Hija, podría explicarse relativamente atendiendo a la tradición, muy popular en ese tiempo, por la cual se sabe que, cuando María vivió en Jerusalén, no podía hacerlo dentro del recinto del Templo; por eso trataron de buscarle un sitio digno fuera de él, y encontraron este lugar, separado del Templo pero junto a él. En recuerdo de ello, los cristianos levantaron esta iglesia. Este podía ser el nexo que une el lugar a la figura de María y, por ende, a la de sus padres: Ana y Joaquín.

Son las cuatro, o las cuatro y media de la tarde, y se está escuchando aquí, en el huerto amplio del templo cruzado, el canto del almuédano, muy cerquita, quizás encima de nosotros. Lo escucho atentamente, me embeleso con él, y me admira que, pese a su sonoridad y la fuerza de su voz, no consiga romper la quietud, el sosiego, la paz en que nos envuelve el lugar santo. Sólo la densa calima —que cae desde arriba del cielo, azul sin mancha blanca alguna, sin algodón ni lana batida alguna, sin apenas ser filtrada por los tejados, las terrazas planas de las casas judías que conforman la calle que, más tarde, nos conducirá, a través de la Vía Dolorosa, atravesando el Cardo romano y los zocos árabe y cristiano, al Santo Sepulcro: decimocuarta estación— agobia más nuestro cuerpo, respiración anhelosa por falta de oxigeno, que nuestro espíritu de cristiano católico, creyente; pese a las sobreposición de tradiciones encontradas en un único, solitario, hecho bíblico.

«Los amables padres de Santa Ana acaban de enseñarme su vieja basílica de los cruzados; me han guiado por su jardín, para dejarme ver una piscina recientemente desenterrada merced a sus cuidados y que parece ser el depósito de Betesda; me han hecho descender a sus subterráneos profundos...»[1]

La piscina Probática —del griego *probatikós,* perteneciente a los corderos o a los rebaños— era la que había en Jerusalén, inmediata al templo de Salomón y que servía para lavar y purificar las reses destinadas al sacrificio, es la que también se llama de Betesda, y se encuentra en el amplio patio que rodea a la iglesia de Santa Ana, en la parte noroeste. Sus ruinas quedan sumidas en la profundidad, quizás a seis o siete metros bajo el nivel actual. Se puede bajar por unas escaleras y observar todos sus rincones, desde una especie de pasarela sita a unos dos o tres metros de profundidad. El yacimiento arqueológico es muy amplio, porque también integran una pequeña iglesia que hicieron en

---

1 Pierre Loti, *op. cit.* (2); pág. 69.

su tiempo los cruzados. La piscina tiene dos niveles y un canal la unía al Templo, donde se utilizaba su agua. Para bajar a ella había una escalera, *Kápata* en hebreo, que significa «elevado». La piscina estaba rodeada de cuatro pórticos, y un quinto pórtico la dividía en dos estanques desiguales. Sobre él se pueden ver aún las ruinas de la iglesia bizantina de Santa María la Probática, del s. V. Se han descubierto en ella multitud de restos de exvotos alusivos a algún tipo de culto pagano, a algún dios curandero e, incluso, al dios clásico de la medicina, Esculapio. A pesar de ello, es lógico pensar que en ese tiempo ya existía algún culto cristiano, que instalarían los primitivos creyentes, en memoria de la curación del paralítico; porque si no fuera así ni Jesús, ni los judíos hubieran acudido a ella.

«… vese la *piscina Probática*, también llamada *de Salomón* por Josefo. Es un vasto aljibe, seco, donde crecen hoy granados y tamarices, y está sostenido por robustos murallones. En esta piscina se purificaban los corderos destinados al sacrificio…»[2]

Y saliendo de nuevo a la calle empinada y tortuosa, penetramos en la iglesia de Notre Dame de Sión, en el convento del Ecce Homo, en pleno lithóstroto —*empedrado*— de la fortaleza Antonia. Este templo está regido por las Hermanas de Nuestra Señora de Sión. Estudios arqueológicos actuales llevan a pensar que el convento se encuentra justamente al norte de la fortaleza Antonia, la cual, construida por Herodes en Grande en el año 30 a. C., servía para defender a la ciudad contra los ataques que llegaban del norte. Entre los vestigios que se han encontrado están la cisterna del Strution —en griego «pajarillo»—, reserva de agua para la fortaleza y sus alrededores; el empedrado romano —*Lithóstroto*—, construido sobre la bóveda del Strution y que sirvió de Foro y mercado de Aelia Capitolina; un empedrado con un juego, el Juego del Rey; y un Arco triple.

El *Lithóstroto* era, como creo haber insinuado, el patio empedrado que ocupaba el espacio libre entre las cuatro torres de la Fortaleza Antonia. Es el lugar donde Jesús fue juzgado, es decir, el gobernador

2 Octavio Velasco del Real, *op. cit.*; pág. 201.

romano, Poncio Pilatos, se sentaba en el pretorio, donde ponía una mesa y unas sillas, y desde ese podio, dentro de la fortaleza, dictaba sentencia, juzgaba a los reos, en este caso a Jesús de Nazaret. Pues bien, en ese mismo sitio, a finales del siglo XIX y principios de XX, se fundó este convento, el ya citado de las Hermanas del Monte Sión, orden religiosa que tiene como finalidad el servir de puente entre el cristianismo y el judaísmo. Por eso su fundador compró este convento para que vivieran en él, desarrollaran tan delicada labor la comunidad religiosa femenina. Y como siempre que se lleva a cabo aquí una transacción de este tipo, se hace de inmediato una excavación, porque se sabe que prestamente sale a la luz la Jerusalén antigua; y aquí se suponía que estaba el *Lithóstroto*, como así se confirmó. Al excavar se encontró el magnífico «empedrado», en el cual se han hallado, incluso, algunas marcas que eran de la época romana, señales y garabatos en la roca, que no son más que juegos que los soldados romanos tenían para distraerse, especie de juego del tres en raya que alternaban, con seguridad, con el de los dados.

«Y ved sobre una de sus losas, toscamente grabado con un hierro, un juego de "margelle" idéntico al de nuestros días; un juego que habían ideado los soldados romanos para entretenerse en sus veladas.»[3]

El «margelle», según Loti, es un juego de infernáculo, rayuela o juego de las losetas. Ignoro como lo vería el gran, excelente, viajero. Pero la huella que yo he visto en los subterráneos del convento del Ecce Homo, más bien corresponden a unos juegos más semejantes al tres en raya, o una derivación del mismo más o menos sofisticada y compleja, que al juego infantil que se hace «a la pata coja», que, como muy bien dice el traductor del libro de Loti, en una nota al margen, no resultaría demasiado marcial. Testigos presenciales, pertenecientes a la cultura actual de la electrónica y de los juegos que genera, han llegado a asegurar que debía de ser como una especie de juego de rol, es decir, de esos que persiguen y ejecuta objetivos sucesivos conforme se van apoderando de las diversas casillas que se integran en el tablero; en este caso, grabado sobre las losas.

3 Pierre Loti, *op. cit.*; pág. 76.

Pese a todo, y como ya se ha insinuado, el *Lithóstroto* que hoy en día se ve, no es el original, donde Jesús fue juzgado y vejado, sino que es el pavimento de la calzada de entrada a Aelia capitolina, como se llamó a la ciudad de Jerusalén reconstruida. Desde el torrente Cedrón se accedía a Aelia Capitolina por este lugar, que es un pavimento del siglo II, pese a que se siga llamando *Lithóstroto*, sin tener nada del empedrado de la fortaleza Antonia; porque Adriano, 50 o 60 años después, terraplena el lugar y hace otra calzada para que se una la nueva ciudad al Templo. Por ello, hay que admitir que el empedrado que se ve actualmente descendiendo unos cuantos metros hacia los estratos arqueológicos inferiores, es el que se construyó inmediatamente encima del *Lithóstroto* auténtico, y original, de la torre Antonia.

La Jerusalén herodiana quedó arrasada, plana como era, por Tito Rufo; y con ello se cumplió la profecía de Miqueas: «Sión será arada como un campo»,[4] siendo Adriano quien planificó la construcción de otra ciudad —135 d. C.— mucho más pequeña, clásica romana —con su Foro y su Cardo Máximo—, que hiciera olvidar todo rastro original judío.

«… una nueva ciudad que llamó *Elia Capitolina*, prohibiendo que pudieran entrar en ella los judíos, si bien se les concedía, a precio de oro, permiso para llorar dentro de sus muros.»[5]

Es la ciudad de Jerusalén —Aelia Capitolina en honor de Elio Adriano, ilustre emperador español— que presenta el mosaico sito en la iglesia de San Pablo, en la ciudad siria de Mádaba; una reproducción —de la que yo mismo doy fe, porque la he visto in situ— de la que se encuentra en el interior del convento de las Hermanas de Nuestra Señora de Sión; añadiendo que he podido pasear por la continuación del Cardo Máximus, prolongado por el emperador Justiniano en el siglo VI, auténtica avenida en las inmediaciones de King David Square.

El nombre de Jerusalén quedó tan profundamente olvidado, que hasta el siglo VII no se le conoció con otro nombre más que este: Aelia Capitolina.

Y aquí comienza la Vía Dolorosa.

---

4 Miqueas 3, 12.
5 Octavio Velasco del Real, *op. cit.*; págs. 208-209.

«… cerca del lugar probable del pretorio de Pilatos y del punto inicial de la Vía Dolorosa, en un barrio siniestro y desierto.»[6]

No sé si siniestro o no, pero desierto seguro. En estas calles, al menos en el tiempo que nosotros las recorremos, no hay nadie. Incluso llegaremos más adelante a las que se meten en el zoco, a la de San Francisco, y sólo se ven a los aburridos vendedores, mirándose unos a otros, y a alguna pareja de soldados, perfectamente uniformados y armados, que patrullan el tortuoso mercadillo.

Y pasamos por debajo del arco de Adriano, hoy del Ecce Homo, porque sólo es un ojo del triple que construyó el emperador romano. El citado, el mayor de todos ellos, que es el que se encuentra en el centro, atraviesa la Vía Dolorosa; el la izquierda, al menos la mitad de éste, está dentro de la Basílica, es el más pequeño por motivos obvios, y precisamente donde se encuentra el sagrario de la iglesia; seguramente si Adriano hubiera sabido para lo que iba a servir, no lo hubiera construido. El arco de la derecha está dentro de una casa árabe. A pesar de todo, esta semiescondida arcada, rememora el proceso de Jesús, cuando Pilatos presenta al Salvador al pueblo, diciendo: «He aquí al Hombre», *Ecce Homo.*[7]

«… y aquí son las Hijas de Sión las que salmodian, tras esos muros, a la gloria del Salvador.»[8]

La calle trepa, pedregosa y adoquinada, sombría, silenciosa —la salmodia del almuédano no rompe la quietud, anima, da cierto encanto de serenidad al momento, al ámbito, que en la meditación del peregrino podría ser quejumbrosa, quizá llena de angustia—, y se camina bajo los arcos, trozos incompletos de arcadas que se pierden dentro de los muros que forman la calle. Ni siquiera cruzamos palabra entre nosotros, por miedo a que se rompa el encanto, el encantamiento sublime del momento, camina y jadea con el esfuerzo de la cuesta y el sol que tortura con sus finas lanzas de fuego y, sombrero en mano para restregar con el dorso el sudor, se divisa el cielo, y en su recorrido no se ve ni

6 Pierre Loti, *op. cit.* (2); pág. 68.
7 Juan 19, 5.
8 Pierre Loti, *op. cit.* (2); pág. 70.

una sola ventana abierta, ni un alma, camina adelante, que ya estamos recorriendo la Vía Dolorosa, alcanzando la esquina de El-Wad St....

«*Hic flagellavit*..., dice una placa de mármol blanco, incrustada encima de una puerta. ¡Ah, es la capilla de la flagelación de Cristo, y casi el comienzo de la Vía Dolorosa!»[9]

La Vía Dolorosa también se llama el Camino de la Cruz. Durante siglos millones de peregrinos han llegado expresamente de todo el mundo para seguir el mismo recorrido que llevó a Jesús a su muerte. Comienza en los santuarios de la Flagelación y de la Condena, que se levantan donde el Salvador fue azotado y juzgado. En el segundo de los templos es donde está la primera estación, de las catorce que componen el Vía Crucis. No obstante, a pesar de esta práctica piadosa, profundamente arraigada en los cristianos católicos, no se sabe con certeza el itinerario exacto que Jesús siguió hasta el Calvario. El trazado de las calles, fundamentalmente, sigue la conformación urbana de Aelia Capitolina. Sería necesario una profunda investigación arqueológica, hasta llegar a los estratos más hundidos, para alcanzar el nivel de las calles de la Jerusalén del siglo I; y así y todo quedarían muchos interrogantes. Por eso, y sólo a partir del siglo XIII, donde se dio por buena la localización del pretorio de Pilatos en la Torre Antonia, es cuando se fueron localizando las ubicaciones, con mucha relatividad, de los hechos acaecidos en «el trágico camino de la Pasión», configurándose la Vía Crucis aunando la devoción franciscana con la costumbre de los primitivos cristianos. Así pues, aunque no fuera con este mismo perfeccionamiento, ni quizá siguiendo este mismo camino, algo parecido había existido ya en Jerusalén desde los primeros siglos cristianos. El libro apócrifo «Dormición de la Virgen», recuerda a María recorriendo los Lugares Santos de la Pasión; Orígenes, en sus escritos, corrobora esta costumbre, y la peregrina española Egeria, en el siglo IV, hace un recuento de cuales eran las «estaciones» del Viernes Santo. Hoy en día todos los viernes del año, a las tres de la tarde, se rememora, dirigido por los padres franciscanos, la tradición

9 Íbid.; pág. 70.

de recorrer las calles de Jerusalén meditando la Pasión de Cristo, el Vía Crucis.

«La Vía asciende aún… los almuédanos han terminado de llamar; el crepúsculo y el silencio derraman su encanto sobre esta Vía Dolorosa… el misterio de la penumbra la transfigura; su nombre solo, que yo me repito a mí mismo, es una música santa; el Gran Recuerdo parece cantar aquí por entre estas piedras.»[10]

Antes de llegar al arco del Ecce Homo, y a la derecha, se encuentra la II Estación. La III está en la calle Wad —el Valle; antiguamente Wad de Tiropeón, valle de los queseros—, la que viene desde la puerta de Damasco y va a terminar con Taqiya; pero algo antes de alcanzar este cruce se encuentra la IV Estación, casi en al esquina con Tariq el-Alam St., calle importante, al principio de la cual está la V Estación, y un poco más adelante, a mitad de la calle aproximadamente, se encuentra la VI. En la conjunción de esta calle con la Khan ez-Zait, que también se genera en la de Damasco, incluso penetra en el zoco, se encuentra la VII. Y en la calle de San Francisco, pegada por la derecha al complejo eclesial del Santo Sepulcro, surge la VIII Estación. Desde ésta se regresa de nuevo al zoco y, a la derecha, hay una escalera que sube hasta el convento etíope, que hay que bordear hasta el final del callejón de la derecha, encontrándose el peregrino ante una columna, sita entre los conventos copto y etíope, que señala la IX Estación. Nada más entrar en la basílica del Santo Sepulcro, hay una escalera a la izquierda que sube al Calvario, y allí es donde se rememoran las X, XI, XII y XIII Estaciones. La XIV, y última, se recuerda a pocos pasos, bajo la rotonda y dentro de la capilla que hay en medio de ella, en la tumba.

«Y, a continuación, de regreso ya junto al Sepulcro, subo, casi inconsciente, por la escalera que conduce a la capilla alta, sobre el Gólgota…»[11]

«Y cuando llegaron al lugar llamado de la Calavera (Calvario) le crucificaron.»[12]

---

10 Íbid. pág. 71.
11 Íbid. pág. 153.
12 Lucas 23, 33.

El Calvario. Para subir —como ya he insinuado alguna que otra vez en situación más laica, menos mística y adoratriz que en este momento— a él, hay que escalar, literalmente, porque los escalones son incomodísimos de altos y estrechos, hasta el piso, la parte más elevada, la cima del peñón donde fue Jesús crucificado. En el lugar hay dos capillas: una católica, la otra griega ortodoxa. La derecha, custodiada por los franciscanos, fue restaurada por Barluzzi en 1937 y decorada por D'Archiardi y Trifoglio. En el centro todavía se conserva un fragmento del s. XII, que representa al Salvador. Aquí se conmemoran la X y XI Estaciones.

La capilla de la izquierda es la que patrocinan los griegos ortodoxos y presenta dos partes: la anterior es la que construyeron los cruzados, y la posterior bizantina. Es el lugar que se tiene como exacto donde fue levantada la cruz para la crucifixión de Cristo (foto 23); todo por la tradición mantenida por los antiguos cristianos hasta el año 134 y luego desde el siglo IV hasta nuestros días.

Para bajar del Gólgota, se hace por otra escalera, opuesta a la anterior e igualmente difícil. Ya en la planta y muy cerca se encuentra la capilla de Adán, que responde a una leyenda que expresa que Adán fue enterrado en el Gólgota, debajo mismo de donde se colocó la cruz, de manera que éste sería el primer hombre redimido por la sangre de Cristo, al caer sobre él. Hay unas ventanas que muestran el interior de la peña del Calvario. Se ve unas hendiduras en ella, al igual que en la cima, lo que ha hecho divulgar la tradición que son debidas a movimientos orogénicos, sismo que tuvo lugar en Jerusalén al morir el Señor. En la parte posterior de la capilla, y a sus dos lados, se encontraron los sepulcros de los dos reyes cruzados Godofredo de Bouillon y Balduino I; y digo que se encontraron, porque estuvieron hasta la restauración hecha por los griegos en el siglo XII.

«… esta capilla con las cincuenta lámparas que arden de continuo en ella, es importante, contribuyendo a aumentar la veneración religiosa que ya de por sí inspira, el hecho de tener allí su enterramiento Godofredo de Bullón y su hermano Balduino.»[13]

13 Octavio Velasco del Real, *op. cit.*; pág. 174.

«Aquí se concentran algunas tumbas. Los monumentos a Godofredo y Balduino son dos sepulcros de piedras, soportados por cuatro
pilares pequeños.»[14]

Por la Wad St. trataba de escapar, por la Puerta de Damasco, de la
amurallada ciudad. Rondaba cabizbajo y casi preocupado, no quería
abandonar Jerusalén sin comprobar una tradición, realmente reciente
—databa solamente de 1894—, y en esas me encontré con Paolo Bossi, un italiano de la Padania —para él esta unidad administrativa del
norte de Italia era, es una realidad— que conocí en el refectorio de la
Casa Nova. Paolo Bossi, el hombre enjuto, siempre sonriente, de rostro musculoso, creo que quemado por el sol, ojos claros, siempre sonrientes, aunque su mueca sea adusta. Habla y ríe; y la amabilidad, y su
concordia, me halagan. Parece tener cuarenta años, pero un día me con-
fesó que tenía cincuenta y muchos, en cualquier momento los sesenta.
Le gusta el campo y la naturaleza, y es frecuente que se pierda, a lomos
de su mountain bike, por las sendas verdes de la Lombardía. Me dio su
dirección en Milán, en las afueras rurales de la gran ciudad, con la promesa, que aún permanece en firme, de ir a visitarle. Tiene esposa e hija
—creo que es médico— y las deja todos los veranos para pasárselos
en Jerusalén, punto central desde donde, radialmente, visita todos los
Santos Lugares de Israel. Y regresa aquí desde hace diez o doce años.
Busca la paz, como la padovana Silvana; y al menos, parece, que carga
sus «pilas» de sosiego y calma, por lo menos, para un año entero. Es
admirable, y envidio su serenidad, y su forma de vida que me cuenta
cuando vive en su bosque, junto a su familia. Como buen lombardo,
amigo de su pequeña «patria», sus exclusivos territorios, la Padania,
ignora, o quiere ignorar —al menos así lo expresa— donde está Roma,
el centralismo italiano, y más el sur napolitano; territorios que nada tienen que ver con su «privilegiada» región; él puede, cuando quiere, decir
nación… y es creyente. Como quiera, le pregunté de inmediato:

—¿Sabes algo del Calvario de Gordon?

—¿De la colina que llaman «el Calvario de Gordon»?

---

14 Chateaubriand, *op. cit.*; pág. 330.

—Sí, es que, por casualidad…

—Es una tontería. —contestó el italiano, sonriendo como siempre.

Pensé que si yo fuera el que hubiese contestado, le hubiera dicho que era una chorrada; pero él era demasiado educado para vulgarizarse tanto.

«Treinta años ha que Gordon, soñando por estos parajes, había observado la extraña semejanza que con una calavera ofrecen las rocas de la base de esta colina; con demasiada ligereza, sin duda, dedujo que este debía de ser el «monte de las calaveras», el verdadero Gólgota, y su opinión, hasta estos últimos años, hasta la época de las últimas excavaciones rusas, encontró eco entre los espíritus un tanto inquietos y criticones, encantados en coger en falta a las tradiciones antiguas.»[15]

Paolo Bossi me dijo:

—Está cerca de la iglesia griega de san Esteban, aquí mismo.

—¿Quién es Gordon?

—Se llamaba Charles Gordon y era un explorador británico, vino en 1883 y creyó reconocer la tumba de Cristo…

—… pero eso es una chorrada —le dije.

—… sí, y algunas comunidades protestantes la utilizan como lugar de oración. También hay una tumba del siglo I; le hicieron caso, y vino la confusión.

—El pitote —dije

En la soledad del Santo Sepulcro. Hay suerte. Como no hay turistas, ni peregrinos, ni nadie en Jerusalén —sólo se ven algunas comitivas de los propios judíos, venidos de los extrarradios y de lugares más lejanos, a conocer su ciudad sagrada—, puedo a placer, sin restricciones, meditar, con el permiso del custodio greco-ortodoxo, de carácter firme e inflexible, pero condescendiente en esta ocasión, a falta de devotos, de peregrinos, que alguien, alguno, aunque sea católico romano, que acompañe al túmulo vacío tantos siglos, en la noche, quizá treinta minutos de que la puerta de la basílica quede clausurada por el ostiario árabe, el dueño de la llave; y pienso, o medito, no sé, situado en el límite, que creo que es solamente un matiz, de los dos conceptos del espíritu,

15 Pierre Loti, *op. cit.* (2); pág. 80.

y elucubro con mi alma abierta, ¿éxtasis?, seguro que no, un diálogo —¿o monólogo?, ¿o no?— entre yo y mi otro yo dentro de Él:

El enigma de la Pasión, de los hombres, del mundo, sí, sí, del Hombre consciente y de eterno futuro, se explica, está dentro de los cinco misterios de Dolor, los dolorosos, que llaman frente a la Virgen del Rosario. Es el camino del Daño, de la Angustia, se quiere hacer daño y se hace. Se llena de angustia la vida de un Hombre condenado a muerte antes de que se le condene, y por ello suda sangre en el monte de los Olivos —1°—, de miedo porque es un hombre. Pero no es bastante, reo de muerte se le azota —2°—, y el dolor físico no puede ser más grande, igual que la ofensa que se le infringe. Pero luego hay que adolorirlo con la humillación psíquica, la corona de espinas, el trapo-capa legionaria, la caña como cetro —3°—, que se añade al dolor físico que ya es grande —azotes y sienes destrozadas por las espínulas penetrantes— la desolación anímica que supone el presentar al pueblo, otros hombres —Ecce Homo— a un despojo humano, al «rey de los judíos». La oscuridad y la tenebrosidad de la situación, inclinan al hombre, que se le ha olvidado que es Hombre, a morar en las tinieblas con el mayor desamparo y el superlativo abatimiento; la desesperanza, que es negra y mate como el carbón de huesos de los muertos de la Gehenna, no el mineral, la hulla, que aún guarda un poco de brillo, de luz; y al cuerpo derrumbado lo abarrotan con la cruz, el leño cae, duro, sobre el cuerpo sangrante, el alma caída, y tiene que caminar, con el desconsuelo y el dolor, la angustia, ahogándole, por el «el camino de la amargura» —4°—; esfuerzo físico-espiritual que denigra cualquier dignidad, cualquier hombre. Pero aún le queda la mayor humillación, el postrero tormento: el dolor de cruz, y la muerte —5°—; lo más frío de un hombre, acto tenebroso, tétrico, desconsolador, que el ser orgánico tiene que pasar solo, nadie le ayuda, que encierra su horizonte, sus límites físico-vitales en una foscosidad, lobreguez superlativa, de soledad absoluta. Y no, la muerte en la Cruz, de repente llena el ámbito con un estallido de tempestad, de claridad —el Hombre, el paisaje—, de luminosidad enceguecedora, y la Luz brilla desde lo más alto del Calvario. Si los testigos de la muerte quedan asombrados sobre el momento más tétrico de la historia del mundo, toda la tierra, el Universo entero, se llena de resplandor porque se ha obrado aquello, la Gran Obra por la cual Jesús vino, tenía que venir, al mundo: la Redención de los hombres, y para que ello ocurriera ha tenido que pasar por todas las miserias humanas de la crueldad y el desamparo, terribles, que guarda el hombre para el hombre, para que no gozara el Hombre, no se dijera que había usado de la ventajas que tiene un Hijo de Rey, el privilegio del propio Dios.

Era el momento preciso —escrito en la eternidad— para que, desde lo más alto de la peña de la Calavera, la Cruz relumbrara suficiente Luz para iluminar todo el universo.

… y me quedé —con mis pensamientos, creo que adormilado al menos, sentado en el banco, escuchando los cánticos de los sacerdotes cristianos, sus ruegos, oliendo sus inciensos, incluso su reprimenda cuando me hallaron— encerrado en el pórtico del santo Sepulcro; y a las cinco de la mañana volvía a ser yo, solamente un hombre.

XXI

BELÉN

«**B**elén, sobre aquellas montañas con apariencias de nubes, se muestra atrayente como una patria suprema…»[1]

Corrimos hacia el sur por la autopista 60, encajonados entre una triple fila, densa y prieta, de automóviles. Algo más adelante, pero no mucho —la ciudad se veía como nos envolvía, como se cubría de casas en la hondonada derecha hacia la vaguada inmensa que, por la noche, habría de lucir con decenas de miles, quizá millones de lucecillas, luciérnagas de artificio, observadas, por las que, a la izquierda, se elevaban en un ligero altozano—, la calzada se estrecha en dos carriles, defendidos, en ambos lados por mojones troncoprismáticos prefabricados y encajables, de cemento, y vallas de tela metálica de algo más de un metro y medio de altura; y luego en uno, y luego el Check Point de salida de Jerusalén; parada, registro, pasaportes a mano, que no hubo que mostrar, pero por si acaso… y autorización gestual de salida. Carretera abajo y un poco más de la Tumba de Raquel —la segunda esposa de Jacob, que murió en el parto de su último hijos, Benjamín—, giro a la izquierda y adentro de Belén, después de casi tres kilómetros de camino asfaltado. Y, paciencia, de nuevo el otro Check Point, el palestino, de mayor sordidez, tanto en los hombres como en el material de seguridad. Pero, quizá mayor amabilidad, más sonrisa, siempre bajo bigote poblado. Yo no sé a qué clase de fenómeno responde la manía de los árabes —todos y en todos

---

1 Pierre Loti, *op. cit.* (2); pág. 29.

los países de esta raza que he visitado y que son muchos, y separados de por sí por miles de kilómetros— de dejarse crecer el bigote, quizás es una costumbre ancestral de respeto, de madurez vital o de seudohombría, pero es así; y la observación tiene más valor que eso de observación, de curiosidad, frente a la inutilidad que representa el artilugio natural cada día menos en la sociedad occidental. Y corremos sobre el cuatro por cuatro al borde de los abismos que caracolea la carretera de segundo orden, simas profundas, o no tanto, que se forman, como mínimos valles, por esas montañas, vellones de borregos, anubarronadas, como bien dice Loti. Y decenas de metros de la entrada a la ciudad, surge en la vertiente izquierda del camino y enhiesto el Colegio-Residencia Universitaria femenina, para palestinos, creado a iniciativa al menos —no sé si regido o dirigido por ello— del Patriarcado Latino de Jerusalén; institución docente en la que está empeñada Julia —consejera de la CAM, entidad bancaria española y valenciana con fines sociales, como consejera que es— en conseguir —hoy en día ya se ha logrado— una suculenta ayuda económica, con el fin de ampliar el instituto universitario para féminas palestinas, pues las previsiones que se hicieron en su día fueron cortas y hoy en día se necesitan mayores espacios.

Belén —*Bet Lehem,* en árabe «casa del pan»—, que recibió su nombre del propio Abraham, está a tan sólo 10 km de Jerusalén, tiene unos 35.000 habitantes y es una ciudad llena de campanarios, lo que indica la presencia de los cristianos, ya sean latinos, sirios, armenios, melquitas, maronitas, católicos, griegos ortodoxos, armenios ortodoxos y protestantes. Desde la guerra de 1948 la población musulmana ha aumentado considerablemente, hasta llegar a ser la mitad del total.

A Belén en la Biblia se le identifica con «Efrata»[2] — «fructuoso»—, cuando se refiere a la sepultura y muerte de Raquel. Parece ser que ese nombre —Efrata— perteneció a la esposa de Caleb, para distinguirla de otra Belén, perteneciente a la tribu de Zabulón

Belén es la ciudad cuna de David, hijo menor de Isaí, elegido por Dios y ungido por Samuel como segundo rey de Israel. Ya el profeta

---

2 Génesis 35, 19: «Murió Raquel y fue sepultada en el camino de Efrata, que es Belén».

Miqueas[3] le augura que será grande y su prestigio se extenderá por todo el universo; hecho corroborado por Mateo,[4] cuando hace hincapié en la tradición judía del tiempo: «¿No dice la escritura que del linaje de David y de la aldea de Belén, de donde era David, ha de venir el Mesías?

Los evangelistas Mateo y Lucas aclaran que el nacimiento de Jesús tuvo lugar en Belén, en un establo, «porque no había sitio para ellos en la posada»; y en el protoevangelio de Santiago coloca el lugar en una cueva; es compatible porque pudo ser en el pesebre de una cueva, como era costumbre en la época. Los cristianos no olvidaron el lugar y lo estuvieron venerando hasta que, en 134, fue convertido en un bosque sagrado dedicado a Tammuz-Adonis, dios de la vegetación que muere y vuelve a la vida cada año, símbolo del ciclo agrario; lugar propio de la mentalidad griega y romana, de adorar a un dios pagano en el lugar, donde la tradición, dice que nació antes otro Dios; con lo cual este hecho se convierte en una prueba de que la ubicación es cierta. Justificándose en la tradición, el emperador Constantino, en el año 339, mandó construir una gran basílica, restableciendo el culto cristiano. Ésta quedó prácticamente destruida en el año 529, debido a la furia y sublevación de los samaritanos. Claro que este hecho bárbaro dio oportunidad a que Belén fuese fortificada y construida, por orden de Justiniano, una basílica mucho mayor, que milagrosamente no fue derrocada por los persas, que decretaron la devastación de todos los templos y monasterios de Palestina. Con la llegada del ejercito cruzado, en 1099, Belén fue atacada por los musulmanes y gracias a la intervención de Godofredo de Bouillon, que mando cien caballeros a defenderla, se salvó la basílica; templo principal en el que fueron coronados reyes tanto él como su hermano Balduino y, diecinueve años después, Balduino II. El primer Balduino, rey del Imperio Latino de Oriente, reino que duró 87 años, se coronó en el templo de la Natividad juntamente con su esposa, en vez de hacerlo en Jerusalén, porque, en realidad, debía hacerlo en la del Santo Sepul-

3 Miqueas 5. 2-4.
4 Mateo 2, 6.

cro, idea que rechazó porque no quiso ungirse con oro en el mismo lugar donde Jesús se coronó de espinas.

Los caballeros de la cruz restauraron la basílica: cubrieron el techo con madera de cedro y planchas de plomo y sustituyeron el suelo con láminas de mármol blanco, que fue robado, en el siglo XVI, por los turcos para pavimentar la mezquita de la Roca. La gruta de la Natividad fue recubierta de mosaicos y su custodia fue encomendada a los canónigos de san Agustín.

A la entrada de Belén se nos obliga a guardar el coche en un aparcamiento público, especie de gran local —quizá de mil metros cuadrados— sito en los bajos de un grupo de viviendas de pisos de corte moderno. La puerta es metálica y propia de almacén, y éste está completamente vacío, no hay ni un solo automóvil o camión, o autobús, aparcado. Y es que no hay nadie el Belén, ningún extranjero, ni peregrino. No hay grupos de turistas, ni de viajeros; somos los únicos extraños en el lugar. Es allí mismo donde un hombre, quizá jefe de seguridad o de policía de la ciudad, prácticamente sitiada, se nos acerca y nos ofrece con toda amabilidad los servicios, por otra parte gratuitos, de un guardaespaldas, un joven agareno de cariz excesivamente serio, para que nos condujera y nos protegiera. No vi la necesidad de tal compañía y, también muy amablemente y con despreocupación, decliné el ofrecimiento, pensando que con ello tendríamos más libertad e igualmente quedaría el asunto zanjado. Pero no fue así, el muchacho que se nos había asignado, pese a la negativa, siguió siempre nuestros pasos —obedece órdenes— a una prudencial distancia, pero sin perdernos de vista; incluso, cuando penetramos en la Natividad, se sentó en un poyo de granito que hay a la entrada, a la derecha, y allí aguardó a que saliésemos, para perseguirnos de nuevo. Nunca he pensado que su misión no fuese más que protegernos o defendernos, creo sinceramente que lo hacía por salvaguardia, que, por cierto, no supe bien por qué, ya que a nuestro alrededor y durante todo nuestro camino no se vio nada extraño. Pero las cosas deben ser más preocupante en Belén de lo que parecen, porque el coche que quedó guardado en el descomunal garaje vacío, tuvo que estar custodiado en todo momento por su chófer y, por otra parte, el aparcamiento público de la ciudad —arcenes, calles y plazas— estaban vacíos; quizás era una estrategia municipal para que del vehículo no saliera nada que no tuviera qué salir, o algo por el estilo.

Caminamos pues —malditas cuestas empedradas de la calle Juba'a, adoquines que no se derretían bajo el sol que apretaba, que parecía que se había escapado de la fragua de Vulcano— por las calles de Belén hasta alcanzar la amplia plaza, y en obras —Manger Square—, donde están los edificios institucionales de la ciudad. La atravesamos y llegamos a los dominios arqueológicos monumentales, sitos en una plazuela adjunta que más da la sensación de ser el patio de armas de un cuartel de principio del siglo XIX, que un lugar abierto. Tanto al cruzar la plaza como por delante de la fortaleza-plaza de armas, los vendedores ambulantes, en enjambre, nos asediaban insistiendo, poniendo, literalmente ante, dentro de nuestros ojos, sus baratijas, o sus joyas de bajo valor, o la pieza única, que siempre hay en todos los países del mundo que he visitado, etc. Lo cierto es que los comerciantes están desesperados, hace mas de dos años que no venden una sola pieza y, si no venden, no comen; eso es lo triste. Y es que no llega una sola alma extranjera, peregrino o no, algún loco como nosotros que camina solo, lleno de curiosidad y reverencia ante estos monumentos de la Cristiandad. Lo están pasando fatal.

Al pasar, más tarde, por los soportales de la gran plaza municipal —Manger Sq.— de Belén —donde se alinean una serie de tiendas de regalo, repletas de recuerdos, «pesebres» completos, de una pieza o de varias, «menorahs», muñecos, figuras de reyes, o de sultanes, o de leones, u otros animales, tallados en madera, y muchas cosas más, hasta alcanzar el techo de los tenduchos— reparo en el Ayuntamiento, que cubre todos los altos de estos pórticos comerciales, y en su fachada me llama la atención que se abre una enorme pancarta-lienzo, donde se da la bienvenida a Yaser Arafat; se la debió dar cuando llegara en su día, quizá bastante lejano, porque su deterioro comienza a ser crítico, cartel que las autoridades de la ciudad, no sé si como simbolismo o como resistencia, no han querido descolgar, en honor de su máximo, al menos ideario, mandatario. Nos enteramos —gracias a nuestro deseo, o necesidad, de comprar unos sellos para enviar unas postales— de que en Belén no hay servicio de correos, no se venden sellos ni hay buzón alguno… para echar una carta. Habría que ir, para ello, a Jerusalén; eso si los betlemnitas logran permiso para salir de su pueblo.

«Seis árabes betlemitas a pie, armados de puñales y de largos fusiles a mecha, formaron nuestra escolta.»[5]

Caramba, debe ser una costumbre de hospitalidad de esta ciudad. Menos mal, que si fue entonces y ahora lo es, es una costumbre, y las costumbres son inocuas.

Delante de la Basílica de la Natividad, tiene la sensación el viajero de encontrarse frente a un baluarte medieval de contrafuertes y gruesos muros, sin ventanas, o con muy pocas y, si las hay, pequeñas.

Belén. La iglesia de la Natividad. Tiene una única entrada, como se ha dicho, y muy pequeña, quizá de un metro y medio de alta por setenta centímetros de ancha, abierta en medio de la original, gótica, de alta jamba, amplio hueco o vano (foto 27). Parece que la leyenda —como he hallado en tantos sitios, por ejemplo en el Santo Sepulcro, o en Vietnam, en la pagoda budista Da Ba, Mujer Celestial de Piedra, templo de la Salud— dice que está construida así adrede para que todo el que penetre en la Basílica tenga que agachar la cabeza en reverencia obligatoria, y anatómica. Es lo que dice la tradición, pero al parecer la verdadera razón de su pequeñez es que la empequeñecieron, porque la original no era así —la huella de una gótica sellada a cal y canto, cemento, lo demuestran— para que no pudieran entrar en la basílica los hombres a caballo; cuando llegaron las invasiones árabes.

En medio de la basílica se puede contemplar, en un subterráneo, abierto y salvaguardado por vidrieras transparentes, el suelo original, el que lucía los magníficos mosaicos, entre el que estaba aquel por el que los persas respetaron toda la iglesia, porque representaba a los Magos vestidos con atuendos persas. La basílica tiene cinco naves y una inmensidad de columnas de estilo corintio. Éstas, en su tiempo de esplendor, estaban pintadas, porque no les gustaba el color de la piedra. La piedra les parecía poco noble, entonces las pintaban para decorarlas, para ocultar el vil material. Cada una estaba dedicada a un santo, aun-

5 Chateaubriand, *op. cit.*; pág. 249.

Belén

que actualmente es difícil conocer a qué santo estaba dedicaba cada una de ellas. Hoy en día, la iglesia de la Natividad es ortodoxo griega; y la gruta del Nacimiento está debajo del Iconostasio, especie de pantalla que separa el altar mayor del lugar donde está el pueblo. Es el lugar donde el sacerdote, en este rito, oficia sin que el pueblo lo vea, porque lo hace tras el mamparo. El tabernáculo está lleno de lámparas, muy barroco y recargado de adornos; y, cuando no lucen las lámparas, la iglesia es lúgubremente oscura.

Este fenómeno del barroquismo y de las lucernarias responde a la mentalidad oriental de los griegos ortodoxos, que piensan que, cuando más digno es el sitio, tiene que haber más lámparas, más iluminación. En estos momentos todo está apagado, obscuro, pero cuando todas se encienden —día de Navidad, Epifanía, un día de fiesta o conmemoración— el espectáculo es precioso; y además aprovechan el acontecimiento para bruñir su metal y limpiarlas, con lo cual lucen mucho más.

El altar mayor, el Iconocastio, está adornado con gran cantidad de iconos. Los de esta iglesia son mucho más ricos que los de otras. Siempre tienen la imagen de Jesús a la derecha, Jesús en el trono, Cristo Rey y la Virgen María, el icono del Nacimiento, María y José adorando al Niño, y los pastores alrededor; todo ello es una auténtica catequesis, la liturgia oriental es esto. Los sacerdotes, que oran cantando —el canon, la plegaria eucarística la hacen cantando—, están detrás, en el iconostasio; y la gente, que está a lo largo de las naves, lo único que ven son los iconos, es decir, están viendo a Jesús, a la Virgen María, su dogmas y sus misterios; es a lo único que pueden acceder el pueblo en la ceremonia religiosa que se lleva a cabo, invisible, ante ellos; esta es la piedad popular, no pueden hacer más, mientras, dentro, los sacerdotes están realizando la Eucaristía.

El Iconostasio está adornado por los iconos, es decir, por las imágenes, figuras o representación de los dogmas cristianos. Y siempre se pinta los mismo, por decirlo de una manera más entendible, el mismo tema. El icono oriental —aunque, como en cualquier pintura religiosa occidental, nunca una se parece a otra, ni la del Greco a la de Velázquez, ni la de éste a la de Murillo, etc. ya que cada uno la hace a su manera y bajo su concepción propia— siempre se pinta con el mismo motivo, el icono de la Natividad siempre será el icono de la Natividad, ya se pinte en España, en Rusia, por los griegos de Atenas, siempre es lo mismo, porque el icono se considera que es una especie de ventanilla abierta a cielo, y el primero, y afortunado iconógrafo —o «escritor» de iconos— que lo pintó es porque lo vio, y los demás no tienen más que repetirlo, copiar esta «visión». Por tanto se podrá realizar el trabajo en plata, oro, o hacerlo más o menos bonito, elegir acertadamente, o no, los colores, pero el icono siempre será el icono.

Al iconógrafo se llama «escritor» de iconos porque su obra es un página escrita, no con palabras, sino con imágenes, símbolos y colores; no es un artista solamente, sino que tiene que ser un hombre de fe que, antes de realizar su obra, ha de pasar unos días en oración y retiro, porque el silencio interior le hace profundizar en el misterio de Dios; su inspiración es la Palabra de Dios.

En el plano de plasmación material del icono hay que decir que se tiene que hacer siempre sobre madera —ciprés, haya, castaño o acacia— tratada convenientemente para que el grabado que se sobreimprima jamás pueda borrarse; y más si se extiende sobre él el proplasma, con fondo de color oscuro hecho a base de negros, rojos y ocres amarillos que simbolizan, respectivamente, las tinieblas, la sangre del sacrificio y la luz.

Indudablemente, y como se supondrá, trabaja el iconógrafo con todo tipo de simbolismos, ya que su pintura-oración, está dirigida a la pedagogía religiosa, a la alabanza de Dios. Por tanto los colores no han de ser escogidos anárquicamente sino siguiendo unas pautas convencionales en las que el oro es la luz, la luz increada refleja el resplandor de Dios en el que son bañados los elegidos. El blanco es el reflejo de luz, sirve para significar la iluminación interior, es el color de Cristo en la transfiguración y en el Anástasis, el de los ángeles y de los elegidos. El azul: el marino representa la participación del divino indecible, la infinitud del cielo y del mal; el claro, simboliza sabiduría y realeza. El Rojo expresa el amor, el sacrificio, la belleza, el poder bajo el aspecto humano. El fuego de espíritu es anaranjado, con visos de oro. El Púrpura azul es el signo del Sumo sacerdote judío; y la roja, símbolo de poder. El Verde, vida y renovación. El Pardo simboliza todas aquellas partes físicas del cuerpo humano, las no cubiertas por vestimentas, que han salido de la tierra y a ella han de volver. El Negro es la negación de la luz, el color del mal, de los condenados, de los demonios, del infierno, de las tinieblas; es el símbolo de la nada.

También los iconos se ajustan a otras normas simbólicas en los vestidos —la desnudez es símbolo de vergüenza, pobreza, carencia de Dios; la túnica de manga larga signo de predilección; los elegidos van de blanco—, en inscripciones como las letras griegas O, W, N, arriba, izquierda y derecha, que aparecen en las aureolas cruciformes se relacionan con la revelación del nombre de Dios; IC, Jesús; XC, Cristo; MP y OY, Madre de Dios, etcétera.

Los iconos más comunes suelen ser los de Cristo, los de María y los de los santos. Entre los primeros están aquellos que describen la vida de Cristo, desde su nacimiento hasta su Anástasis o Resurrección. Particular importancia tiene el Pantocrátor, icono de Jesucristo-Majestad-Salvador. Sentado o de pie, que suele llevar en la mano izquierda un Libro de las Sagradas Escrituras, mientras que está bendiciendo con la derecha. Los iconos sobre María explican los principales misterios de la vida de la Virgen: Nacimiento de María, Presentación en el Templo, Anunciación, María al pie de la Cruz, Dormición de María; y María como Theotocos, Madre de Dios, con el Niño en el regazo. Los iconos sobre los santos suelen ser aquellos que son venerados en la generalidad de la iglesia y algunos otros de devoción particular de algunas de ellas. San Jorge, san Juan Crisóstomo, san Nicolás, san Teodoro, san Sergio, santos Cirilo y Metodio, san Basilio, san Juan Bautista y los santos Pedro y Pablo.

Indudablemente está reglamentado, como es natural, la disposición de los iconos en el iconostasio, para que los fieles puedan contemplar con cierta lógica los misterios de su fe. Se disponen de esta forma: en la parte más alta y central —banda de parte a parte— se coloca siempre los iconos de los Antepasados e, inmediatamente bajo y cubriendo el mismo espacio, la Santa Cena. La parte inferior, que ocupa aproximadamente el triple del espacio horizontal ya usado, se suele dividir en ocho franjas verticales en cuyas dos centrales se explica la Anunciación de María. En la inmediata derecha el Pantocrátor. En la izquierda, Theotocos. Junto al Pantocrátor, san Juan Bautista. Junto a la Madre de Dios, el santo titular de la iglesia. Y en los dos extremos, convenientemente repartidos, los Santos Padres venerados por la Iglesia local.[6]

Aunque la Natividad es ortodoxa griega, el tiempo se distribuye, en la gruta del nacimiento, entre el culto ortodoxo, el cristiano y las visitas turísticas.

De todas formas, el perfil de Belén es el de un lugar sagrado para religiones: la presencia de la Iglesia Latina de Santa Catalina, la Basíli-

6 José Antonio Martín Jiménez, *Iniciación a la lectura de los Iconos*, Amacara, Onda (Castellón), 1990.

ca de la Natividad, donde la torre cuadrada nos remite a la comunidad griego ortodoxa y la cúpula blanca a la comunidad ortodoxa armenia, la mezquita principal a los musulmanes, la iglesia luterana y la iglesia católica griega.

«La iglesia es triple: latina, armenia, griega; sus tres partes, distintas y hostiles, comunican entre sí; pero un oficial y dos soldados turcos, perennemente armados, circulan de la una a la otra, para mantener el orden e impedir riñas entre los cristianos de los diferentes ritos.»[7]

De todas formas, estas rivalidades superlativas no ocurren ahora, como ya se ha expresado. Puede que haya una cierta competencia de estimación, y tolerada, pero como son los griegos ortodoxos los que mandan en la basílica todo el mundo debe acogerse a sus normas y, al menos, los católicos las admiten y esperan su turno, el que les corresponde cuando se han acabado todos los demás ritos, para realizar en la cripta, en la capilla de los Reyes Magos, la de la derecha, su Misa, en honor del Nacimiento del Hijo de Dios.

La basílica de la Natividad tiene forma de cruz latina, con transepto rematado en ábsides. Tiene 54 metros de larga y casi 36 de transepto, es decir, del espacio que se forma en la basílica con el cruce de la nave principal con la transversal. Tiene cuatro filas de columnas con capiteles de mármol blanco y un baptisterio de piedra rosada, antiguo y de forma octogonal. El iconostasio actual, frente mismo de la mínima puerta de entrada, se construyó en 1764 con madera tallada y formando tres cuerpos superpuestos. En el centro del mismo se representan 14 escenas evangélicas de tipo bizantino. Tiene dos grandes candelabros delante que fueron hechos en Nuremberg en 1667. Como ya se ha dicho posee una serie de mosaicos en los que se recuerdan diversos concilios ecuménicos desde el I de Nicea al II Nicea, pasando por el de Constantinopla, Éfeso, Calcedonia, Constantinopla II y Constantinopla III, ordenados por el tiempo, desde el 325 al 787.

Una nota aclaratoria de obligado cumplimiento para que quede cada cosa en un sitio: En el año 2002, de aciago recuerdo por el recru-

7 Pierre Loti, *op. cit.* (2); pág. 33.

decimiento de las hostilidades entre judíos y musulmanes, las televi-
siones de todo el mundo se hicieron eco de la ocupación, por parte de
los árabes, de la basílica de la Natividad, resguardo de carácter ecle-
siástico, donde, según, hoy en día, más la tradición que el respeto al
lugar, los fugitivos estaban seguros. Pues bien, hay que decir que las
imágenes televisivas no correspondían en manera alguna a la Natividad,
sino más bien a la iglesia franciscana de Santa Catalina, una iglesia más
moderna y de visos mas claros, pegada a la basílica bizantina. Por eso,
siempre que se intervenía en el asunto, el fraile era un franciscano y
no uno ortodoxo griego, que son los que, en realidad, gobiernan la iglesia de la Natividad.

La iglesia de Santa Catalina, de los franciscanos, está pegada, adjunta a la de la Natividad; de hecho, ambas están comunicadas por medio
de una puerta, quizá de estilo neoclásico, por lo que deduzco que esta
comunicación es relativamente reciente; cancela sita en lo que sería el
presbiterio de la basílica bizantina si fuese católica, con la parte posterior del recinto sagrado de Santa Catalina; toda vez que el tramo que
coincide paralelamente con la nave de la Natividad corresponde, en
la franciscana, a un claustro ajardinado y a servicios superiores. Es la
iglesia de Santa Catalina la parroquia oficial de los católicos betlemnitas. Fue construida en la época medieval en memoria de la mártir de
Alejandría. Ha sido restaurada varias veces; al menos en 1880 y en 1940
por Barluzzi, lo que le da un aspecto magnifico de modernidad; con
motivo del jubileo del año 2000 se hizo una ampliación en ella, corriendo más hacia atrás el altar mayor. En ella es donde se celebra la misa
solemne de Nochebuena —en España llamada «del Gallo»—, oficiada
por el Patriarca Latino de Jerusalén. En la parte derecha, hacia el fondo, hay una escalera que baja a las llamadas grutas de los «inocentes»,
la de San Jerónimo, donde llevó a cabo el santo la traducción de la Biblia
al latín, la llamada Vulgata, etc

«Dos escaleras simétricas, compuesta cada una de quince escalones, se abren a ambos lados del coro de la iglesia exterior y descien-
den a la iglesia subterránea, situada bajo el coro. Es el lugar más reve-
renciado de la natividad del Salvador. Antes de entrar, el superior me
colocó un cirio en la mano y me hizo una breve recomendación. Esta

santa gruta es irregular, porque ocupa el emplazamiento irregular del Establo y del Nacimiento. Tiene treinta y siete pies y medio de longitud, once pies tres pulgadas de largo y nueve pies de alto. Está excavada en la roca: las paredes de esta roca están revestidas de mármol, y el pavimento de la gruta está igualmente recubierto por un mármol precioso. Este embellecimiento se atribuye a santa Helena. La iglesia no recibe ninguna luz de afuera, no está iluminada por la luz de las treinta y dos lámparas regaladas por diferentes príncipes cristianos. Al fondo de la gruta, en el lado oriental, es el sitio donde la Virgen dio a luz al Redentor de los hombres. Este lugar está marcado por una losa de mármol blanco, incrustado en jaspe y rodeado por un circulo de plata, del cual parten rayos como los de sol. Se leen las siguientes palabras que lo rodean: «HIC DE VIRGINE MARIE / JESUS CHRISTUS NATUS EST».[8]

Y, ante esta estrella de plata, en el suelo (foto 26), los peregrinos doblan su rodilla, agachan su cerviz y la besan con la devoción que transporta al creyente al lugar, al origen primigenio de su creencia; y se besa como lo harían los pastores ante el Niño Dios, como lo hace un hombre, un no creyente, con el mismo cuidado y amor, al besar, en su cuna llena de gasas y adornos, donde descansa su propio hijo, el hijo deseado.

«La gruta se abre abajo, completamente subterránea hoy. Y, verosímilmente, como atestiguan las tradiciones del siglo II, es este el lugar de nacimiento de Cristo, ya que, antaño, servía de refugio a los viajeros pobres que no tenían albergue en la posada.»[9]

Todo un sentimiento, pues Ellos se refugiaron allí porque tampoco encontraron asilo en ningún lugar decente.

La Gruta del nacimiento ha sido objeto de restauración a lo largo de casi dos mil años. El techo, el muro y ábside son de cantería, y los laterales, aunque de roca, están ocultos bajo un tapiz de amianto.

El Pesebre está venerado bajo el altar que hay entre las dos escaleras y el que está frente al pesebre está dedicado a los Reyes Magos, que

8 Chateaubriand, *op. cit.*; págs. 244-245.
9 Pierre Loti, *op. cit.* (2); pág. 33.

es en el único lugar que los sacerdotes católicos pueden celebrar misa, y pidiéndolo con antelación.

El lugar parece oscuro y angosto; y es que el humo de cientos de cirios han hecho su efecto durante muchos años y la cueva, ya se ha dicho, es de dimensiones reducidas porque así lo quiso la naturaleza. Pero, a pesar de esto, a los peregrinos no les parece tenebroso, a pesar de estar excesivamente recargado con cortinajes, velas, cuadros, porque «aquí apareció la luz grande que iluminó al pueblo que caminaba en tinieblas».[10]

Aquí fue donde Jesús, desnudo, paupérrimo como el más grande sus hermanos miserables, fue adorado por los Reyes Magos —los poderosos— y por los más pobres de la contornada, los pastores...

... los pastores que acampaban a poca distancia del Pesebre, a tres kilómetros de la Natividad.

Bet Sahur —la casa de los vigías—, que desde entonces se llamó «la villa de los pastores». Tiene seis mil habitantes y todos son árabes, la mayoría cristianos. Hay en el lugar una capilla —santuario *Gloria in Excelsis*— realizada por Barluzzi, que intenta reproducir el interior de una tienda de pastores. Durante el día un cascada de luz, procedente de la cúpula trasparente, quiere rememorar la luz que inundó a los pastores al conocer la buena nueva del nacimiento de Dios. En la fachada exterior hay un ángel esculpido en bronce y el santuario fue donado por Canadá

En el Campo de los Pastores se encuentran restos arqueológicos bizantinos y un monasterio conmemorando el mensaje del ángel. También es notable, en la zona de cultivo de Bet Sahur o Villa de los Pastores, el llamado Campo de Rut, que parece ser, según la tradición, el lugar donde venía Rut a espigar detrás de los segadores de Booz.[11]

Estos testimonios del Nacimiento de Cristo, además, son los que sirven para conmemorar el recuerdo de los reyes Magos; y no son pocos los autores, los teólogos que se refieren a ellos cuando hablan de la Gruta del Nacimiento.

10 Isaías 9, 2.
11 Rut 2, 21-23.

«"Aquí nació el Niño —explica el monje—. Aquí fue acostado en su yacija; aquí se postraron los Reyes Magos; aquí estaba la mula y el buey…"».[12]

Otro hecho real, creo que ya insinuado, es que la basílica bizantina de la Natividad fue respetada de la destrucción por haber encontrado en ella unos mosaicos que representaban a los Reyes Magos con atuendos persas. Alguien, no sólo por convicción si no por una profunda tradición oral, se encargó de recordar en piedras —teselas— la realidad histórica de los Reyes Magos en este sagrado lugar.

«… se ve un altar dedicado a los Reyes Magos. Sobre el pavimento, bajo el este altar, se observa una estrella de mármol: la tradición cree que esta señal corresponde al punto del cielo donde se detuvo la estrella milagrosa que conducía a los tres Reyes.[13]

Y dejamos Belén —bajo el sol candente y el acoso implacable de los vendedores ambulantes, los tirones de los comerciantes con tienda abierta, que no nos dejaban marchar sin comprar algo, y echándole una última mirada al cartelón pro Arafat, en los alto del consistorio betlemnita—, o al menos lo pretendíamos, echando una nueva larga, nostálgica, mirada a la plaza Manger. Deshicimos el camino, esta vez en bajada, por la calle Juba'a, para llegar hasta el garaje donde nuestro automóvil descansaba, vigilado siempre por la mirada atenta del Jatmar, nuestro fiel conductor palestino. No obstante, el jefe de policía, y nuestro particular guardaespaldas, nos siguieron hasta el lugar, siempre sonriendo, pero con un velo, casi imperceptible pero real, de desconfianza. Tanto que, las fotos que quise hacer por el camino a algunos de los carteles, pegados en las paredes y escritos en árabe, tal vez panegíricos a favor y loatorios de personas muertas —entre ellas alguna niña vi— en la lucha contra los judíos, no la pude hacer, no osé. Si, sin embargo, pude fugazmente, quizá clandestinamente, fotografiar una pintada o graffiti sobre el muro que da a la Manger Square, en la medianera derecha de salida, en su unión con la calle Juba'a, donde, esquemáticamente, se pintaba la hoz y el martillo comunistas, y dos líneas incompletas, escritas, como

---

12 Pierre Loti, *op. cit.* (2); pág. 34.
13 Chateaubriand, *op. cit.*; pág. 244.

siempre, de derecha a izquierda, en árabe. Que venían a decir: primera línea: VIVA NUESTRO PARTIDO REVOLUCIONARIO… Y NUESTRO COMPAÑERO; segunda línea: VIVA EL RECUERDO QUE PERMANECERÁ SIEMPRE… Y LOS COMPAÑEROS DE LA REPÚBLICA (foto 25).

Nos despedimos del jefe de policía, estrechamos la mano de nuestro salvaguarda, nos sonreímos, intentamos darle una propina —bahkish—, pero todo fue inútil. El coche, conducido por el palestino Jatmar, salió a la calle y se bañó del amarillo del sol; y su color azul sonó más a verde. ¡Menos mal que el aire acondicionado funciona a tope…!

XXII

JERUSALÉN VIII
EL REGRESO

Por ser el último día en Jerusalén, en Israel, había que aprovechar el tiempo, había que lanzarse a la calles de la ciudad antigua, la que considero, sentimentalmente, más atractiva del mundo —y conozco muchísimas, en los rincones más apartados del mundo— por su exotismo místico, por su carisma profundo, logrado a base de recuerdos, epopeyas, acontecimientos bíblicos que transportan —al menos a los soñadores, los acuarios impenitentes— a un mundo de fantástica acción, intervención de seres angélicos, de ignaros profetas asistidos por la divina providencia, definitivos, decisivos hechos mágicos que mediaron, no por casualidad, sino obedeciendo a un meditado rosario de sucesos que habían de determinar la dirección —al menos, el camino— de su historia; una historia sagrada, que preparara la llegada del Mesías —no ése que había de llegar, según los esenios y, también, los judíos, anunciado con tambores y trompetas, al frente de un ejército real, e imponente, que arrasase a los enemigos de Israel—, un Mesías hombre, Hombre pobre, tan desheredado de la fortuna que se vio obligado a nacer en el establo de una covacha ínfima de un pueblito, poco más que un arrabal de la Ciudad de David.

Y con el hecho, y el madrugón —las seis en Jerusalén son tan claras como las diez de la mañana en mi patria—, la Ciudad Antigua, en su centro, es muy bonita, sugerente. Queda el viajero absorto contemplando los rincones de las callejas del zoco árabe, las triangulaciones que hace el sol en los tejados, en sus aleros, en su empeño de penetrar —a veces no lo consigue— a machamartillo hasta el enlosado que, por su general, frecuente ausencia, se bordea de hierbajos verdinegros. Todo ocurre dentro las murallas, en que la candidez de los comerciantes que abren sus tiendas, que, desganadamente, colocan sus mercancías, las que con pesimismo saben que no van a vender, se entrecruza con la pureza de los cánticos que se escapan de un convento cercano —¿cuál? hay tantos—, un cenobio de seguro de monjas, que imprimen al ámbito matinal placidez y serenidad; y, como música de fondo, teloneros celestiales, las campanas que tañen, a ritmo de paz, aquello de «avé, avé, avé Mariá»; fumarada mística que, incluso, podría llegar desde la basílica del Santo Sepulcro, porque aún me desperezo ante un tazón de cereales —el café recuelo lo odio— muy cerquita, en la Casa Nova Road.

Por cierto que en Jerusalén no se oyen nunca —así como en otros sitios sagrados, como en Nazaret por ejemplo— los cantos del almuédano. Mientras estoy en Jerusalén, y visito el barrio musulmán y lo pateo en busca de algún atisbo de esta cultura y, sobre todo, de algún CD palestino, no he escuchado nada. Indudablemente sé —faltaría más— que los habrá, pero no se oyen, y el ambiente no es de estruendo ni de algarabía, sólo de conversación más que agitada entrecortada, característica sabida de la parla árabe. Todo crea en el ámbito jerusalemí una situación verdaderamente deliciosa. Incluso diré que la voz melódica del almuecín contribuye, a veces falta, para que la circunstancia sea completa; lo comprobé en la jornada de ayer, cuando en los alrededores del Ecce Homo, antes Arco de Adriano, oí con superlativo agrado las modulaciones orientales, pegajosas de la voz del líder religioso musulmán.

Callejas retorcidas, estrechas —barrio cristiano, e igual será en el armenio, el judío o el árabe—, con muros que parecen más elevados con la angostura, donde un solo rayo de sol apenas se ve en alguna sinuosidad, sólo cuando encuentra un resquicio en lo quebrado de los tejados… y siguen, coro de ángeles, las voces llenado el ámbito, rebosando el cielo.

En la capilla propiedad de los franciscanos en el Santo Sepulcro —donde está en una hornacina un trozo de la columna de mármol oscuro donde fue atado y flagelado Jesús; o, al menos, es semejante al que

sale en las estampas de rememoración del hecho luctuoso— he conocido una monjita italiana, y digo monjita, porque Daniella no tendrá
más de treinta años. Dulce como las italianas, amable y humilde como
las religiosas, alegre como quien guarda dentro de sí sólo sosiego y paz;
y su corazón está transportado dentro del misterio de Cristo. Es sici-
liana, de Palermo, y tenía que estar, vivir en Jerusalén con la mayor
pobreza —eso lo adiviné por sus formas externas, sus vestimentas, su
candor—, no sé si como premio o como sacrificio monacal, cuatro o
cinco meses, para luego, irremisiblemente —aunque hubiese encontrado allí, ante el patíbulo, y mucho más la tumba de Jesús, «su» feli-
cidad— regresar a su abadía italiana.

Y en la mañana jerusalemí me perdí, nos perdimos, por las calles
que iban a desembocar otra vez al monte Sión, a la visita de nuevo del
Muro del Llanto, ah… y en nuestro camino por el Jerusalén antiguo,
contemplamos, en éxtasis cuasi místico, la belleza de las verjas que sepa-
ran los jardines frondosos, acoloridos por botones florales, de la calle
doliente, paredes con reflejos de oro; y si no les llega el sol, de gris
plata sin pulir. Se ven ventanucos mínimos cerrados a cal y canto, con
diminutas marquesinas que los protegen no se sabe bien si del sol o
de la lluvia, del calor o del frío; y toldos, raídos unos, nuevos otros, y
tiendas, generalmente vacías, o casi; y mercaderes sonrientes, que al
paso saludan —hola, hola qué tal— y luego preguntan —¿italianos?—,
no, español, y siempre la sonrisa por delante —a alguno se le nota el
esfuerzo que hace, todo por la venta, por la carencia— y, con despar-
pajo —que es lo único que se le ha de suponer, quizás exigir, a un comerciante— expresan: hola, hola —no saben decir otra cosa—, *eros, eros*,
naturalmente hablamos de euros —saben perfectamente que están más
valuados que los dólares y eso nos hace, por primera vez en la vida
—lo sé porque he viajado por los cinco continentes del planeta—, ser
importantes, preferidos, al menos en cuestiones económicas de choque,
a los norteamericanos—, y sigue de inmediato Real Madrid, Barcelona,
Raúl y Makelele, y Zidane, y «todo positifo, nada negatifo», yo que sé
más; y, claro, compramos justo lo que queremos, aunque siempre hay
alguien —mi hija Julia— compra una cruz —imitación a icono— bizantina, claro que sí, falsa, pero de muy buena apariencia, no es barata…

pero resulta que tantas veces me la ha ofrecido, y como no vende nada, me dice… Se ven letreros de Coca Cola, y Pepsi, y bebidas, seguramente a base de naranja o limón, con nombres extrañamente hebreos, que, por lo menos para mí, son ilegibles. En una ventana particular se incrusta una placa que pone George; bueno, en la calle de Saint James, algunas, y no pocas, se ven rotas por medio de arcos ojivales, bajos y anchos, a veces el arco es más amplio que la calle y parte de aquél se introduce dentro de una vivienda, habría que verlo, arcos romanos, o románico-bizantinos. Es una delicia pasear por estas callejuelas, muchas no tienen casas, sólo tapias de los jardines de otras mansiones a las que se entran por otra calle; y se pasa ora por el sol que caliente hasta quemar, ora por la umbría que mitiga; y el color jerusalén abunda cada vez más a cada paso que se da. Paseamos por el barrio armenio: COUVENT ARMENIAN ST. JACQUES. SEMINARY THE ARMENIAN PATRIARCHATE THE JERUSALEM. En este lugar todas ventanas tienen una especie de doselito —o bien de plancha de cinc o de obra firme— que las defiende de la lluvia para que el agua no ensucie los cristales e, incluso, no penetre en la casa; quizá también para esconderse del sol a ciertas horas del día. En las paredes del barrio armenio, en medio de la calle, se ve, de vez en cuando, e interactuando machaconamente, un mapa del genocidio armenio. MAP OF DE ARMENIAN GENOCIDE. ARMENIAN MUSEUM. Claro, estamos en el lugar de la comunidad armenia de Jerusalén, junto a la iglesia de la misma confesión. Como he dicho, las callejuelas más parecen canales secos, porque no tienen ni una sola puerta ni una sola ventana, sólo tienen tapias; y avanzamos, camino de no sé qué, en dirección indeterminada, porque todo es bello, evocador, interesante a nuestro derredor, por recovecos, calles que conforman curvaturas exageradas, escalerillas que avisan que —*ramp for don't descendent only ascend…*— sólo son para subir, yo qué sé.

Llegamos a la King David Square, que queda, siempre en dirección al Santo Sepulcro, a la derecha de la Rehov Ha-Yehundim, calle de los judíos, como es natural, llena de bares, restaurantes, heladerías, para meterse al final en el zoco prácticamente cerrado, lleno de cachivaches de toda clase y patrullado incesantemente por una pareja de soldados, perfectamente pertrechados. Y paralela a ella, pero a dos metros y medio de profundidad, se abre el Cardo Máximus, el llamado, en el siglo VI, «Quicio Mayor», vía de drenaje que fue para la ciudad en la época bizantina; como lo fuera la avenida original romana, mandada construir por Adriano (117-138), la nueva Jerusalén que llamó Aelia Capitolina. Hoy en día se encuentra en semisótano, debajo de edificios modernos, y compone una larga galería de los comercios más importantes y elegantes de la ciudad; calle comercial que actualmente permanece prácticamente vacía —hay tiendas que han cerrado—, pero presumo que en los buenos tiempos, donde el turismo era floreciente, estaría abarrotada de extranjeros codo con codo, pues es uno de los lugares más bonitos, bajo el punto de vista occidental, que existe en Jerusalén. En ella se luce, dentro de una enorme urna de cristal, una no menos enorme Menorah dorada, con la inscripción al pie que dice: THE TEMPLE INSTITUTE. THE FIRST GOLDEN MENORAH CONSTRUCTED SINCE THE INSTRUCTIONS OF THE HOLY TEMPLE. VADEEM RABINOVICH (foto 29). Es como el símbolo, o la referencia, de estas galerías comerciales; galerías que se podrían comparar, salvando todos los tópicos, y distancias, que sean necesarias, sobre todo de grandiosidad, a las de Vittorio Emmanuele de Milán o el zoco del Al Hamedih de Damasco. No obstante, dentro de ella se pueden ver fragmentos de arcos del tiempo de los cruzados y fracciones del muro de defensa de la ciudad del período del primer Templo (700 años a. C.).

Enfrente de la escalera a la que se baja al Cardo Máximo, galería comercial, y en el momento justo que se va a penetrar al zoco, una puerta flamígera, con aves y leones rampantes, de arco bizantino, permite la entrada a THE OIL PRESS ART GALLERY, sala de arte con una frontera amplia, de excelente factura, llena de grabados y dibujos multicolores en la que aparecen las viñetas más expresivas y bellas del arte oriental (foto 28). La citada puerta ocupa la parte izquierda de la obra de arte, y la derecha una puerta, ornada con trazos simulando pajarillos en vuelo. Tiene un frontispicio que es un paisaje oriental, con elefantes, caballos y guerreros; y en el fondo las palmeras y una ciudad amurallada; y para que no falte de nada hasta una pirámide egipcia. El centro de arquitrabe tan original lo ocupa un circulo con doce casillas radiales que, a veces, recuerda el zodíaco, aunque creo que no lo es, como rayos que emergen de un sol central ocupado por una menorah. Un letrero a la izquierda superior de la puerta, en una placa, muestra la inscripción que dice: «*yael bzr* (esta última palabra quizás en hebreo) *Wolf Portugheis 1.1.2000*»; una maravillosa obra de arte, cubierta de viñetas, a todo color, de escenas orientales, y en la parte derecha del propio Egipto.

Y vemos en medio de la calle a una pareja de policías o soldados, uniformados desde luego, como abren la maleta de un individuo para registrarla; no es la primera, ni la única vez.

Visitamos el museo llamado de la «Casa Quemada», vivienda que perteneció a un sacerdote del Templo y fue quemada cuando, en el año 70 de nuestra era, se destruyó Jerusalén; y el Museo de Israel, inaugurado en 1965 con planos del arquitecto Alfred Mansfild. La mayor parte de los objetos exhibidos provienen de colecciones, o donaciones particulares, entre las que se encuentra la de Moshe Dayan. Tiene cuatro secciones: Arqueología y Bíblico, donde se muestran las más raras y excepcionales antigüedades; Jardín de las Estatuas, de escultura clásica; Santuario del Libro, donde se pueden ver, entre otros, los rollos de Qumrán; y el Museo Nacional, de artes judaicas y etnografía.

Para tomar un respiro, y escapar del sol, nos metemos en el «The Quarter Café» —PANORAMIC VIEW. SELF SERVICE. RESTAURANT. RECEPTION FACILITIES. KOSHER-DAIRY. ABOVE THE BURNT HOUSE. TIFERET ISRAEL ST. JEWISH QUARTER. OLD CITY. JERUSALEM 97500 TEL/FAX. 6287770—, junto al Museo Arqueológico, Ha-Karaïm R. D, King David Sq. Nos metemos en este lugar porque, además de sus maravillosas panorámicas (foto 30), como señalan en su propaganda, es en el único lugar de Jerusalén, que es como decir en todo Israel, donde se hacía, pude tomar un café descafeinado de máquina, como decimos España, vamos, exprés; *cafeSenza*, DECAFFEINATO NATURALE, italiano, naturalmente.

En este lugar tuve la ocasión de presenciar una escena altamente curiosa para mí, para mi mentalidad occidental, cuando entraron en él una familia de hebreos, de seguro, super ortodoxos, porque en la comitiva se contaban tres muchachos de no mas de catorce o dieciséis años, que llegaban con dos mujeres y dos niñas. Éstas, tanto las unas como las otras, iban vestidas a la occidental; incluso las niñas llevaban shorts con toda la naturalidad del mundo. Hasta aquí todo normal. Pero lo que me sorprendió antes que nada es que los tres chicos, naturalmente ataviados con sus trajes negros, sus tirabuzones sobre la oreja y su sombrero negro, abandonaron a sus madres y se instalaron en una mesa aparte. Las cuatro mujeres se quedaron en otra. Pero mi grado de sorpresa aumentó, cuando vi que el camarero de «The Quarter Café», solícito, amable y caballeroso, se acercaba a servir a las mujeres, y se encontraba con que ellas le rechazaban, indicándole que sirviera primero a los «hombres». El servidor las obedeció y ellos pidieron lo que se les antojó que, sin duda, era la célebre «kosher-dairy» anunciada en la propaganda. Hasta que los niños no comenzaron a comer, ellas no lo hicieron. Esta es una muestra de los usos ortodoxos de los judíos. Ellas, las mujeres, tenían el buen aspecto de una familia acomodada, bien vestida y a la occidental, pues, sin duda, sus creencias profundas y rectas las llevaban por dentro; esclavas de sus hijos, de su doctrina.

Una vez degustado con deleite el café italiano exprés, abandonamos el local. Sobre lo que pasó luego entre los familiares, agudizándose o liberalizándose no lo sé; esas son cosas de ellos, que tienen todo su derecho, como yo tengo el de que me choque verlo.

El museo del Holocausto está cerca del monte Herzl, hacia Ain Karem. Se le llama el monte del Recuerdo porque el conjunto monumental rememora el holocausto, en el que seis millones de judíos fueron asesinados. La avenida de los Gentiles justos, acompañada de dos filas de algarrobos, tiene una placa que recuerda a todos aquellos —hombres y naciones— que demostraron humanidad hacia los hebreos. También se exponen las barbaridades que se hicieron en nombre de las ideas; y para recordar permanentemente esto hay una lámpara votiva, que arde perpetuamente sobre seis millones de teselas negras.

Seguimos, camino arriba —desde el Cardo Máximo, galería comercial del primera línea— por el zoco de Saladino, que nos abría su boca angosta, oscura, aunque no tanto como boca de lobo. Lo hacíamos porque además de querer encontrar algún recuerdo —concretamente unas camisetas con el escudo de Israel, la cruz de los franciscanos, que no había por, ni siquiera en los alrededores de la King David Sq.— para mis nietos, y algo más, para aliviarnos con el frescor del «tubo» del *souq* que se pierde en la lejanía, en la oscuridad, sin saber que nos deparaba al final, aunque, eso sí, la sombra estaba garantizada. Pero el espectáculo con el que nos encontramos fue fantástico, quizá de las mil y una noches, pero en místico. Recorrimos lentamente la angostura, escoltados a ambos flancos por cien mil cachivaches, alfombras, tapices colgados, vestidos y no sé cuantas cosas más, paisaje estático que nos acompañó en nuestro deambular dubitativo. Lo mirábamos todo, o casi todo —ya habíamos comprado unos cuernos caprinos en el Cardo, brillantes y con etiquetas cuasi parisinas, de las que dan garantías de una noble compra, y unas menorahs, y unos pañuelos de seda rica y del mejor diseño, lo dijo mi hija Julia, y… no se cuantas cosas más—, porque íbamos detrás de las camisetas. La idea era clara, blanco y sobre el corazón la susodicha cruz; porque camisetas ya lo creo que habían, pero de un mal gusto y una vulgaridad cómo jamás habíamos visto. Pero nosotros persistíamos. Y nos salimos del zoco y llegamos a una plazuela —recoveco irregular, como todos, con aspecto medieval— y tuvimos que eludir el obstáculo que nos cerraba el paso, que no era, ni más ni menos, que unas cuantas mesas y sillas de plástico —verdes y rojas— ordenadas a mogollón bajo cuatro o cinco sombrillas enormes de Coca Cola, Sprite y no sé que propaganda refrescante, escrita en hebreo. En medio de la calle, a la puerta de bar lindero a la DIANA GALLERY (en rojo) BARAKAT ANTIQUITIES Z&E (en verde) LEGALLY AUTHORIZED DEALERS, un grupo de jóvenes mataban la mañana tomando un refresco, un té verde o quien sabe qué; demasiada prisa llevábamos nosotros en busca de la dichosa camiseta para pararnos a averiguar que se metían entre pecho y espalda. Y, tomando una corta y más amplia calleja, llegamos a una bellísima plazuela, en cuyo centro se abría, como un monumento —enrejado con artístico hierro forjado—, una magnifica fuente con cuatro pilastras, en dos de las cuales manaba el agua (foto 31). Fuimos allí porque nos condujo la voluntad de un comerciante, diciéndonos que en el DABBAGHA BAZAARE BARAKA, TEL. 282968, encontraríamos lo que buscábamos, pero no fue así, aunque el paseo nos sirvió —además de para gozar del magnifico y evocador rincón— para nos remitieran, por parte del árabe amabilísimo, joven y entrado en carnes, hacia el laberinto norte del mercadillo —en la tienda que hay al final, a la izquierda, nos

dijo— y, efectivamente allí se nos atendió con tanta solicitud, que obtu-
vimos, al final, camisetas y cruz en sólo una pieza, aunque hubo que
imprimirlas, porque no las tenían hechas, por supuesto. Nos enseñaron
un completísimo catálogo de ellas —panel mural de cuatro por tres
metros en las que había de toda clase, de supercolorido aspecto—, extraordinario muestrario, pero sin la que deseábamos. Pero no hubo problemas, tomamos las tallas en blanco y el comerciante árabe se perdió
en la oscuridad profunda de la tienda —hondura tan oscura y siniestra
que me recordó el mercado de Hoian, en Vietnam, aquellos enrecove-
cados rincones negruzcos y aviesos, donde estoy seguro que al final, de
haber seguido investigando, caminando hacia delante, hubiese encontrado un fumadero de opio— y al cabo de un rato largo —nosotros nos
extasiamos con el espectáculo que es ver a un par de popes, suntuosa-
mente vestidos y embarbados como manda su ley, hablando amiga-
blemente, con toda serenidad, bajo un montón de ropa colgada, y nueva, íntima, más o menos, de mujer. Y a otro caminando rápidamente
sobre el empedrado del zoco, contrastando sus vestiduras negrísimas
bajo blancas galibeyas, floreados mantones y mantillas, zapatos de segunda mano y toda clase de cachivaches brillantes y llamativos (foto 32)—
nos sacó de nuestro arrobo la voz aguda y de tonos burlones del mer-
cachifle jerusalemí, que nos entregó las camisetas, perfectamente con-
feccionadas y grabadas con la cruz de Jerusalén, previo pago, que no
fue barato; y menos todavía si se le añade la añagaza de devolvernos los
dólares billetes, en dólares metal, que para nada sirven en ningún banco israelita; y menos en ninguna otra tienda de la ciudad. Pero, bueno…

Llegamos, sudorosos y relativamente contentos, por aquello de la
«estafilla» sufrida, que hasta que no se diluye el orgullo no se olvida, y
nos apresuramos, ya que era la ultima ocasión, a despedirnos de nuestros amigos de la Casa Nova.

En el comedor echamos en falta a Jack, el norteamericano; y Ernesto, el español de Zaragoza, nos dijo que aquella madrugada le había
dado la volada, empaquetó sus tratos en su mochila, cargó con ella y se
marcho misteriosamente no sabía dónde; y que si ellos —él y Paolo—
aún estaban allí, era porque les habían dicho que en la madrugada

siguiente salía un conocido con un coche hacia las tierras de Jericó y
el desierto de Judá; y el viaje les resultaba gratis. No sé qué intenciones
tenían, porque no me las contaron, pero ya se sabe que estos peregrinos son gentes algo solitarias y profundamente creyentes —quizá demasiado—, que nunca sabes que pensamientos cruzan su cabeza, cam-
biando éstos si van de una a otra parte, o al revés; los pensamientos, me
refiero. Pero cada uno es amigo de sus ideas y él sólo las comprende;
en fin… Comimos comida italiana como siempre, y menos mal que a
mí me gusta, y bebimos agua; bueno esta vez, miento, porque el *prete*
milanés de San Juan de Dios nos invitó a un vinillo rosado muy fresco
y apetitoso que, aunque no es el que a mí más me entusiasma, al menos
recordé un poco el sabor ardiente del etanol al 12 por ciento, y fresco.
Por supuesto que sólo tome medio vaso, porque mi confianza con este
sacerdote no era para echar a doblar las campanas, quizás él sí me dio
esa libertad, pero yo no me la supe tomar, ni la quise: me gusta respe-
tar a todo el mundo, al menos a las personas respetables.

Tuve, en esta mi ultima comida en Jerusalén, en la Casa Nova de
los franciscanos jerusalemíes, la ocasión de conocer a un nuevo italiano, amigo que acompañaba a la «padovana» Silvana, mi admirada italiana, porque además de ser colega de profesión —yo también soy quí-
mico—, su vida agitada, inquieta por hacer el bien, sus «santos nervios»
siempre a punto de saltar para auxiliar a quien sea, la pequeña —no
creo que pase de un metro sesenta; quizá no llegue— me subyuga.
El hombre se llamaba Máximo y no sé dónde se habían conocido, quizás en alguno que otro vuelo, que la italiana tanto usaba, o quien sabe
dónde. Era romano y, como todos ellos, un poco deslenguado, avispa-
do y cara dura. Tenía, como es natural, un aspecto despreocupado y alegre, y me dijo que trabajaba en la industria del petróleo. Como yo, durante muchos años de mi vida, he sido petroquímico en una empresa muy
conocida en España, se lo dije, y como, al menos fui, uno de los pocos
especialistas en lubricantes, conozco multitud de marcas y formulacio-
nes. Por eso cuando me dijo que trabajaba para Agip me alegre por
él, porque es la mejor refinería de petróleo italiana. Es muy conocida,
y acreditada, en España y en todo el mundo. Me dijo que solía venir
muy a menudo a España, la conocía muy bien y, socarronamente —creo

que le gustaba destacar superlativamente este punto de liberalismo ante el misticismo al que estamos todos abocados en la bíblica Jerusalén; incluso los no creyentes—, me expresó que lo que mejor conocía de mi país era Sitges —no Barcelona, si acaso alguna discoteca— y, por supuesto, sus fiestas, sus playas, sus «discos» y sus gentes. Era un «vivalavirgen» de tomo y lomo, de creencias nada, de juerga y fiestas todo lo del mundo, de trabajo lo justo para ganarse bien la vida y divertirse. No sé como llegó hasta la Casa Nova, seguramente bajo la protección de Silvana, y por conoscencia de Ernesto, Paolo y de otro curilla joven, de unos treinta o menos años, rector de una parroquia de los arrabales de Milán, pero independiente. Bueno, esas son las cosas, y mis amigos. Tuvimos tiempo en la comida y, luego, durante el café, que yo, ya se imaginarán, no tomé, en despedirnos, incluso, y con mucho gusto, nos cruzamos direcciones, con la promesa de vernos, visitarnos —Dios sabe— y, ante la separación, fuimos más explícitos con nuestras vidas. Ya no importaba que hubieran demasiados secretos, ni peros, entre nosotros, si quizá fuera la ultima vez que nos viéramos, claro; e intimamos más. Jack se había ido, Paolo y Ernesto se escapaban por la madrugada, nosotros al día siguiente, y Silvana y Máximo no quedó claro qué iban a hacer; y hacia las cinco de las tarde, hay que tener en cuenta que a las seis y media o las siete se cena en la Casa Nova, nos separamos, supongo, que ellos se dedicarían, como nosotros, a recoger el equipaje y tenerlo listo; nosotros, si no del todo, al menos a punto para darle el último golpe a la maleta —sin cerrarla porque en la aduana nos la harían abrir, de seguro— para, en cuando fuese la hora, escapar rumbo al aeropuerto Ben Gurion.

Y, por la noche, nos vamos a dar una vuelta por Jerusalén, la última, y…

«… volvemos a subir, en plena noche, al barrio de Jaffa, por esta larga Vía Dolorosa que no es ya para mí más que una calle como otra calle cualquiera, un poco más siniestra, que las demás de cualquier vieja ciudad de Oriente…»[1]

---

1 Pierre Loti, *op. cit.* (2); pág. 147.

El sol cae por las callejas. El avión vuela hacia Barcelona a las cinco y media largas de la tarde. Es la mañana siguiente del adiós. Son la una p. m. o las trece del día, hora del sistema español. Como quien dice, la comida todavía baila dentro de nuestros estómagos, aunque hoy el ecónomo franciscano nos ha permitido comer más pronto. Muchas gracias. El equipaje va a lomos de un tractor saltaescalones, por la calle Dimitri; hemos dicho adiós al Patriarcado Latino de Jerusalén, con la mano, al pasar junto a él, incluso sonreído a aquel judío, o musulmán despistado, que a esas horas tan intempestivas y calurosas quizás aguardaba la comida a las puertas de su casa; todos somos amigos y, cuanto menos nos descuidamos, nuestro coche se pone en marcha, rompe un poco más el asfalto que nos llevará al aeropuerto. No encontraremos atascos, quién viajará a estas horas, todo rueda normal, pero, insistentemente, nos encontramos con un parón —¿atasco?… pues claro—, nos detenemos, tras una larga fila de automóviles que van al campo de aviación, todos, porque las instalaciones del mismo se divisan tras un puente que cruza, por lo alto, la carretera. Paciencia. Cuando podemos, divisamos a unos muchachos de paisanos, de los que llevan el fusil a la funerala, que revisan algunos coches. Es un control policial. A nosotros nos dejan pasar. Gracias, otra vez. Y llegamos a los aledaños —bueno, a las puertas del Ben Gurion— sin novedad, nos hacemos con el equipaje y Jatmar, de quien nos despedimos con la afectuosidad que él quiere —no es muy expresivo, por cierto—, desaparece…

… eran la una y media de la tarde y el avión salía a casi las seis. Por poco lo perdemos. ¡Malditos trámites!

Barcelona, diciembre de 2003.

ÍNDICE